幼児教育のための空間デザイン
―モンテッソーリ教育における建築・設備・家具・道具―

高橋節子 著

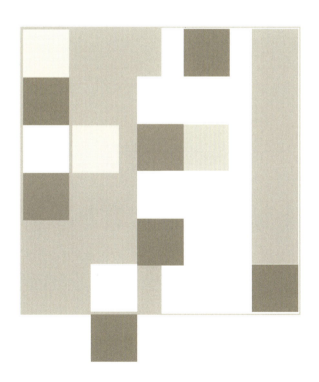

風間書房

口絵1　ゲーテ・ホーフ幼稚園　保育室Ⅱ・アクソメ図：
北東側から南西方向を眺めた様子（1932年）
所蔵：Bauhaus-Archiv Berlin　（Inventory no. 9354/4, 撮影：Markus Hawlik）
©Daniela Singer

口絵2　ゲーテ・ホーフ幼稚園　保育室Ⅱ・アクソメ図：
南西側から北東方向を眺めた様子（1932年）
所蔵：Bauhaus-Archiv Berlin　（Inventory no. 9354/3, 撮影：Atelier Schneider）
©Daniela Singer

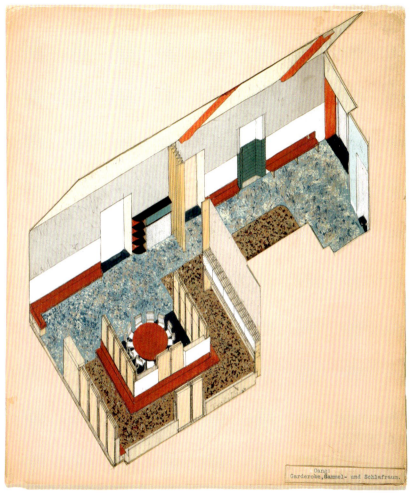

口絵3　ゲーテ・ホーフ幼稚園　クローク・アクソメ図：
北東側から南西方向を眺めた様子（1932年）
所蔵：Bauhaus-Archiv Berlin　（Inventory no. 9354/5，撮影：Markus Hawlik）
©Daniela Singer

口絵4　ゲーテ・ホーフ幼稚園　プレイルーム・アクソメ図：
北西側から南東方向を眺めた様子（1932年）
所蔵：Bauhaus-Archiv Berlin　（Inventory no. 9354/1，撮影：Atelier Schneider）
©Daniela Singer

は じ め に

　本書は，幼児教育施設における主として3～6歳児を対象とする物理的環境を検討し，幼児教育施設の空間デザインはどのようなものであるべきか，さらに，その重要性を明らかにすることをねらいとしている。本書では，空間デザインとは，物理的環境―建築（園舎），設備，家具，道具―によって空間を構成することを指す。したがって，本書で問題にする物理的環境とは，幼児教育施設の建築（園舎），設備，家具，道具である。

　物理的環境は教育実践において重要な役割を果たし，教育法（教育理念や教育内容）と切り離して考えることはできない。しかし，このような観点から内外の先行研究を検索したところ，建築学，幼児教育学，保育学のいずれにおいても，教育法と関連させ，幼児教育施設の物理的環境を具体的に検討した研究はみられなかった。

　そこで筆者は，幼児教育における物理的環境の重要性を理論的に説き，その教育実践において，きわめて具体的に物理的環境を提案したマリア・モンテッソーリ（Maria Montessori）のモンテッソーリ教育に注目した。モンテッソーリの教育思想と関連した教育施設の物理的環境のあり方を検討するために，3つの実証的研究を行った。本書では，まず，これらの3研究について述べた後，それを踏まえて幼児教育施設の空間デザインのあり方について考える。

　研究1では，モンテッソーリの教育思想と物理的環境の関連を分析している。モンテッソーリ自身の著作12点の記述内容を分析し，モンテッソーリの子ども観・発達観，教育の原則，人的環境，物理的環境の記述をとりだし，それらの相互の関連を検討し，モンテッソーリの理論の全体像を明確にすることを試みた。

モンテッソーリは子どもが生まれながらに持つ発達の可能性，能動性，能力を信じ，子ども中心の教育を実現しようと試み，そのためには子どもに適切な物理的環境を整えることが重要だとしたことが明らかになった。すなわち，園舎から小さな道具に至るまで，子どもが使うすべての環境を，子どもの自律的な活動を引き出し，支えるように整えることの重要性を明確に主張したのである。

研究2では，研究1で明らかにしたモンテッソーリが理想とした物理的環境が，実際のモンテッソーリ幼稚園でどのように実現されたのかを，園舎の事例分析により明らかにした。分析の対象としたのは，モンテッソーリ教育を新しい教育法として，実験的に採用した社会民主党市政下の「赤いウィーン」で開設された，ゲーテ・ホーフ幼稚園（Städtischer Montessori-Kindergarten im Goethehof）である。この園の室内デザインは，当時，革新的なデザインの専門教育を行い，近代デザインを牽引した造形学校であるバウハウス（Bauhaus）で学んだ若い2人のデザイナーのアトリエ（アトリエ・ジンガー＆ディッカー，Atelier Singer-Dicker，以後，アトリエS&Dと略記）が行った。この幼稚園を分析の対象としたのは，この園がデザインされた1930～32年当時は，モンテッソーリ教育が社会的に広く認知され，モンテッソーリも存命していたことから，相当程度"純正"に彼女の教育思想，および教育法が実現，実践されていたと考えられたからである。不幸なことに，この幼稚園の室内デザインは，ウィーン市内での内戦，そして，ナチスドイツのオーストリア併合に伴う園に対する閉鎖命令により破壊され，現存しない。しかし，ベルリンのバウハウス・アーカイブ（Bauhaus-Archiv）に資料（平面図，アクソノメトリック図，写真など約100点）が所蔵されており，筆者はこれを用いて分析した。

研究2では，研究1で明らかにしたモンテッソーリが提案した「物理的環境の具体的な特徴」を分析の枠組みとし，モンテッソーリが理想とした物理的環境がどのように実現されたかを分析した。その結果，彼女の提案のおよそ90％が，アトリエS&Dによって物理的環境として具体化されていたこと

が確かめられた。特に注目されたアトリエ S&D のデザインの特色は，①保育室内のコーナーの設置や，折りたたみ式家具の提案により，園舎の物理的な制約を克服するのみならず，むしろ活かしたこと，②床や壁の色彩を詳細に計画し，子どもが自律的に活動しやすい環境を実現したこと，③子どもの体格，体力，理解力にあわせた「子どもサイズ」の設備，家具，道具をデザインしたこと，などである。そして，これらの実現には，当時のゲーテ・ホーフ幼稚園の園長との協働作業が有効であったことも注目された。

研究 3 では，モンテッソーリ教育の誕生から100年，そして，日本に導入されてから半世紀たった現在，モンテッソーリが提案した物理的環境の特徴が，どのように，そしてどの程度，継承・維持されているかを明らかにした。

郵送による質問紙調査を実施し，日本でモンテッソーリ教育を実施している保育所とそれ以外の保育所，合計約300か所から回答を得て分析したところ，モンテッソーリ保育所は，より多くモンテッソーリ教育の物理的環境の特徴を維持していることが分かった。中でも，①活動に合わせて数種の机を用いていること，②子どもが静かに過ごす部屋や午睡室など，それぞれの子どもの生活のペースの維持に配慮した場所を設置していること，などの特色が見られた。そして，これらの特徴には，モンテッソーリの子ども観・発達観が反映されていると考えられた。

これらの研究結果から，本書では幼児教育施設での空間デザインは，そこで行われる教育法（教育理念や教育内容）と不可分であることを実証的に示すことになった。これらの結果を踏まえ，子どもを尊重する環境としての物理的環境とはどのようなものか，さらに，建築家やデザイナーは，それを使用するユーザー（保育者と子ども）との協働作業によって空間デザインに取り組む姿勢が必要であることについて議論し，筆者の考えを述べている。本書が，子どもの教育環境のあり方を前進させる提案になっているとすれば，うれしい限りである。

Abstract

Children's educational spaces: A legacy of Maria Montessori

This book aims to specify the essential features of the physical/spatial educational environment for 3- to 6-year-old children, such as the equipment, furnishings, facilities, classrooms and buildings of nursery schools, which help to activate children's spontaneous behavior and thereby enhance their development. For this purpose, the nature of the physical environment proposed by Maria Montessori (1870–1952), who particularly emphasized the importance of the physical environment and designed the Montessori Children's Houses based on her theory of how children grow and develop, was investigated through the following three studies.

In Study 1, an intensive content analysis of 12 Montessori's books, consisting of her own writings and dictations of her own lectures, was conducted and revealed: (1) Montessori's grand theory of child development governed her educational method and its physical environment which was essentially planned to evoke and support children's competence and autonomy, and (2) eight properties of the physical environment, indispensable to the education of young children, were identified: for instance, the environment must be attuned to children's body size and their physical and cognitive abilities; be responsive to children's behavior; and activate children's spontaneous activities.

In Study 2, physical characteristics of the Goethehof Montessori kindergarten (Städtischer Montessori-Kindergarten im Goethehof) designed by the Atelier Singer-Dicker (Franz Singer & Friedl Dicker) during 1930-1932 in Vienna were analyzed. Nearly 100 pieces of related materials kept at the Bauhaus-Archiv in Berlin, consisting of floor plans, colored axonometric drawings, and photos, were used as data. It was revealed that 89% of the features of Montessori's educational environment suggested by Study 1 were realized at the Goethehof kindergarten. It is noteworthy that the Atelier Singer-Dicker proposed unique and excellent ideas as specialists in architecture and design to sufficiently overcome a lack of room with the construction of activity corners in a room and a color-coded floor to clearly indicate where each activity was to take place. In addition, it was recognized that the director of the kindergarten gave useful suggestions to the Atelier Singer-Dicker in the process of planning the educational environment.

Study 3 aimed to investigate to what extent current Japanese Montessori nursery schools have embodied the physical elements of the environment suggested by Montessori. A questionnaire was constructed and mailed to 701 nursery schools all over Japan. Replies from 95 Montessori and 192 non-Montessori schools were analyzed. It was indicated that: (1) Montessori schools embodied significantly more elements than non-Montessori ones; (2) Montessori schools maintained their policy of providing various sizes of tables, a special room for afternoon naps and a quiet space for enabling children to carry out activities quietly at their own pace.

Suggested by these empirical findings, what we can learn from Montessori, now and for the future, is discussed. Specifically, it is discussed that: (1) what is an appropriate physical environment of nursery schools that will surely foster spontaneous and independent activities in young children; (2) what are the roles of architects and designers; (3) how they successfully collaborate with nursery teachers in constructing the physical educational environment; and (4) why children's voices as to their physical learning environment should be respected.

Setsuko Takahashi

January, 2018

目　次

はじめに……………………………………………………………………ⅰ
Abstract……………………………………………………………………ⅴ

序　章

1．本書のねらい……………………………………………………………1
2．幼児教育と物理的環境の関連についての先行研究…………………2
　2-1．建築学における先行研究………………………………………2
　2-2．保育学・幼児教育学における先行研究………………………6
3．幼児教育・保育の要領・指針における物理的環境…………………7
4．幼児教育施設についての提言…………………………………………9
5．本書の目的と研究対象としてのモンテッソーリ教育………………10
　5-1．研究対象としてのモンテッソーリ教育………………………11
　5-2．マリア・モンテッソーリとモンテッソーリ教育……………13
6．本書の構成……………………………………………………………16

第Ⅰ章　モンテッソーリの教育思想と物理的環境：研究1

1．問　題…………………………………………………………………19
　1-1．本章のねらい……………………………………………………19
　1-2．モンテッソーリ教育の物理的環境についての先行研究……20
　1-3．研究1の目的……………………………………………………22
2．研究の方法……………………………………………………………22
　2-1．内容分析したモンテッソーリの著作…………………………22
　2-2．著作の分析方法…………………………………………………25
3．分析の結果……………………………………………………………25

3-1. 子ども観・発達観……………………………………………………27
　3-2. 教育の原則……………………………………………………………31
　3-3. モンテッソーリ教育における環境…………………………………35
　3-4. 人的環境：教師………………………………………………………35
　3-5. 物理的環境……………………………………………………………38
4．討　　論………………………………………………………………………53
　4-1. 研究1のまとめ………………………………………………………53
　4-2. 研究1の結果に基づく考察…………………………………………55
第Ⅰ章・付録　分析対象のモンテッソーリの著作一覧……………………59

第Ⅱ章　建築家・デザイナーによるモンテッソーリ幼稚園の実現：研究2 ―ゲーテ・ホーフの市営幼稚園

（Städtischer Montessori-Kindergarten im Goethehof, Schüttaustraße）の場合

1．問　　題………………………………………………………………………63
　1-1. 本章の目的……………………………………………………………63
　1-2. ウィーン市のモンテッソーリ教育のための幼児教育施設に関する
　　　 先行研究………………………………………………………………64
　1-3. 1920～30年代のウィーン市におけるモンテッソーリ教育………65
2．分析対象の園舎の選定………………………………………………………69
　2-1. 分析対象としたウィーン市の幼稚園………………………………71
　2-2. ゲーテ・ホーフ幼稚園について……………………………………78
　2-3. アトリエ・ジンガー&ディッカーとは……………………………87
3．アトリエ・ジンガー&ディッカーに関する先行研究……………………93
　3-1. アトリエ・ジンガー&ディッカーについて………………………93
　3-2. ディッカーについて…………………………………………………94
　3-3. ジンガーについて……………………………………………………94
4．ゲーテ・ホーフ幼稚園の物理的環境の分析………………………………95
　4-1. 研究2の目的…………………………………………………………95
　4-2. 分析に用いた資料……………………………………………………96

4-3．図面の寸法と子どもの体格の検討 …………………………………97
　　4-4．ゲーテ・ホーフ幼稚園の園舎の概要 ……………………………101
　　4-5．ゲーテ・ホーフ幼稚園におけるモンテッソーリが理想とした物理的
　　　　環境の実現度 ……………………………………………………………106
　　4-6．ゲーテ・ホーフ幼稚園の主要な3室（保育室，クローク，プレイ
　　　　ルーム）の分析 …………………………………………………………110
　　4-7．アトリエ・ジンガー&ディッカーのデザインの特色 ……………133
　5．討　論 …………………………………………………………………………145
　　5-1．研究2のまとめ …………………………………………………………145
　　5-2．研究2の結果に基づく考察 ……………………………………………146

第Ⅲ章　日本のモンテッソーリ保育所の物理的環境：
　　　　　研究 3 ─非モンテッソーリ保育所との比較による検討

　1．問　題 …………………………………………………………………………155
　　1-1．わが国におけるモンテッソーリ教育の受容の過程 ………………156
　　1-2．モンテッソーリ教育の物理的環境についての先行研究 …………157
　　1-3．研究3の目的 ……………………………………………………………158
　2．研究の方法 ……………………………………………………………………160
　　2-1．調査の項目 ………………………………………………………………160
　　2-2．調査対象の保育所 ………………………………………………………162
　　2-3．調査方法と回収率 ………………………………………………………163
　　2-4．分析した保育所の概要 …………………………………………………163
　3．結　果 …………………………………………………………………………166
　　3-1．モンテッソーリ得点によるM群，non-M群の比較 ………………166
　　3-2．質問項目ごとの検討 ……………………………………………………170
　　3-3．年代による物理的環境の変化 …………………………………………174
　4．討　論 …………………………………………………………………………177
　　4-1．研究3のまとめ …………………………………………………………177
　　4-2．研究3の結果に基づく考察 ……………………………………………178

終　章　全体的討論

1．本書の目的……………………………………………………………185
2．3つの実証研究の要約………………………………………………186
　2-1．研究1（第Ⅰ章　モンテッソーリの教育思想と物理的環境）………186
　2-2．研究2（第Ⅱ章　建築家・デザイナーによるモンテッソーリ幼稚園
　　　　　　の実現）……………………………………………………188
　2-3．研究3（第Ⅲ章　日本のモンテッソーリ保育所の物理的環境）………190
3．結論：モンテッソーリ教育に学ぶ空間デザイン……………………191
　3-1．子どもを尊重する環境としての物理的環境 ……………………192
　3-2．空間デザインにおける建築家・デザイナーと教育者の役割………198
4．今後の課題……………………………………………………………202
　4-1．3つの研究に残された課題………………………………………202
　4-2．幼児教育施設の空間デザインを考える際に残された課題………204

おわりに……………………………………………………………………209
参考文献……………………………………………………………………213
付録　保育所における環境の調査・調査票……………………………225
索引…………………………………………………………………………241

序　章

1．本書のねらい

　本書の目的は，幼児教育施設[1]における主として3歳児から6歳児（クラス編成上の年齢では3～5歳児）を対象とする空間のデザインを検討，考察することである。本研究では，空間デザインとは，物理的環境―建築（園舎），設備，家具，道具―によって空間を構成することを指す。
　幼児教育における環境は，大きく人的環境と物理的環境の2つに分けられるであろう。人的環境とは，幼稚園教諭や保育士などの保育者を指す。物理的環境とは教育施設の建物から設備，家具，道具，教具などを指す。保育者が専門性を高め，子どもの育ちを援助することは重要である。これと同様に，幼児教育の実践においては，教育法（教育理念や教育内容）に適した物理的環境の設定はきわめて重要である。例えば，子どもの主体的な活動を尊重する教育法では，子どもが自ら行動できるように，子どもの体格に合わせた建物や設備の設計，家具，道具を整えることが必要になる。また，個別の活動が多い教育法では，1人用の机を設置することが有効であろうが，クラスの子どもたちが一斉に同じ活動をすることを重視する教育法では，1人用の机よりも，4人用あるいは6人用などの大きな机を設置することが有効であろう。このように，物理的環境は教育実践に重要な役割を果たし，教育法と切り離して考えることはできないと思われる。
　本書では，物理的環境として建築物である園舎にとどまらず，保育室の設定，設備，家具，道具など，子どもが使用するもの全てを扱う。これは，日々，幼児教育施設で育ち，生活する子どもにとっては，園舎だけではなく，

子どもを取り巻くすべての物理的環境が大きな役割を果たすと考えるからである。なお，遊具や教具にはねらいや使用方法があり，教育効果の議論と切り離すことが難しいと考えられる。本書は，建築学的な関心から幼児教育施設の物理的環境を分析することを意図したため，遊具・教具は分析対象として取り上げなかった。

　本書が検討する（遊具・教具以外の）物理的環境は，人的環境と同様に重要であるにもかかわらず，建築学，さらには幼児教育学や保育学においても，十分に検討されてきたとは言えない。特に，それぞれの教育法と関連づけた物理的環境の実証的分析は，以下に述べるようにほとんどなされてこなかった。そこで，本書では，物理的環境を教育実践の中で子どもが使用する全ての物理的環境，すなわち，建築，設備，家具，道具（ただし，遊具・教具は除く）として，教育法と物理的環境の関連を明らかにし，3〜6歳児を対象とする幼児教育のための空間デザインを検討することを目的とする。これを分析・検討するために，本書では後述のようにモンテッソーリ教育を分析対象とし，モンテッソーリ教育における教育法と物理的環境の関連を明らかにしていく。

2．幼児教育と物理的環境の関連についての先行研究

2-1．建築学における先行研究

　わが国の建築学における幼児教育施設に関する先行研究を検討するために，日本建築学会の学会誌である日本建築学会計画系論文集，同構造系論文集，同環境系論文集に2000年以降に掲載された論文を検索した。

　近年，待機児童の解消のため，保育所の増設を目指し，1998年以降さまざまな規制緩和が進められてきた（逆井，2013）。中でも主要な規制緩和は，2000年に保育所の設置主体の制限が撤廃され，営利企業なども保育所の設置

主体となることが可能になったことだと指摘される（逆井，2009）。一方，2001年以降，保育所での事故の増加が顕著であり，小山（2011）は規制緩和に伴う保育所の環境の悪化が，事故の増加を招いているのではないかと指摘している。このように，待機児童の増加や，規制緩和の進展に伴い，2000年以降の幼児教育施設の物理的環境において，新しい問題が顕在化してきていると考えられる。

　そこで，まず幼児教育施設の物理的環境の近年の研究の動向を検討するため，出版年を2000年以降に設定し，2014年までの日本建築学会の学会誌に掲載された論文を検索した。検索には国立情報学研究所の国内雑誌文献データベース CiNii を使用した。検索キーワードは，「幼稚園」，「保育所（園）」，「幼児施設」，「幼保」，「こども園」である。検索の結果，2000年以降の幼児教育施設に関する論文は30点あった。これらの論文はいずれも，建築計画学分野の研究としてなされたもので，大きく2つに分類できた。

　第一の研究は，2000年以降，わが国の幼児教育施設に関連して顕在化してきた諸問題を検討したものである。例えば，①夜間保育所における保育と施設の特徴を明らかにした研究（北浦・萩原，2003；北浦・木下千・萩原・木下恵，2003；北浦・木下恵；2004），②2006年に認定こども園制度が創設されて以降，増加が予想される幼保一体化施設における運営形態，保育，保育室の配置の特徴を明らかにした研究（宮本・稲村・仲・長瀬，2012；山田あ・佐藤栄・佐藤将・樋沼，2008），③昭和23年に制定されて以降，改定されていない保育所の最低基準（児童福祉施設最低基準[2)]）に代わる新たな一人当たりの面積の検討を目指した研究（近藤・定行，2009；2010），④近年増加しているコーナー保育[3)]におけるコーナーの適切な面積，形態，配置および1年間の変化を明らかにした研究（山田恵・佐藤将・山田あ，2009a；山田恵・山田あ・佐藤，2009b；西本・今井・木下，2006）などである。

　第二は，子どもの行動と空間との関連を検討した一連の研究である。これらの研究は，例えば，①保育所における子どもの居場所の選択とその場所の

特徴との関連を検討した研究（山田あ・上野，2006；山田あ・上野・登張，2004），②異年齢保育を実施する保育所での異年齢交流を誘発する空間的な要因を分析した研究（細谷・積田・青木，2008），③子どもの遊びの集合や社会性の獲得に空間がどのように関係しているかを検討した研究（佐藤・西出・高橋，2004；佐藤・高橋，2002），④生活習慣行動とそれに関連する設備や家具などの配置の特性を分析した研究（宮本・中尾，2007）などである。

　以上のように，2000～2014年の日本建築学会の学会誌に掲載された論文では，観察や調査によって集めたデータを分析し，近年顕在化してきた幼児教育施設のさまざまな問題を扱うか，あるいは子どもの行動と空間（配置，面積，寸法など）との関連を検討している。このように建築計画学の分野においては，幼児教育施設の建築設計の際に参考となる知見がある程度は蓄積されてきている。

　しかし，2000年以降の多くの研究では，まず，研究対象とする幼児教育施設を教育法に偏りのないように選定するなど，むしろ教育法が研究結果に影響しないように配慮している。その上で，子どもの行動に影響を与える要因を空間，場所の物理的性質，例えば高低，段差，配置，しつらえなどに限定して検討している。これらの要因の中でも教育法が特に反映されるのはしつらえだと思われるが，その具体的な内容についてまでは十分に議論されていない。つまり，これらの研究では，分析の対象とする施設や子どもの行動を，教育法とは関連させずにとらえている。すなわち，建築設計の際に有用な知見や資料を得ることを目的とする建築計画学という分野の特質のためか，幼児教育施設に"普遍的な"知見を求めて研究が進められてきたように思われる。

　2014年以降では，モンテッソーリ教育とハンガリーの保育実践と，「保育所保育指針」の共通点を指摘し，両教育の空間の特性が一般の保育所の空間づくりに対しても示唆に富むことを指摘した研究（白川・定行，2017b）などがあり，教育思想と空間のあり方に着目した研究が見られるようになってき

てはいるが，なお少数にとどまっている。

　さらに，出版年や掲載誌を限定せず内外の建築学の研究を広く見ると，教育法と幼児教育施設の物理的環境の関連に注目した研究もわずかにみられる。

　川上ら（川上・伊藤・仙田・矢田，1998；仙田，2001）はシュタイナー教育の物理的環境の特徴に注目し，日本におけるシュタイナー教育の教育者と施設設計者への聞き取り調査と施設の調査を実施し，教育理念と空間の対応を指摘している。川上らによれば，シュタイナーの教育理念は，「精神の安定」，「肉体の育成」，「意志の教育」の3つに大きく分類でき，それに対応するように空間が設定されているという。例えば，精神の安定につながるよう，子どもを包み込むように保育室の四隅の角を鈍角とすることや，色彩はピンクが使用されることなどを指摘している。

　白川ら（白川・小池・定行，2015）は，本研究で分析対象とするモンテッソーリ教育に着目し，0～6歳児を対象とする物理的環境について，モンテッソーリ自身の著作とモンテッソーリ以降の現代のモンテッソーリ教育の実践家の記述を分析し，教育実践において必要とされる空間の配置の特性や，空間の特性を整理している。さらに，モンテッソーリ教育を実践する幼稚園と保育所に対してアンケート調査と現地調査を実施し，モンテッソーリ教育における教育実践と空間の特性を明らかにし，モンテッソーリ教育に基づく建築計画のあり方を提示している（白川・定行，2017a）。

　小川は19世紀末から20世紀初頭の英国，米国（小川，1966）と日本（小川，1967）における幼児教育施設の平面計画を分析している。英国では衛生への配慮の高まりにより採光や換気が考慮され，さらに子どもの活動の自由を尊重するという保育理念を反映し，保育室だけではなく園庭でも自由に園児が活動できるよう保育室と外部空間のつながりに重点が置かれたと指摘している。また，米国では，当時は母親による保育が良いとされたため，幼児教育施設も家庭的な雰囲気であったという。さらに，日本では，わが国初の幼稚

園である東京女子師範学校附属幼稚園(1876年開園)と大阪の愛珠幼稚園(1880年開園)が幼稚園建築の模範となったとしている。その後,保育内容が変化しても,わが国の幼児教育施設の大きな特徴として,静的活動をする保育室と動的活動をする遊戯室の分離が維持されているのは,この2園の影響であると指摘している。このように,小川は園舎と教育内容には関連があることを指摘しているものの,歴史的に概観するという論文の目的のために,個々の教育法と園舎の関連について,十分な検討をしているとは言えない。

デュデク(Dudek, 2000)は幼児教育史に沿い,園舎や家具などの物理的環境がどのように変化したのかを分析している。ルソーから始まり,ペスタロッチ,オーエン,フレーベル,モンテッソーリ,シュタイナーなど,幼児教育において重要な教育者とその教育法を紹介するとともに,施設の特徴を述べている。幼児教育施設では教室の床に子どもが直に座り,教師から教えを受けた19世紀初めのペスタロッチの時代から,固定された机やイスに座る形式へと変化し,その後,子ども中心の教育理念の進展とともに,19世紀末から20世紀初頭には子どもが自由に動き回れるように固定された机やイスが廃止され,子どもの体格に合わせた物理的環境が実現されるようになったことを指摘している。しかし,デュデクも歴史的に概観することを目的としたためか,各教育法と物理的環境との関連についての分析を十分にしているとは言えない。

このように,筆者が検討した限りでは,建築学では,教育法と幼児教育施設の物理的環境の関連を指摘した研究はわずかであり,詳細に関連を分析していないのが現状である。

2-2. 保育学・幼児教育学における先行研究

保育学や幼児教育学における教具以外の物理的環境の研究としては,バークら(Burke & Grosvenor, 2008)が,英国を中心に,ヨーロッパの幼児教育及び学校教育の進展と,それに伴う校舎,教室,家具などの物理的環境の変化

を概観している。バークらの研究も，デュデクの研究と同様に，教育法の進展により，講義室形式の教室から，子どものより自由な活動を援助するよう教室が変化したことを指摘している。

永井（永井，2005；2011）は，明治から昭和初期にかけてのわが国の重要な20余りの幼稚園建築について扱っている。当時の幼稚園は，地域の全面的な支援によって運営されており，永井は園舎建築だけではなく，それを可能にした地域の諸相，そこで行われた保育実践，衛生状態などを詳細に明らかにしている。しかし，園舎や設備と教育法との関連の詳しい分析までには至っていない。さらに，小林（小林，2003；2009）は，明治期からわが国の幼児教育の発展に大きく貢献した宣教師らの業績をまとめるとともに，宣教師らが実現した園舎建築の写真や図面など貴重な資料を多数収集している。

このように，幼児教育史の視点からの物理的環境の研究は，幼稚園建築の歴史的な研究として貴重である。しかし，それぞれの園舎建築と教育法，および教育実践との関連の事実を指摘してはいるものの，その関連がどのようなものかについての十分な検討には至っていない。

3．幼児教育・保育の要領・指針における物理的環境

わが国の文部科学省や厚生労働省などによる幼児教育の要領・指針―『幼稚園教育要領』（文部科学省，2008），『保育所保育指針』（厚生労働省，2008），『幼保連携型認定こども園教育・保育要領』（内閣府・文部科学省・厚生労働省，2015）―では，「環境を通して行う教育及び保育」が基本だとされている。これは1989年の『幼稚園教育要領』の改定の際に，活動の考え方が大きく変化したことに起因する（安藤，2009）。ここでの「環境を通して行う教育及び保育」とは，教育は保育者が主導するのではなく，子ども自らが主体的に環境に関わり，活動を生み出し，展開することが望ましいということである。ここで言う環境とは，教師・保育士や友だちなどの人的環境と物理的環境，さ

らに自然や社会の事象が含まれる。

　物理的環境については，『幼稚園教育要領解説』（文部科学省，2008）では，幼稚園教育の基本として教育は「環境を通して行う」ものとし，幼児が自分から興味をもって関わることができるように遊具や用具，素材を整えることが必要だとしている。そのためには，「テーブルや整理棚など生活に必要なものや遊具」（文部科学省，2008，p.28）などが幼児にふさわしいものであるべきだとしている。さらに，身近な環境とのかかわりに関する「環境」の領域において，物理的環境について言及している。すなわち，幼児の興味や関心を引き出すことができる状況を作らなければならないとし，「幼児が扱いやすい遊具や用具，物を用意することだけではなく，幼児の能動性を引き出す自由な空間や物を配置」（文部科学省，2008，p.133）すべきだとしている。これをどのように実現するかは園舎の設計者や保育者に任せようというのであろうが，抽象的な表現にとどまっているため，実効性があるか疑問である。実際，保育の現場においては，空間の設定は保育者の経験に頼るところが大きく，現時点では理論的に整理されていないことが指摘されている（西本ら，2006；山田恵，2011；山田恵ら，2009b）。

　無藤（2013）は『幼稚園教育要領』でいうところの「環境を通しての保育」を基本的に物との関係で考えることを提案しているが，どの幼児教育の現場でも役立つことを目指し，保育者に部分的なヒントを与えるにとどまっている。

　以上のように，先行研究を見ると，建築学においては，建築設計の際に有用となる幼児教育施設の知見はある程度蓄積されてはいるものの，子どもの行動と空間との普遍的な関連を明らかにすることを目指しており，教育法と物理的環境の関連が分析されているとは言えなかった。また，保育学や幼児教育学においても，園舎建築や家具などと教育法の関連は示唆されてはいるものの，十分な検討がされていなかった。さらに，国の要領・指針において

も，幼児教育施設の物理的環境のあり方についての重要性が指摘されるに留まっている。

4．幼児教育施設についての提言

　建築家であり，子どものための建築を研究するデュデク（Dudek, 2000, p. 8）は，世界各地の幼稚園を訪ねると教師たちは園舎について，たとえそれが最近建てられたものであったとしても，不満を述べるのを度々耳にするとしている。建築家と教師たちの意見が常に一致するのは難しいことだが，教師たちは実際に園舎を使ってみると，子どもたちが幼児教育施設の中で必要とするものを，園舎は十分に備えていないと指摘するという。デュデクは，園舎とそこで実践される教育法を適合させることが重要であると強調している。そして，子どもにとって空間的，機能的に適切であるというだけではなく，園舎建築はより良い保育実践を可能にするものでなければならないとする。すなわち，デュデクは園舎と教育法は密接に関連するべきだとしているのである。

　わが国における子どものための建築に関する研究の第一人者である建築家の仙田満は，子どもの遊び空間という視点から建築環境が考慮するべき一般的要素について指摘している（仙田，2013）。さらに，仙田と藤森平司（大学で建築を学び，現在は保育園の園長を務める）との子どものための空間に関する対談は興味深い（仙田・藤森，2001）。その中で藤森は，保育者は園舎を作る際，どんな建物を作ろうかというのではなく，どんな保育をするのかを考えた方が良いと述べている。例えば，窓一つをとっても，保育室の窓の高さは一般的には何センチにすべきなのかということが重要なのではなく，「こどもが覗いて何を見たがる窓なのか，光を入れる窓なのか，この部屋でどんな行動をさせたいのかということに意味があるんで，それによって窓の高さも形も違う」と思うとしている（仙田・藤森，2001, p. 13）。そして，保育者は

そこで実践される教育の子ども観，保育観を建築家に伝え，それを形にするのが建築家の仕事であるはずだと述べている。仙田はこの考えに同意し，設計の際には，保育者の教育理念が大事であり，それを建築的に表現することが建築家の役割であるとしている。

さらに，仙田は「本当は，保育者の教育のなかでも建築的な，あるいは，デザイン的な教育があるべき」とし（仙田・藤森，2001，p.14），保育実践の中で物理的環境を整える役割を担うことの多い保育者には，物理的環境についての知識が必要であるとも指摘している。これを受けて藤森は「日本はどうしても教育方法とか保育方法だけが保育システムになってしまうけれど，外国でいうと教具も含めるし備品も含める，建物も入る。（シュタイナー教育の園舎では）角のあり方だけだってこだわるわけですよね。」と発言している（仙田・藤森，2001，p.14）。すなわち，彼らの主張は幼児教育施設の物理的環境と教育法は密接に関連するものでなければならず，さらに，窓の高さや道具（備品）などすべてに，そこで実践される教育法の子ども観・発達観，および教育の原則が反映されるべきだということであろう。

これらの見解は，筆者と問題意識を共有するものであり，今後の幼児教育施設のあり方についての重要な方向を示唆するものとして評価できると考えている。

5．本書の目的と研究対象としてのモンテッソーリ教育

本書では物理的環境（すなわち，建築，設備，家具，道具）は幼児教育の実践において重要な役割を果たし，物理的環境は教育法と切り離して考えることはできないということを仮説とし，これを実証的に検証することを目的とする。

すなわち，ある教育法は，それに特有の子ども観・発達観および教育理念を実現しようとするものであり，したがって，物理的環境もその教育法の子

ども観・発達観および教育理念の実現を援助しうるようにデザインされるべきであり、それぞれの教育法に特有な性質が要求されるはずだと思われる。しかし、上述のように、先行研究では、幼児教育施設の物理的環境がそこで実践される教育法と関連して分析、検討されることはほとんどなかったのである。

そこで本書では、この仮説を検証するため、教育法の一つであるモンテッソーリ教育を例とし、教育法と物理的環境との関連を明らかにすることを目的とする。さらに、このモンテッソーリ教育における教育法と物理的環境との関連の分析の結果を踏まえ、幼児教育のための空間デザインを考察する。

5-1. 研究対象としてのモンテッソーリ教育

本書では、20世紀初頭にイタリアのローマでマリア・モンテッソーリ（Maria Montessori, 1870-1952）が開始したモンテッソーリ教育を分析の対象とすることにした。

一般にはモンテッソーリ教育は教具に特徴があることで知られている。例えば、「モンテッソーリ幼稚園の一目で分かる特色は、モンテッソーリ教具と呼ばれるおもちゃが整然と棚に並べられていること」（辻井, 2006, p.27）だとされる。しかし、モンテッソーリは教具以外の物理的環境にも大きな変革をもたらしたといえる。

19世紀末、デューイ（John Dewey）は子どもがなるべく活動する余地のないように密着して置かれる聴講用の机とイスはあっても、子どもの作業用の机とイスは無いことを指摘した（Dewey, 1902/1915/1957/1990）。当時、このような聴講用の机とイスは「国民的ベンチ」と呼ばれるほど広く普及していたが、モンテッソーリは、このように固定された机とイスに子どもを身動きさせずに座らせておくことは、まるで教育の分野における奴隷制のようなものだと痛烈に批判した（Burke & Grosvenor, 2008; Montessori, 1997/2010）。そして、モンテッソーリはこのような机とイスを廃止し、子どもの体格に合わせた寸

法で，さらに子どもでも持ち運びができる軽量のテーブルとイスを採用したのである（Montessori, 1909/1912/1964/1974）。

　ただし，モンテッソーリ以前にも子どもの体格に合わせた寸法で，持ち運びができる机やイスを使用している幼児教育施設が，全くなかったというわけではない。例えば，ドイツのフレーベル幼稚園（Fröbel-Kindergarten）やペスタロッチ・フレーベルハウス（Pestalozzi- Fröbel- Haus）では子どもの体格に合わせた，持ち運びができる家具が採用されていた（Schneider, 2002）。しかし，シュナイダー（Schneider, 2002）はこれは例外的であり，ドイツでもイタリアと同様に，多くの幼児教育施設では固定された机やイスを使用していたとしている。オルディゲス（Oldiges）は「マリア・モンテッソーリは，子供の自主性との関連において育児室や学校のインテリアに，根本的な改革を要求した最初の人」（Oldiges, 2001, p.98）であると指摘しており，モンテッソーリは幼児教育施設の物理的環境に着目し，それを変革した先駆者の１人であると考えられるだろう。

　仙田（仙田・藤森, 2001, p.14）もシュタイナー教育における物理的環境と比較し，「モンテッソーリスクールでも，教育と空間というのが非常に密接な形である」とし，それは教具，備品も含めてであると指摘している。確かに，モンテッソーリは，子どもが自由に選択し，使用するもの全体，すなわち，建築，設備，家具，道具，教具を考慮すべき物理的環境とし（Montessori, 1948b/1971b/1972b/1999c），教育実践には物理的環境が重要な役割を果たすと考えていた。そして，モンテッソーリは自身の教育施設である「子どもの家」の物理的環境は，自らの子ども観・発達観および教育の原則を具体化し，子どもの自己活動と，自発的な発達を可能にする施設であると示唆しているのである（Montessori, 1948a/1989e/1993）。この様なことから，モンテッソーリ教育は教育法と物理的環境との関連を分析するために最適な教育法であると考え，本書ではモンテッソーリ教育を分析の対象として取り上げることにした。

5-2. マリア・モンテッソーリとモンテッソーリ教育[4]

5-2-1. モンテッソーリの経歴

　モンテッソーリ教育を提案したマリア・モンテッソーリ（Maria Montessori）はイタリアの教育者である（図序-1参照）。モンテッソーリは1870年イタリア中部のマルケ州アンコーナ（Provincia di Ancona, Regione Marche）のキアラヴァッレ（Chiaravalle）に生まれた。当時のイタリアは，女子に中等，高等教育を受ける道が開かれ始めた時期であった。モンテッソーリは女子として最初の中学校入学者として進学すると，高校，ローマ大学へと進学した。その後，1892年に医学部進学への資格認定証を取得し，ローマ大学医学部に入学，1896年にローマ大学初の女性の医学博士になった（早田，2003）。

　卒業後，彼女はローマ大学付属病院で内科の助手として就職すると同時に，ローマ大学精神科クリニックで働く機会を得た。ここで知的障がい児に対する関心を深めたモンテッソーリは，知的障がい児の問題を医学よりは教育学の問題としてとらえ，関心を徐々に医学から教育の領域へと移行させていったとされる。そして，障がい児教育の先駆者であるイタール（Jean Itard, 1774-1838）及びセガン（Édouard Séguin, 1812-1880）の思想や方法を学んだだけではなく，

図序-1　マリア・モンテッソーリ（1936年）
出典）Centenary of the Montessori Movement 1907-2007 [Website].
http://montessoricentenary.org/
(2017.6.30現在)

1901年にはローマ大学哲学科に入学し，教育学，衛生学，実験心理学，人類学などを学んだ。

　その後，知的障がい児の教育を実践し成果をあげると，彼女は同じ方法をいわゆる健常児に適用すれば，より成果をあげるだろうと確信するようになった。1907年には，ローマのスラム街サン・ロレンツォ（San Lorenzo）に開設された「子どもの家」（Casa dei Bambini）で，主としていわゆる健常な3〜6歳児を対象とする教育実践の機会を得た。知的障がい児教育の実践をもとに幼児教育を始めると，子どもたちは驚くべき集中力を見せ，自律的に活動し，また4〜5歳の子どもが文字を書くことができるようになるなど，多くの成果をあげ，注目されるようになったという。

5-2-2. モンテッソーリ教育の誕生とその普及

　このローマの「子どもの家」で始められた教育法が，モンテッソーリ教育である。モンテッソーリは1909年にこの「子どもの家」での教育の成果を *Il metodo della pedagogia scientifica applicato all'educazione infantile nelle case dei bambini*（『子どもの家での幼児教育で実践された科学的教育法』）（Montessori, 1909）と題した本にまとめ，出版した。

　この本は1912年に米国で *The Montessori Method*（Montessori, 1912）として翻訳，出版されたのを初めとして，フランス語，スペイン語，ドイツ語など，数年後には10以上の言語に翻訳，出版され，世界中で評判を呼んだ。わが国でも，当時東京女子高等師範学校講師であり，後にわが国の幼児教育を牽引した倉橋惣三，京都大学助教授であった野上俊夫，日本女子大学教授であり，同大学附属豊明小学校主事であった河野清丸らが，モンテッソーリ教育を論文などで紹介した（森上，1984）。

　The Montessori Method により世界中で評判を呼んだことを受け，モンテッソーリは世界各国で講演会や教師養成のための国際コースを開催し，モンテッソーリ教育の普及に努めた。1920年代から1930年代の彼女は，教師養

成と講演,各地のモンテッソーリ・グループの視察など,世界中を旅行して回るのが日常であったという。例えば,1926年の秋は,アルゼンチンに長期間滞在し,各地で講演などの活動を行い,冬にはイタリアに短期間戻り,ウィーンとベルリンに立ち寄った後,ロンドンで4カ月の教師養成を行うというような状況であったとされる(クレーマー,1981, p.418)。

1939年,モンテッソーリは教育の普及のためにインドを訪問した。しかし,その直後に第二次世界大戦が開戦したため,終戦まではインドに滞在せざるをえなかったが,その間も研究や教師養成を続けたという。1946年にインドから戻ったモンテッソーリは,その後も精力的に教育の普及に努め,晩年まで活動を続け,1952年オランダのノールトウェイク・アーン・ゼー(Noordwijk aan Zee)で81歳で亡くなった。亡くなる1時間前まで,ともに教育の普及活動を行っていた息子マリオ(Mario Montessori)と,アフリカへの講演旅行について話し合っていたというほど,まさにモンテッソーリ教育の普及に生涯を捧げた教育者であった。

モンテッソーリ教育は,モンテッソーリの死去後,現在でも世界各地で盛んに実践されている。日本では1960年代に本格的に導入され,その後1968年に日本モンテッソーリ協会が設立され,1970年には同協会が承認した日本最初のモンテッソーリ教師養成コースが開設され,日本でもディプロマ(モンテッソーリ教師資格)を取得できるようになるなど,現在まで盛んに実践されている教育法である(ルーメル,2004)。

なお,モンテッソーリ教育は19世紀末より児童中心の教育を求めた新教育運動の一つに位置付けられる(Mooney, 2000)。米国でこの運動の中心となったのはデューイ(John Dewey, 1859-1952)であり,同じく児童中心の子ども観を主張した同時代の代表的な研究者としてはピアジェ(Jean Piaget, 1896-1980)やヴィゴツキー(Lev Vygotsky, 1896-1934)が挙げられる。モンテッソーリ教育と「子どもの家」は,この児童中心主義の時代精神を具体化したものであるともいえる。

6. 本書の構成

　本書では，モンテッソーリ教育を分析対象として，教育法と物理的環境の関連を分析し，幼児教育施設における空間デザインのあり方を考察することを目的とする。前述のように，モンテッソーリは建築（園舎），設備，家具，道具を考慮するべき物理的環境として重視し，物理的環境には自らの子ども観・発達観および教育の原則が具体化されていることを示唆していた。そこで，モンテッソーリ教育における教育法と物理的環境の関連を分析するために，本書では，以下の3つの研究を試みた。なお，本研究ではモンテッソーリ教育を分析対象とし，教育法と物理的環境の関連を分析することを目的としている。そのため，モンテッソーリ教育の教育効果を議論することは，本書の目的の範疇ではないため，以下の3つの研究においては教育効果については扱っていないことを明記しておく。

　第Ⅰ章　モンテッソーリの教育思想と物理的環境：研究1では，モンテッソーリ自身の主要な著作12点の記述内容を分析し，モンテッソーリの子ども観・発達観，および教育の原則，人的環境と物理的環境を体系的に明らかにした。中でも，これまでほとんど分析されることがなかった，モンテッソーリが理想とする教具以外の物理的環境（建築，設備，家具，道具）とはどのようなものなのかを具体的に明らかにした。そして，なぜモンテッソーリは物理的環境を重視したのかを分析し，さらに，物理的環境に彼女の子ども観・発達観および教育の原則がどのように反映されているのかを検討した。

　第Ⅱ章　建築家・デザイナーによるモンテッソーリ幼稚園の実現：研究2では，第Ⅰ章で明らかにしたモンテッソーリが著作で記述した物理的環境（建築，設備，家具，道具）が，実際の園舎においてどのように実現されたのかを明らかにした。分析対象としたのは，1930～32年に設計されたウィーン市のゲーテ・ホーフ（Goethehof）幼稚園における物理的環境である。

この幼稚園を選んだ主な理由は，第一に当時のウィーン市ではモンテッソーリ教育が実験的に幼児教育法の一つとして採用され，モンテッソーリ教育が純正に近い形で実践されていたと考えられることである。第二にはこの園の関連資料が豊富に残されているためである。1934年のオーストリア・ファシズム体制の樹立に伴う内戦による園舎の被害，1938年のナチスドイツのオーストリア併合によるモンテッソーリ教育の禁止により，資料の存続は危ぶまれる状況であった。しかし，この幼稚園の写真や図面などの関連資料は，幸運にも国外に持ち出され，現在，ベルリンのバウハウス・アーカイブ（Bauhaus-Archiv）に所蔵され，学術研究のために利用することが許可されている。そこで，第Ⅱ章では実現されたモンテッソーリ教育のための物理的環境の詳細な分析をし，建築家・デザイナーが幼児教育施設の物理的環境の設計や実現にどのように関わるかをも明らかにした。

　第Ⅲ章　日本のモンテッソーリ保育所の物理的環境：研究3では，第Ⅰ章で明らかにしたモンテッソーリ教育の物理的環境の特徴が，現在のわが国のモンテッソーリ教育のための幼児教育施設の物理的環境においても維持されているか否かを明らかにした。

　わが国の全国各地のモンテッソーリ教育を実践する保育所と，それ以外の教育法を実践する保育所を対象に物理的環境に関する郵送による質問紙調査を行い，比較した。モンテッソーリ教育が開始されてから，およそ100年が経過した。モンテッソーリが理想としたように物理的環境が教育実践に重要な役割を果たしているとすれば，わが国のモンテッソーリ教育を実践する保育所はそれ以外の保育所と比較して，およそ100年前にモンテッソーリが記述した物理的環境の特徴をより整えているはずである。モンテッソーリが理想とした物理的環境の特徴を，現在のわが国のモンテッソーリ教育を実践する保育所がどの程度維持しているかを分析，検討した。

　終章　全体的討論では，まず，3研究を要約してモンテッソーリ教育における物理的環境の分析の結果を述べた。次にこれらの結果を踏まえ，幼児教

育施設における物理的環境とはどのようなものかを考察した。より良い幼児教育施設の空間デザインのために，モンテッソーリ教育の物理的環境から学べることは何か，さらに，建築家・デザイナーの役割，建築家・デザイナーと教育者との協働作業の必要性についても述べた。最後に，幼児教育のための空間デザインについての研究の課題，解決するべき問題についても論じた。

【序章・注】
1）本研究では，保育所，幼稚園，幼保一体化施設である認定こども園などの幼児教育・保育施設をあわせて，幼児教育施設と呼ぶ。
2）2011年に地域主権改革一括法が成立したことに伴い，同年「児童福祉施設最低基準」は廃止され，保育所の最低基準は「児童福祉施設の設備及び運営に関する基準」として示された（若林，2013）。しかし，居室面積の基準や職員の配置基準などは「児童福祉施設最低基準」をそのまま引き継いでいる。
3）活動に適した場所に，子どもの活動に必要な道具や材料などを設定し，子どもの生活や遊びの拠点となるように構成した空間をコーナーと呼び，このようなコーナーを数か所設けて行う保育を「コーナー保育」と呼ぶ（森上・柏女，2015，p.111, 本項目執筆・梅田優子）。コーナーには，例えば製作コーナー，ままごとコーナーなどがあり，いずれも環境によって子どもに働きかけ，設置されているコーナーの中から子どもが自ら活動を選択し，取り組んでいくことを目指している。現行の幼稚園教育要領（文部科学省，2008），保育所保育指針（厚生労働省，2008）及び，幼保連携型認定こども園教育・保育要領（内閣府・文部科学省・厚生労働省，2015）では，「環境を通して行う教育・保育」が基本とされ，環境が子どもに働きかけ，子どもが主体的に活動を選択することを重視していることから，コーナーを設置する幼児教育施設が増加していると考えられる。しかし，コーナー保育は教育法として確立しているわけではなく，コーナーの設置は保育者の経験によるところが大きいことが指摘されている（西本ら，2006；山田恵，2011；山田恵ら，2009b）。
4）マリア・モンテッソーリとモンテッソーリ教育については，主に早田（2003），クレーマー（Kramer, 1976/1981/1988），スタンディング（Standing, 1957/1975/1998）の各文献を参照した。参照した文献を特に明確にした方が良いと考えられる場合，及び，その他の文献を参照した場合は，本文中に適宜記述した。

第Ⅰ章　モンテッソーリの教育思想と物理的環境：研究1

1．問　題

1-1．本章のねらい

　序章で，マリア・モンテッソーリ（Maria Montessori, 1870-1952）が，幼児教育施設の物理的環境の先駆的な変革者の1人であると考えられることを述べた。そして，モンテッソーリ教育では教具に特徴があることはよく知られているが，彼女は教具にとどまらず，子どもが自由に選択し，使用する物の全体を物理的環境であるとして（Montessori, 1948b/1971b/1972b/1999c），建築，設備，家具，道具についてさまざまな具体的な提案をしていることを指摘した。

　モンテッソーリは自身の教育施設である「子どもの家」（Casa dei Bambini, the Children's House）は，自らの子ども観・発達観および教育の原則を具体化し，子どもの自己活動と自発的な発達を可能にする施設であるとした。さらに，「子どもの家」のプラン・構成・内容は，子どもが発達の段階に応じて必要とするものを実現したものであるともしている（Montessori, 1948a/1989e/1993）。

　この第Ⅰ章では，モンテッソーリ自身による著作の記述の内容を詳細に分析することにより，なぜ，モンテッソーリは物理的環境を重視したのか，そして，モンテッソーリ教育の子ども観・発達観，教育の原則に基づいて，どのように「子どもの家」の物理的環境の特徴は提案されたのかを具体的に明

らかにすることを目的とする。

1-2．モンテッソーリ教育の物理的環境についての先行研究

　国内外のモンテッソーリ教育の物理的環境についての先行研究としては，以下のいくつかの研究が挙げられる。なお，第Ⅰ章で述べたように，本書ではモンテッソーリ教育の教具については扱わないため，教具以外の物理的環境について検索した。

　海外の研究の検索には，SCOPUS, EBSCOhost[1]，ERIC の 3 つのデータベースを使用した。第一キーワードを"Montessori"，第 2 キーワードを以下の 7 つとし－"classroom"，"environment"，"children's house"，"building"，"prepared environment"，"physical"，"setting"－，検索した。なお，論文の出版年には期限は設けなかった。その結果，本研究で分析対象とした教具以外の物理的環境に関する研究は，ペラー（Peller, 1978/1996）の研究のみであった。しかし，このペラーの研究は，自身が「子どもの家」の設計の際に建築家と協働した経験に基づき，望ましいモンテッソーリ教育の幼児教育施設のあり方を提案するにとどまっていた。

　国内の文献の検索にはデータベース CiNii を使用した。「モンテッソーリ」というキーワードのみで検索すると，関連する論文は850件近くに上った。そこで，「環境」をキーワードに追加すると35件にとどまった。そこで，「モンテッソーリ」というキーワードで検索した結果のうち，1990年までのおよそ650の検索結果のタイトル及び要約に目を通し，関連する先行研究を探した。加えて，モンテッソーリ教育に関する日本の代表的な研究者および検索の過程で複数の研究が見られた著者（例えば，早田由美子，前之園幸一郎，オムリ慶子，吉岡剛など）については，出版年の期限を設けずに研究論文を検索した。

　国内の研究では，教育学では，子どもが使うという観点からモンテッソーリが理想としたイスの特徴を論じ，子どもの自発的な活動と環境の特徴を考

察した東谷（2007）の研究がある。この研究は興味深い研究であるが，モンテッソーリの教育思想全体と物理的環境の関連を体系付けて明らかにするまでには至っていない。その他の教育学の研究では，モンテッソーリの教育理念における「環境」について哲学的に考察した研究が中心である。例えば，甲斐（1985；1995；1997）はモンテッソーリの思想の核として独特の生命観があり，彼女の生命観は生物学的な生命体から宇宙の生命体に広がり，それに対応する環境があると解釈する。人間は生物学的な生命体として発達の計画を持つが，それに基づいて発達するためには，人間の環境を整えなければならないと指摘している。

建築学での研究では，白川ら（白川・小池・定行，2015）がモンテッソーリ教育の著作を分析し，0～6歳児を対象とするモンテッソーリ教育の物理的環境の空間の配置の特性や，空間の特性について整理している。白川らの研究では，モンテッソーリ自身の著作と，さらに，現在の実践園が現在の実践家らの方法論を取り入れていることを考慮し，現在の実践家らの著作の記述も分析対象としている。この中で，白川らは，教育内容や方法論を建築的視点から読みかえるとし，教育内容の記述などから，実践において必要とされるであろう空間の特性を考察している。さらには，アンケート調査や施設調査などを実施し，モンテッソーリ教育の空間の特性を明らかにしている（白川・定行，2017a）。また，「保育所保育指針」とモンテッソーリ教育の共通点などを指摘し，モンテッソーリ教育の空間特性が，一般の保育所の空間づくりへの示唆になりうることを指摘している（白川・定行，2017b）。

その他の建築学の研究では，モンテッソーリ幼稚園であることを表明している幼稚園を，それぞれ数か所取り上げて訪問し，調査・観察によって，それぞれの園舎での部屋の配置，保育室内の物の配置と園児の探索活動，園児同士の交流との関連などを見るにとどまっている（神成・初見，1984；長沢・深堀，1988；天満・菊地，2004）。

このように，筆者が検討した限りでは，モンテッソーリ自身の著作のみを

分析対象とし，モンテッソーリ教育における物理的環境の特徴を体系的にとらえて詳細に分析し，さらに物理的環境を子ども観や教育観と関連させて考察した先行研究は見当たらなかった。

1-3．研究1の目的

そこで，本章ではモンテッソーリ自身の著作の記述内容を分析し，次の3点を明らかにすることを目的とした。なお，本研究では，物理的環境を重視したモンテッソーリの思想を明確にすることを目的とするため，モンテッソーリ自身の著作のみを分析対象とした。

(1)モンテッソーリの子ども観・発達観及び教育の原則，人的環境と物理的環境はどのようなものか，その全体像を明らかにする。

(2)物理的環境がどのような性質を持つのかを詳細に検討する。さらに，これまでほとんど体系的に分析されることがなかった教具以外の物理的環境，すなわち園舎，庭，保育室，設備，家具，道具などの特徴を具体的に明らかにする。

(3)これらをもとに，なぜモンテッソーリは物理的環境を重視したのか，彼女の子ども観・発達観や教育の原則が物理的環境にどのように反映されているかを考察する。

2．研究の方法

2-1．内容分析したモンテッソーリの著作

本研究では，モンテッソーリ自身の著作12点を分析の対象とし，記述内容を分析した。前述のように，本研究ではモンテッソーリの思想を明らかにすることを目的とするため，モンテッソーリ自身の著作のみを分析対象とした。なお，本研究で分析したのは，物理的環境に最も特色がある3～6歳児のた

めのモンテッソーリ教育である。

　分析の対象としたモンテッソーリの著作12点の日本語及び英語またはドイツ語の題名を表1-1に示した。また，分析に用いた12の著作の具体的な文献の情報については本章の付録（59ページ）に記載した。

　分析に当たっては，まず，モンテッソーリによるモンテッソーリ教育に関する最初の著作『モンテッソーリ・メソッド』（表1-1の文献①）とモンテッソーリの3大著作とされる（鼓，1968a）3冊『幼児の秘密』，『創造する子供』，『子どもの発見』（②〜④），それにモンテッソーリ自身が出版した最後の著作『人間の形成について』（⑤）を分析対象とし，以上の5点を初出年順に①〜⑤とした。これに研究1の目的である物理的環境に関する記述が多い著作7点（⑥〜⑫）を分析対象に加え，この7点についても初出年順に⑥〜⑫とした。

　分析対象の著作の初出は1909年からの約40年間にわたるが，この間，概念の明確化や思想の深化はみられるものの，子ども観・発達観，教育の原則などに大きな変遷はみられないと思われ，本研究では思想の変遷については特に言及しなかった。早田（1999）は，1920年以降のモンテッソーリは研究活動を継続したものの，普及活動が主になっていったことを指摘している。さらに早田（1999）は，モンテッソーリのその後の研究活動は，様々な批判や指摘についての修正，加筆にとどまっており，モンテッソーリ教育の核は1910年代までに形成されたことを示唆している。

　なお，表1-1に記したように，分析した著作には，モンテッソーリの執筆による著作，彼女自身による新聞の連載記事，雑誌等に掲載の小論に加えて，モンテッソーリが行った講義・講演の記録を収録したものも含まれる。そのため，初出の時期が明確でないものもある。しかも，モンテッソーリ教育は世界各国で普及したため，彼女の母国語であるイタリア語版が原書とは限らず，したがって，日本語翻訳版もさまざまな言語から訳出され，重訳も見られる。そこで，分析の正確さを高めるために，内容分析にあたっては，

表1-1 本研究で分析したモンテッソーリの著作

著作の題名	初出年[a]	初出の形式	分析した言語版			
			日本語版	英語版	伊語版	独語版
①モンテッソーリ・メソッド The Montessori method.	1909	書き下ろし	●	○	○	
②幼児の秘密＊ The secret of childhood.	1936[b]	講演	●	○	○	
③創造する子供＊ The absorbent mind.	1947	養成コースの講義[c]	●	○	○	
④子どもの発見＊ The discovery of the child.	1948	①の改訂	●	○	○	
⑤人間の形成について The formation of man.	1949	おそらく書き下ろし	●	○		
⑥私のハンドブック Dr. Montessori's own handbook.	1914	書き下ろし	●	○		
⑦モンテッソーリ教育の実践理論 The California lectures.	1915	講演・新聞連載	○	●		
⑧幼児と家庭 The child in the family.	1923	講演	●	○		
⑨モンテッソーリの教育法：基礎理論 Grundlagen meiner Pädagogik.	1926-34	雑誌等掲載の小論	●			○
⑩子どもと学校の危機 The child, society and the world.	1930頃-51	養成コースの講義[c]等	●	○		
⑪モンテッソーリの教育：〇歳〜六歳まで Education for a new world.	1936-39	講演	●	○		
⑫子供の何を知るべきか What you should know about your child.	1948	養成コースの講義[c]	●	○		

凡例）＊：モンテッソーリの3大著作，●：主として分析，○：分析時に参照
注）a）書き下ろしの著作は原書の初版出版年，講演及び講義は行った年，雑誌の小論及び新聞の連載は掲載年を初出とした。
　　b）講演時期が不明のため，本書は原書の初版の出版年を初出とした。
　　c）モンテッソーリ教育の教師養成のためのコースでの講義。

表1-1に示したように主として分析した版（表1-1の●印）に加え，異なる言語の版を少なくとも1点は参照した（表1-1の〇印）。特に最も重要であると考えられた4著作（①～④）に関しては必要に応じて，主とする版に加え，異なる言語の版2点を参照した。

2-2．著作の分析方法

上記のように選択したモンテッソーリの12著作から，子ども観・発達観及び教育の原則，人的環境，物理的環境に関連する記述をすべて抜き出し，一つの内容を1枚のカードに記すという方法でカードを作成した。なお，本研究では教具以外の物理的環境を体系的に明らかにすることを目的としている。そのため，教具はそれの教育における位置や性質に関する記述についてはカード化したが，個々の教具のねらいや使用方法については目的から外れるためにカード化しなかった。

こうして作成したカードは合計1,151枚となった。このカードの記述を1枚ずつ吟味し，同じあるいは類似した内容のカードをまとめるという方法で整理し，有効なカテゴリーを決めながら分類を繰り返し，カテゴリー間の関連を考えて体系づけるという方法で分析した。

3．分析の結果

モンテッソーリの著作の内容分析の結果は図1-1のようにまとめられた。

図1-1に見るように，モンテッソーリは，子どもは発達する可能性を持つという「子ども観・発達観」を持っていることが明らかになった。そして，この「子ども観・発達観」に基づいて，子どもが発達のために必要とする環境との相互交渉を存分に行えるように「教育の原則」を考え，この原則を実現するために教育環境—「人的環境」と「物理的環境」—のあり方を提案したと整理することが妥当であると考えられた。なお，モンテッソーリ教育の理

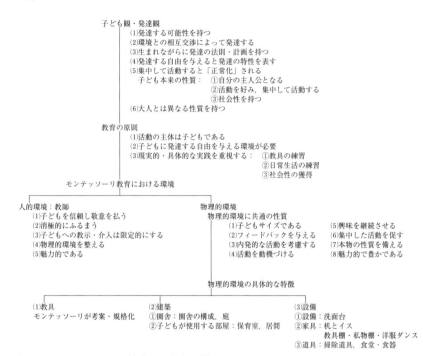

図1-1 モンテッソーリ教育の理念と環境

念と環境は抽象的に構築されたものではなく，モンテッソーリ自身の教育実践や子どもの観察などの実証に基づき形成されたという特徴があった。本章ではこの分析の結果を図1-1にそって述べていく。

　なお，以下の分析結果の記述では，その根拠を明確にするために，それぞれの記述の後の（　）内に，それが主として記述されている文献番号とページとを明示した。具体的には，初めにモンテッソーリの著作における主な記述の該当箇所を表1-1に示した著作番号①～⑫で示した。さらに，前述のように分析の正確さを高めるため，参照した異なる言語版の記述箇所も合わせて示している。各言語版は日本語版はJ，英語版はE，イタリア語版はI，ドイツ語版はGという記号で表した。例えば，記述箇所が『子どもの発見』

の日本語版の p.125,英語版の p.104,イタリア語版の p.115の場合は,（④J125, E104, I115）と記述した。

3-1．子ども観・発達観

⑴子どもは発達する可能性を持つ

　モンテッソーリの子ども観・発達観の基礎となるのは，子どもが持つ「発達する可能性」である。モンテッソーリは，子どもは発達する可能性を持ち，生後に環境との相互交渉により，環境からすべてを吸収し，発達していくと考える（③J57, E58）。つまり，子どもが持つ発達する可能性が活かされるかどうかは環境との相互交渉次第だというのである。例えば，言語や習慣なども両親や自分の属する民族から生まれながらに受け継ぐものではなく，環境との交渉により，子どもが獲得するものだという（③J62-64, E61-64）。すなわち，モンテッソーリは人間の子どもは自身を取り巻く環境と相互交渉し，あらゆることを吸収し，自らの精神を形成し，発達する可能性を持つと考えたのである（②J122, E103-104, I138;③J26, E25）。

　子どもは環境を吸収して精神を形成することで，子どもが属する社会の文化に適応していく（③J57, E58;③J66, E65）。言い換えれば，子どもが環境との相互交渉により吸収するのは，子どもの属する社会の文化であり，モンテッソーリは子どもは文化を吸収し，発達する可能性を持つと述べている（③J6, E7）。

⑵子どもは環境との相互交渉によって発達する

　モンテッソーリは，子どもは発達する可能性を持つが，環境との相互交渉により環境からあらゆるものを吸収することで，はじめて発達が実現するとした。すなわち，発達には環境との相互交渉が欠かせないという。

　モンテッソーリは，0〜6歳児における環境との相互交渉による発達の段階を2期に区分した（③J162-163, E165-166;⑪105-107, E49-50）。第1期は0〜

3歳である。この時期の子どもは身体的には未発達で活発ではないが、誕生時から精神は活発に活動しており（⑩J45, E28;⑫J7, E4），目や耳などの感覚器官を駆使して能動的に環境からあらゆる印象を取り入れ，自らの精神を形成するとした（⑪J68, E30）。第2期の3～6歳になると身体的器官が成熟し機能するようになる。子どもは環境の中を自由に動き回り，手を使った活動が増え，意識的に活発に環境と交渉し，精神的にも身体的にも発達するとした（③J164, E168）。第2期は第1期に獲得したものを完全にする仕上げの時期でもあり，その好い例が言語であるという。子どもはすでに2歳半頃から言語を使用するようになるが，第2期にさらに語彙を増やし，発音を完成させ言語を豊かにするのである（③J164, E167）。

(3)子どもは生まれながらに発達の法則・計画を持つ

発達する可能性を持つ子どもは，生まれながらに発達の法則・計画を持つとした。モンテッソーリはこの発達の法則・計画（laws, schedule, plan, programなどと表記）を「自然が定める」（natural laws）とし，どのような順番で，何を獲得するかという発達の計画に基づき，さまざまな発達の敏感期（sensitive periods）が現れるとした（③J212, E218;⑫J23, E15）。

敏感期とは，発達の計画に基づいて周期的に現れる，一定の能力を獲得するために最適な期間のことであり，その能力はこの限られた期間に発達する（②J51-54, E38-40）。例えば，言語の敏感期では，子どもは単語だけではなく，細かい文法も一緒に習得する。そして，言語を獲得すると，言語の敏感期は終わり，新たな別の能力の発達の敏感期が始まるのである。子どもは，発達の計画に基づいて次々に現れる敏感期に従い，さまざまな能力を獲得するために必要な環境との相互交渉を行い，多様な能力を獲得し発達するという。

また，「自然は厳格な親方」（La Natura è una maestra severa）とも表現し，生まれながらに持つ発達の法則・計画は早めることも，遅らせることもできず，子どもは忠実にこの法則・計画に従い，発達するとされた（②J225-226,

E194-195；②J228-229, E197, I276）。つまり，子どもは自らの発達の法則・計画に忠実に従い環境と相互交渉し，発達するとしたのである。

(4) 子どもに発達する自由を与えると発達の特性を表す

ここまで見てきたように，子どもは発達の法則・計画に基づき，環境と相互交渉することで発達するとされ，これは子どもの発達の特性だと考えられた。しかし，重要なことは，子どもは自律的活動を可能にする環境においてでなければ，自分自身を表現したり，自分が必要とすることを表さずに，隠し抑制してしまうとされた点である（④J60, E46, I50-51；⑩J11, E6）。すなわち，発達する自由を与えれば，子どもは発達の特性を遺憾なく発揮するとしたのである。

(5) 子どもは集中して活動すると「正常化」される

当時は，子どもは好奇心旺盛，想像力豊か，お話し好き，人なつこいなどの良い性質と，移り気，だらしなさ，乱暴，頑固，不従順などの悪い性質を持つと考えられていたという。これに対してモンテッソーリは，子どもが生まれながらに持つ発達の法則・計画に従い，発達のために内発的に必要とする活動を集中して行い，環境と相互交渉すると，それまでの良い性質も悪い性質も全て消え，まるで「新しい子」(a new child) が現れるように異なる性質を見せるようになるとした（③J196-199, E201-204, I200-203）。このような状態は階層や人種，文化の別なく，どの子どもにも必ず観察されたとモンテッソーリは主張している（③J199, E204）。モンテッソーリはこれまで子どもの性質と考えられていた良い性質も悪い性質も，本来の子どもの性質を覆い隠していたものにすぎないとした（②J180, E154；⑤J49, E33）。そして，「新しい子」こそが，適切な環境の中で妨げられることなく，生まれながらに持つ発達の法則・計画に従い発達した子どもが見せる，本来の姿であると考えたのである（③J198, E203, I202）。

モンテッソーリは，子どもがこの本来の性質を持つに至ることを「正常化」(normalization)と呼び，この「正常化」を発達の出発点だとした（⑤J50, E34）。この「正常化」した子どもが見せる子ども本来の性質は，次の3点にまとめられる（③J201, E206-207）。

①自分の主人公となる

モンテッソーリは，子どもは自分の主人公となることができる，すなわち子どもは自分で考え，判断し，行動することができるとした（③J211, E217; ⑦E368）。具体的な特徴は3点にまとめられる（②J200-202, E170-173; ③J254, E260）。a.自分の行動をコントロールできる。b.感情や衝動をコントロールし，常に安定し，落ち着いた状態にある。c.自分の意志だけではなく，集団の規律や他者の意志にしたがい，従順に行動できる。

②活動を好み，集中して活動する

子どもは常に活動したいと願っており，発達のために必要な活動を自ら選択し，疲れることなく，喜びを感じながら活動する。子どもは一つの活動に没頭し，集中して活動できる（③J197, E202; ⑪J112-113, E52-53）。

③社会性を持つ

子どもは他者に関心を持ち，交渉し，共感しあい，協力し合う。子どもは優れた社会性を持ち，あらゆる場に容易に適応し，他者と交渉できる。特に，クラス内では競争や嫉妬するのではなく，互いに尊敬し合うとした（③J269-270, E272-273; ⑩J35-38, E21-23）。

(6)子どもは大人とは異なる性質を持つ

モンテッソーリは，それまでの子どもは，社会的な役割を果たさないために一人の人間として尊重されることがなく，まるで大人の所有物のように扱われ，尊厳を無視され，従属させられてきたと指摘した（②J223-224, E192-193; ⑧J6-8, E4）。しかし，上述のように，子どもの活動は自らの発達の法則・計画に基づき，精神を形成し発達するためのものである。子どもの活動

は必ずしも社会的あるいは生産的な活動ではないが，発達のためには欠くことのできない活動であり，子どもが社会的役割を果たさないのは，大人と比べて劣っているからではなく，大人とは性質の異なる活動をしているからだという。つまり，モンテッソーリは，子どもは大人とは異なる発達の段階にあり，そのために異なる性質を持つとしたのである（⑨J8-9, D9）。

そして，モンテッソーリが同時に強く主張したのは，子どもも独立した人格であり，大人と同様にひとりの尊重されるべき人間であるということである（②J130, E111; ⑧J38-39, E20-21）。モンテッソーリは，早くも1915年には，子どもの人権とそれに関連する法整備の必要性について言及している（②J242, E215; ⑦J57-58, E28; ⑩J132-134, E81-82）。国際連盟が子どもの権利に関する最初の国際的宣言「子どもの権利に関するジュネーヴ宣言」を採択したのは1924年であり（中野・小笠，1996），モンテッソーリは子どもの人権に目を向けた先駆者の1人であったことが注目される。

3-2．教育の原則

モンテッソーリは上述の「子ども観・発達観」を基礎として，子どもが生まれながらに持つ発達の法則・計画に従って発達できるように，子どもと環境の自律的な相互交渉を尊重するため，次の3点の「教育の原則」をたてたと整理できた。

(1)活動の主体は子どもである

モンテッソーリは，それぞれの子どもが生まれながらに持つ発達の法則・計画に基づき，発達のために必要な環境との相互交渉ができるように，子どもの自律的活動を尊重した。すなわち，モンテッソーリ教育における活動の主体は子どもであるとした（②J131, E111, I148）。それぞれの子どもが自ら活動を選び（②J142, E121; ⑪J132, E61），子ども自身が好む場所で活動する自由を与えるべきだ（④J117-118, E96; ⑦E364）とした。そのため，モンテッソー

リ教育では個別活動が中心になった（⑨J35, D25）。

(2)子どもに発達する自由を与える環境が必要

　モンテッソーリは，子どもは自律的に活動できる環境でなければ，発達の特性を表さないとした。それまでの教育者たちは子どもの発達の特性に適切な環境を与えると，子どもは自律的に活動し，発達の特性を表すということに関心を持たなかった。しかし，モンテッソーリは，適切な環境の下でのみ，発達の特性を表すということは，まさに子どもの活発な活動の特徴を表しているとする。そして，環境と発達の関連を考慮することは，教育にとって最も重要なことであると述べている（④J60, E46, I50-51）。したがって，子どもの自律的活動の障害となるものを最小にし，活動する自由を最大にするように環境を整えることが重要であるとした。モンテッソーリは"ambiente"（社会的，文化的環境，周囲の意味：伊和中辞典・第2版，1999，小学館）として，園舎，保育室，設備，家具，道具，教具について説明している（①I59-61；④I50；④I68-79）。さらに，モンテッソーリは"Ora dell'ambiente fa parte anche l'adulto"（しかし，環境の中には大人（教師）も入る）と述べている（Montessori, 1999a, p.147, 著作②のイタリア語版）。つまり，モンテッソーリの意味する環境とは「人とモノ」で構成されていると言えるだろう。そこで，本研究では『保育用語辞典』（森上・柏女，2015）の定義を参考に[2)]，「人」にあたる教師を「人的環境」，「モノ」にあたる建築，設備，家具，道具，教具などを「物理的環境」と呼ぶことにした。

　すなわち，モンテッソーリ教育における環境は，「人的環境」と「物理的環境」で構成される。モンテッソーリは活動の主体である子どもに発達の自由を与えるためには，人的環境である教師は消極的であるべきだとし，これに対して物理的環境が子どもの活動を喚起・援助する方がより適切であるとした（⑧J51, E27）。

(3) 現実的・具体的な実践を重視する

モンテッソーリが重視したのは現実的で具体的な実践であった。これは，抽象的で普遍的な知識も，真の創造も，実践と身体的な活動によって現実を具体的に把握することでしか得ることができないと考えたからである。つまり，いわゆる「日常的認知」(稲垣・波多野，1989) を重視したのである。

このような考えに立ち，モンテッソーリ教育における3つの主要な活動である①教具の練習，②日常生活の練習，③社会性の獲得が提案された。

①教具の練習

モンテッソーリ教育では，感覚教具と言葉や数など学習に関連する教具が使用された。教具はモンテッソーリによって考案され厳密に規格化された。中でも特徴的な感覚教具は，色，音，形状，寸法などの物質の性質という抽象概念を具体的な形にしたものであり (④J121-122, E100-101)，教具の使用により身体を通して概念を具体的に理解するとされた。

②日常生活の練習

日常生活の練習とは，生活で行われる家事 (掃除，食卓の準備，食器洗いなど)，身支度 (手を洗う，髪をとかす，靴を磨くなど)，社会習慣 (あいさつや教会での礼拝，人に道を譲るなど) を身につける練習である。これらは家事を含めた生活習慣の自立，すなわち，「セルフケア」(self care) の獲得を目指す活動であると言える。このような日常生活の練習は，子どもの属する社会の文化に応じて行うべきだとされた (③J165, E168-169, I167-168; ④J100, E82, I91)。

この練習では，教師がそれぞれの行為のやり方をすべて丁寧に教えるが，実践は子どもに任されることに特徴があった。これは習ったことの中から実際の日常生活のさまざまな場面において，適切なふるまいや行為とは何か，子ども自らが考えて行動することこそが重要だとされたからである (④J114-115, E93-94, I104; ④J102, E83)。

さらに，身体の動作の熟達も日常生活の実践によって目指された。モンテッソーリは，日常生活の練習には，身体のバランスや動作を洗練させる練習

が豊富に含まれているとした。例えばイスを並べる，じゅうたんを巻く，こぼさないように食事を運ぶなど，日常生活の練習に含まれる動作を実際の生活の中で繰り返し練習することによって，身体のバランスや動作が真の意味で熟達するとした（④J113, E92; ④J100, E81）。

　日常生活の練習は，階層を問わず，すべての子どもが取り組んだ。モンテッソーリは，彼女が最初に教育を始めたスラム街の下層の子どもだけではなく，裕福な家庭の子どもは過剰に保護されて養育されることが多いため，生活習慣の自立の獲得が難しい状況にあると指摘し，階層に関わらず日常生活の練習は続けられた（②J96-97, E79）。さらに，この練習は性別を問わずに実施されたことも大きな特徴である。早田によれば，当時のイタリアでは小学校では「女性の仕事」という教科が設置されており，女児だけに縫い物と編み物を中心とした授業が行われていたといい（早田，2003），男女を問わず家事を含む日常生活の練習に取り組んだモンテッソーリ教育は革新的であったといえよう。

　モンテッソーリは性別を問わずに，すべての子どもが尊厳をもって生活するには，まず家事を含めた生活習慣の自立，つまり「セルフケア」を獲得することが不可欠だと考えたのではないだろうか。早田（2016）も，20世紀初頭にモンテッソーリが，家事能力という視点から人間の自立の概念の見直しを行ったことは，新しい視点だったことを指摘している。さらに早田（2003）は，モンテッソーリが男女ともに日常生活の練習に取り組ませたのは，女性解放思想の影響であると指摘し，注目すべきことは対象を女子だけに限定するのではなく，男女ともに人間の個々の可能性を模索しようとした点であると指摘している。確かに，モンテッソーリは女性解放運動に参加しており（Foschi, 2008），第一波フェミニズムの思想に影響を受けていたと考えられる。

③社会性の獲得

　社会性の獲得は，異年齢クラスでの日常生活の実践においてなされるとし

た。異年齢でのクラス編成もモンテッソーリ教育の特色の一つであり，クラスは3～6歳児で構成され，1クラス40名が理想的な人数であるとされた（⑩J105-106, E64-65）。モンテッソーリは社会生活の魅力とはさまざまな人に出会うことであり，年齢によってクラスを分けるのは不自然な隔離であり，社会性の発達が阻害されるとした（③J219-220, E226）。さらに，社会生活とはそれぞれが自分の仕事をしながらも，互いに社会の一員として調和することであるとした。すなわち，子どもたちは社会生活と同様に異年齢の仲間の中で，個別の活動をしながらも，互いを尊重し，調和し，助け合いながら活動し，問題が起きたときには子ども同士で解決することで，真の意味での社会性を身につけるとした（⑩J40, E24）。

3-3. モンテッソーリ教育における環境

ここまでの分析で，子どもは自らの発達の法則・計画に忠実に従い環境と相互交渉し，発達するという「子ども観・発達観」に基づき，子どもの自律的活動を尊重するように「教育の原則」が明確にされ，適切な環境―「人的環境」，「物理的環境」―を整えることが重要であるとされたことが分かった。そこで以下では，モンテッソーリ教育における環境について図1-1にそって分析の結果を述べる。

3-4. 人的環境：教師

(1)子どもを信頼し敬意を払う

まず教師がなすべきことは，自分自身の準備をすることであるとされた。教師は子どもに対する先入観を捨て，謙遜の心を持たなくてはならない（②J179-180, E153）。子どもは，自らの発達の法則・計画に従い，環境と相互交渉することによって発達し，さらに「正常化」して，本来の姿を表すようになるのだと理解し，子どもを信じ（③J273, E276），敬意を払うべきだとされた。モンテッソーリは，教師が子どもを理解し，敬意を払うことが，モンテ

ッソーリ教育における特徴の一つだとした（②J130, E111; ⑧J39, E20-21）。

(2)消極的にふるまう

　従来，教師は権威をもち，子どもの活動を抑制し，教室で自由に活動する唯一能動的な存在であった（④J65, E51）。しかし，モンテッソーリは，このような教師の権威や能動性は，子どもの自律的活動を妨げる大きな障害になりうるとした。子どもは教師の言葉によってではなく，環境との交渉によって自ら発達するとされ（③J6-7, E8; ⑤J56, E39），子どもが集中して活動し始めたら，教師は子どもを観察することに徹し，子どもの自律的活動を尊重することが求められた（③J277, E280）。

　モンテッソーリはこのような教師のあり方を「消極的」（passive attitude）と表現し（②J130, E111），さらに教師を「指導者」（directress）という名称に変更した。これは，モンテッソーリ教育の教師は，従来の教師のように教えるのではなく，子どもを発達の法則・計画に基づく自律的活動に導き，その活動を尊重するからであった（④J191, E162, I179; ⑦E295）。

(3)子どもへの教示・介入は限定的にする

　「消極的」な教師は，子どもへの教示や介入も非常に制限された。教示はそれぞれの子どもの活動を尊重するため，個別に行う。子どもの注意がそれないように，客観的に簡潔に正確にすべきとされた。さらに，子どもの意欲を奪わないように，子どもが理解できなかったり，間違えた場合，レッスンを繰り返したり，子どもに間違えたことを伝えてはならないとするなどの配慮が求められた。例えば，教具の練習で子どもが間違えた場合，子どもに間違いを伝えず，練習を繰り返したり，強いることもせず，微笑みながらその教具を取り除くなどの対応をとるべきだとした（④J127-129, E106-107; ⑦J145-146, E73-74）。

　子どもへの介入も制限された。モンテッソーリは，子どもを手伝う，ほめ

る，さらに眺めることでさえも，子どもの自律的活動を妨げることになるとした。したがって，教師は子どもが集中して活動し始めたら，まるでその子が存在しないかのように振る舞いながら，子どもに気づかれないように，子どもの観察に徹しなければならないとされた（③J277, E279-280）。

子どもの間で問題が起こっても，子どもが助けを求めない限り，教師は介入すべきでないとされた（③J277, E280）。また，子どもが活動の合間に休んでいるときには，子どもを作業に戻るように呼び戻したりせず，子どもを尊重すべきであるとされた（⑩J31, E19）。

しかし，モンテッソーリは，子どもが助けを求めたり，ほめてもらいたいというような気配を示しているならば，教師はそれに惜しみなく応じてやるべきであるとした（⑪J148, E69；⑧J63, E33）。加えて，子どもが他の子どもの邪魔をする時などは，教師は積極的に介入すべきだとされた（⑧J125-126, E65-66）。

(4) 物理的環境を整える

「消極的」な教師に代わり，物理的環境が子どもの自律的活動を喚起・援助するとされ，この物理的環境を用意し，整えるのが教師の重要な仕事であった。教師は，子どもの活動に必要なものをすべて用意し，子どもたちが常に使えるように手入れし，秩序正しく置き，教室に入ってきた子どもがすぐに魅了され，自律的な活動が促されるようにしなければならないとされた（③J274-275, E277-278；⑩J23, E14）。

(5) 魅力的である

子どもの信頼と尊敬を得るために，教師は魅力的でなければならない。教師は明るい感じを与え，清潔で物静かで威厳があり，動作もできるだけ美しく優雅であるべきだとされた（③J274, E277；⑩J23, E14）。

3-5. 物理的環境

「消極的」な教師に代わり、物理的環境が子どもの生まれながらに持つ発達の法則・計画に基づく自律的活動を喚起・援助するとされた。まず、このような物理的環境が共通に持つことが望ましいと考えられた性質をまとめ、次に、図1-1に示したモンテッソーリが著作の中に記述した「物理的環境の具体的な特徴」を明らかにする。

3-5-1. 物理的環境に共通の性質
(1)子どもサイズである

子どもの自律的活動に適切な物理的環境の設定には、子どものa.体格、b.体力、c.理解力を考慮する必要があるとされた（③J165, E169; ⑨J21, D17; ⑫J120, E95）。モンテッソーリはこの３点に配慮してこそ、子どもに適切な環境になると考えたのだと思われる。なお、モンテッソーリは「子どもサイズ」と言う語を使用していないが、モンテッソーリは子どものa.体格を考慮するだけでは不十分であり、b.体力、c.理解力をも考慮するよう強調していることから（⑨J66, E44-45）、本書ではこれら３点を考慮した物理的環境を「子どもサイズ」と呼ぶことにした。

子どものa.体格に配慮するとは、たとえば、家具は子どもの体格に適切な寸法にし、窓は子どもが外を眺められる高さに設置する（②J131, E111）。さらに、b.体力を考慮すると、家具は子どもが容易に持ち運べるように軽量であるべきだとされた（⑧J80-81, E42）。c.理解力とは、子どもは発達の過程にあり、まだ十分な理解力がないため、子どもが理解しやすいように、例えば単純化したり、簡単なものを用意する例が挙げられている（②J92, E74, I99-100; ⑨J66, D44-45）。

(2)フィードバックを与える

　学びには誤りに気づき，それを訂正していくことが必要であるが，従来の教育法では，子どもの誤りに気づく役割をするのは教師だけであった。しかし，常に教師の助けを必要とするのであれば，子どもの自律的活動を尊重するモンテッソーリの考えと相容れない。そこで，モンテッソーリは，子ども自身も誤りを知る手段を持つべきであると考え（③J241-242, E247-248），物理的環境からのフィードバックによって子ども自身が誤りに気づき，自律的に学ぶことができるように配慮した（⑧J53, E28;⑨J23）。

　たとえば，子どもが容易に動かせる軽量なイスは，子どもの動作が不完全であれば，イスを動かす時にガタガタと音がしたり，倒れたりする。それによって子どもは自分の動作がまだ不完全であることに気づき，動作に気をつけるようになる。イスを倒さず，音が立たなくなると，子どもは自分の動作が完全になったことを知る（①J69, E83-84）。このように，フィードバックは誤りだけではなく，正しくできたことも子どもに知らせるので，自己学習が可能になる。モンテッソーリ教育では，教具，道具，家具，設備や建物に至るまで，すべての物理的環境が子どもの活動にフィードバックするよう配慮されている（④J124, E103）。

　ここで留意しなければならないのは，モンテッソーリのいう物理的環境からのフィードバックによって子どもに誤りを気づかせるとは，子どもが痛い目にあい，それを避けるようになるという考えとは異なることである。通常の環境では，環境からのフィードバックがないため，子どもは誤った動作をしていることに気づきにくく，ケガなどの痛い目にあい，初めて動作を誤ったことに気づく。一方，モンテッソーリ教育の物理的環境では，子ども自身に誤りを容易に気づかせ，見落とすことがなく，その誤りを自ら訂正し学ぶように，物理的環境がフィードバックすることが特徴である（⑦E204-205）。

　発達心理学者の波多野と稲垣（1973）は，子どもの反応に応じる環境からの応答（フィードバック）は子どもの好奇心を刺激し，活動を持続させ，子ど

もの知的教育に好ましい条件であると述べ，その良い例として自己教授的なモンテッソーリの教具を挙げている。

(3) **内発的な活動を考慮する**

　子どもの発達のためには，発達の法則・計画に従い，環境との相互交渉ができるように，子どもの自律的活動を尊重することが必要である。しかし，活動に必要な外的な手段が与えられなければ，子どもは活動できず，発達することもできないとされた（⑧J51-52, E27; ⑨J70）。そのため，物理的環境は，発達の法則・計画に基づく子どもの内発的な活動を考慮して設定するべきだとされた（④J342-343, E305; ⑫J124, E98）。

(4) **活動を動機づける**

　物理的環境は，子どもに活動したいと思わせるものでなければならないとされた（③J94, E92; ⑦E60）。子どもの活動を動機づけるために，「美しさ」と「手を使って活動できること」の2点が重視された。色や形が美しく，魅力的な物理的環境は，子どもをひきつけ，活動を喚起する（⑧J53-54, E28）。さらに，3～6歳児は身体機能が発達し，手による活動が活発になるため，手に取って使用できる教具や道具は，子どもの活動を動機づけるとされた（④J125-126, E104, I115）。

(5) **興味を継続させる**

　子どもは発達に必要な活動を，それを習得するまで何度も繰り返す。そのため，物理的環境は，繰り返し活動できるように，子どもの興味を継続させるものでなければならない。例えば，教具は表面を観察するだけではなく，手に取って活動できるので，子どもの興味を長くひきつけ，継続した活動を可能にするとした（⑦E148-149; ⑦E178）。

(6)集中した活動を促す

　子どもは発達のために集中して活動を行うことが必要だとされた。モンテッソーリは子どもを観察し，子どもが集中して使用するものだけを物理的環境として採用した。子どもの集中を促す環境のあり方についても研究し，園舎や保育室も集中して活動しやすいように設定された（⑧J61-62, E32）。

(7)本物の性質を備える

　モンテッソーリは実践を重視した。特に日常生活の練習では，実際の日常生活の中で実践しなければ，実際の熟練には達しないとしている（④J113, E92）。そのため，物理的環境は「子どもサイズ」であるものの，活動を実践することができる本物でなければならないとした（⑥J11, E10; ⑥J15, E15）。さらに，子どもは大人の世界の一員になることを望んでいるのであり，子どもは，実際の日常生活で使われる本物でなければ興味を示さないとされた（③J165-166, E169-170; ⑪J107-110, E50-51）。

(8)魅力的で豊かである

　物理的環境は魅力的で，豊かでなければならないとされた。その例として，花や絵画などの装飾や，テーブルクロスの使用について述べている。また，家具も魅力的なものであるべきだとし，子どもが日常的に使用する木製のイスは魅力的，あるいは洗練されたものであるべきだとし，籐のイス，ひじ掛けイス，ソファを置くのも良いとするなど，家具にも多様性をもたせる必要があるともしている（①J67, E81, I60; ④J60-61, E46-47）。

　スタンディング（Standing, 1957/1975/1998）によれば，"The best for the smallest"，「1番よいものは1番小さい人に」（Standing, 1998, p.268; スタンディング, 1975, p.388）がモンテッソーリのモットーであったといい，物理的環境はできるだけ美しくするべきであると考えていたという。しかし，モンテッソーリは，美的な配慮と子どもの活動に矛盾が生じた場合には，活動を

優先すべきだと強調したと言う。たとえば，美的に優れたテーブルであっても，子どもが動かせない，重いものであるならば，「子どもサイズ」であるテーブル，つまり，よりシンプルで軽量のテーブルに代えるべきだとされた。

3-5-2．物理的環境の具体的な特徴

以下では，モンテッソーリが記述した「物理的環境の具体的な特徴」を明らかにする。

モンテッソーリは "Quando parliamo di《ambiente》comprendiamo tutto l'insieme delle cose che il bambino può liberamente scegliere in esso e usare tanto quanto desidera, cioè corrispondentemente alle sue tendenze e ai suoi bisogni di attività."（モンテッソーリ教育における「環境」とは，子どもたちに用いられるもの全体を言う。これは，子どもたちが自由に選択し，喜んで使うもの，つまり，子どもたちの必要や傾向に合っているものである。）(Montessori, 1999c, p.69, 著作④のイタリア語版) と述べており，モンテッソーリは，子どもが使用するものすべてを物理的環境として考慮していたと考えられる。そして環境（ambiente または environment）として，建築（園舎），設備，家具，道具について言及しているのである（①J66-70, E80-85, I59-63; ④J60-61, E46-47; I50-52; ⑥J11-15, E9-15)。

そこで，本節では，考慮すべき物理的環境でありながら，これまでほとんど体系的にまとめられてこなかった建築（園舎），設備，家具，道具について図1-1にそって詳しく述べていく。

モンテッソーリは，物理的環境は前述の物理的環境に共通の「8つの性質」を実現するのが望ましいとした。そして，この「8つの性質」を，物理的環境として，どの様に実現するかについては，以下のように，各教育施設の状況や，文化に応じて設定することを奨励したと考えられる。

前述のように，モンテッソーリは教具を厳密に規格化した。一方，モンテッソーリは，自身の教育施設である「子どもの家」に決まった形はないとし，

財政状況や保育時間，空間的な状況に応じて変わりうるとした（④J100-101, E81-82；⑥J11, E9）。さらに，モンテッソーリは，最初の「子どもの家」について，子どもが教師から教えられなくても，環境から吸収することができるように，環境には文化が散りばめられていると述べている（③J6, E7, I5）。この文化とは，子どもが属する社会の文化を指す。すなわち，「子どもの家」はそれが属する社会の文化によって，物理的環境の具体化の内容が変わり得るのである。

モンテッソーリ教育に関する最初の著作（著作①のイタリア語版）である *Il metodo della pedagogia scientifica applicato all'educazione infantile nelle case dei bambini*（Montessori, 1909；以下，*Il metodo* と表記）について，モンテッソーリは1907年に教育を開始してから2年間の実践の記録であると述べている（① I27）。この *Il metodo* では，「子どもの家」における具体的な物理的環境を述べた後，最後に"Ecco l'ambiente."（Montessori, 1909, p.61），「これが環境である」と述べるにとどまっている。一方，*Il metodo* の英語翻訳本である1912年に出版された *The Montessori Method*（著作①の英語版）では，「子どもの家」における具体的な物理的環境を述べ，最後に"This, then, is the environment which I have selected for the children we wish to educate."（Montessori, 1912/1964, p.83），「これが，我々が教育しようとしている子どものために，私が選んだ環境である。」（モンテッソーリ，1974, p.68）との一文が加えられている。1912年に英語翻訳版として *The Montessori Method*（著作①の英語版）が出版されるにあたっては，モンテッソーリ自身が大幅に加筆修正したことが明らかになっている[3]。つまり，原書に見られないこの一文は，英語翻訳版が出版されるにあたって，モンテッソーリが加えた一文であると考えられる。

この一文を加えることで，モンテッソーリは，「子どもの家」の物理的環境として具体的に記述したこの環境は，イタリアの子どものために，イタリア文化を反映して自身が選んだものであると強調したかったのではないだろ

うか。つまり、モンテッソーリが著書で記述した具体的な物理的環境は、イタリアの子どものために、イタリア文化を反映して設定した例であると解釈するのが正しいと考えられる。

前述のように、物理的環境が備えると望ましいとされたのは、前節で明らかにした物理的環境の「8つの性質」であり、この性質をどのように実現するかは、各教育施設が属する文化や状況に応じて設定することを任されているのである。したがって、以下にまとめた物理的環境の具体的な特徴は、必ず守らなくてはならない特徴ではなく、「8つの性質」を実現した一例であると解釈すべきであろう。

では、モンテッソーリが一例として挙げた物理的環境の具体的な特徴から何が読み取れるのだろうか。先述のように、モンテッソーリは、子どもが自由に選択し、使用するもの全体を考慮するべき物理的環境としており（④ J79-80, E62-63, I68-69）、彼女が著書で記述した物理的環境の具体的な特徴も、建築（園舎）から道具に至るまで多岐にわたった。特に、道具では子どもが使用する掃除道具（石けん、雑巾、ほうきなど）や、食器（コップや皿、スプーンやフォークなど）などの細かな道具に至るまで記述されている。物理的環境は子どもが使用するものすべてであり、その一つ一つ、小さな道具であっても、すべてのものが子どもの自律的活動を喚起・援助するように整えるべきだとするモンテッソーリの姿勢が、ここに、表れていると思われる。

すなわち、モンテッソーリが強調したかったのは、具体的な物理的環境は文化や財政状況、保育時間などに応じて整えれば良いものの、建築から小さな道具に至るまで、子どもが使用するすべてのものを、子どもの発達を援助するように整えなければならないということである。以下、図1-1にそって、「物理的環境の具体的な特徴」を述べていく。

(1)**教具**

教具はモンテッソーリが考案し、厳密に規格化し、生産は許可した製造者

にのみ行わせるなど厳しく管理した（⑦E293）。教具は感覚教具から言語，数，音楽などの教科学習に関する教具があり，相互に関連し体系化されている（⑦E11-12）。

(2)建築
①園舎
・園舎の構成　「子どもの家」は実際の家庭と同じく，数種の部屋と庭から構成されるとした（⑥J11, E9-10）。子どもが自由に使い，知的な作業をする部屋は主室と呼ばれ，これが現在の保育室にあたると考えられる。この主室に加え，事情が許せば浴室，食事室，居間または休憩室，工作室，体育室，洗面所などの小さい部屋を設けるとよいとした。

　園舎の構成については，モンテッソーリが「オープン・ドア」の有効性を言及していることが興味深い（⑩J106-108, E65-66）。「オープン・ドア」とは，文字通りドアを開け放しておくほか，教室の仕切りをガラスにする方法が挙げられ，開かれた教室にすることを意味する。このような工夫により園舎内での子どもの回遊性を高め，子どもに活動の内容と活動の場所の選択の自由を与えるという「教育の原則」を実現することを意図した。さらに，子どもの背丈程度の低い壁によって教室を仕切る方法も，挙げられている。これにより教師が園舎のすべての教室を見渡すことが可能になり，子どもの活動を制限する必要がなくなり，子どもの自由な活動をさらに援助することができると推測される。

・庭　当時，幼児施設に庭を設けることは珍しいことではなかった。モンテッソーリが庭に関して刷新した点は，保育室から直接，庭に出ることができるようにしたことである。子どもは一日中好きな時に，庭に出入りしてよいとされた（①J67, E80-81, I59-60）。庭は，子どもが興味を持って認識できる適切な広さでなければならないとされた（④J92-93, E74-75）。さらに庭には屋根を設けることが望ましいとし，屋根があれば，植物の世話や畑仕事をする

だけではなく，遊びや午睡，テーブルを運べば活動や食事など，ほとんど一日中屋外で過ごせるとした（⑥J11, E9）。

②子どもが使用する部屋

特に言及されている部屋は，保育室と居間についてであった。モンテッソーリは，園舎，部屋，ドア，窓も「子どもサイズ」でなければならないとした（⑨J21, D17;⑫J120, E95）。これは，子どものサイズに合わせて，部屋を小さくしたり，ドアや窓を小さくするということではなく，子どもが大人の手を借りなくても使用できるように配慮することを意味している。例えばモンテッソーリは，子どもが外を眺められる高さの窓の設置や（②J131, E111），子どもの手の届かない高さにドアノブがある場合には，ドアをカーテンで代用することを提案している（⑨J66, D45）。

・**保育室（主室）** モンテッソーリ教育では活動の主体は子どもであるため，保育室には教壇や教師用の机は置かれない（②J131, E111;⑨J65）。黒板も保育室の正面の高い位置にではなく，四方の壁の子どもの手が届く，低い位置に設置された（④J61, E47）。また，子どもが自由にカーペットを広げて床の上で活動できるように，従来に比べて保育室を広くすべきとされた（⑥J12, E12）。

加えて，保育室は魅力的で豊かな空間であるべきとされた。教室には観賞用の植物や花が常に置かれ（⑥J12, E12），芸術的な絵画も飾られた。風景画や花や果物などを描いた静物画，家族や子どもを描いた人物画，聖書や歴史上の出来事を描いた絵画などが飾られ，時々掛け替えるとされた（④J61, E47）。これらの絵画は子どもの身長に合わせて低い位置に掛けられた（⑧J81, E42）。

・**居間** 居間は，子どもがおしゃべりやゲーム，音楽を楽しむ部屋であり，前述のように余裕があれば設けるとよいとされた部屋のひとつである。モンテッソーリは，居間は特に趣味豊かで，魅力的な空間であるべきだとした。

さまざまな大きさのテーブルとひじ掛けイス，ソファなど多様なイスが置かれるとよいとされた。棚には，小さな彫像や写真，花などを飾り，子どもが楽しむ写真集やゲーム，子どもサイズの楽器なども置くとよいとした（⑥J12-14, E12-13）。

(3)設備
①設備：洗面台
　モンテッソーリがたびたび言及している設備は，洗面台である。洗面台は3歳の子どもでも楽に使える高さに設置された（⑦E278）。洗面台の脇には石けんや爪ブラシ，タオルなどを置くスペースがあり，白く塗り，掃除しやすくするのがよいとされた（④J61, E47）。さらに，場所に余裕があれば戸棚を設け，子どもが各自の石けんや爪ブラシ，歯ブラシなどを置けるようにするとよいとされた（①J67, E81, I60）。

　なお，モンテッソーリは日常生活の練習の例として，食器洗いなど台所に関連する練習を挙げているが，著書の中で，洗面台以外の設備について具体的に記述された箇所は見られなかった。当時，正しい衛生の知識の習得は重要であり，モンテッソーリは洗面台は文化を超えてぜひ設置すべき設備であると考え，繰り返し詳述したと考えられる。一方，台所は文化を強く反映するものであるため，記述が控えられたとも推測される。

②家具
　モンテッソーリが著作の中で言及した家具は，机，イス，教具棚，私物棚，洋服ダンスの5点である。前述の物理的環境に共通の「8つの性質」に加えて，モンテッソーリが家具に共通の特徴としたのは，明るく薄い色またはニスを塗り，水洗いができるようにすることである（⑥J11, E10; ⑧J53, E28; ⑧J82, E43）。家具は明るく薄い色で塗られているために汚れが目立ち，それがフィードバックとなり，子どもは汚れに気づき洗うこと（掃除）が促される。

家具を洗うのはイタリアなどの欧米の掃除の習慣であり，国や地域の文化を反映する日常生活の練習と，それに適した物理的環境の設定の例のひとつであるといえる。

・**机とイス**　モンテッソーリが実施した机とイスに関する最も大きな変革は，机とイスを連結することや，床への固定をやめ，しかも，子どもが机もイスも持ち運べるように軽量化したことである。デュデク（Dudek, 2000, p. 59）もこれらを，モンテッソーリ教育における物理的環境の特徴だと指摘している。

20世紀初頭当時，学校では「国民的ベンチ」（banco nazionale, national desk）と呼ばれる，特許を取得した「机のついたイス」が広く普及していた（①J19-20, E16-17, I16-17）。この「国民的ベンチ」が考案される以前は，子どもは座面の奥行きが狭く，細長いイスに詰めて座らされていた。その後，当時の最新の科学の成果を元に「国民的ベンチ」が考案されたのである。しかし，当時は，子どもは乱雑で無秩序であると考えられ，できる限り動きを抑制して教育すべきだとされていたため，子どもの活動を抑制することに，もっぱら当時の最新の科学的知見が活用されたのである（①J68-69, E83, I61-62）。

「国民的ベンチ」は当時の最新の人類学の研究成果をもとに，子どもの年齢や足の長さなどを考慮して，イスの高さや机とイスの距離が決められた。そのため，机とイスがつながっており，その距離が固定されていた。子どもが立ち上がることは想定されておらず，まっすぐな姿勢で座るだけのスペースしかなく，隣に座る友だちからも離すように考案された。しかも，このベンチは，子どもが動かせないように重く，床に固定されることもあった（⑦E364）。

この「国民的ベンチ」は机，イス，足を置く足台から構成されていた。モンテッソーリは *Il metodo*（著作①のイタリア語版）において，机を "leggio"（書見台）という語で表しており（①I16），主に聴講を目的として，机の天版は傾斜していたと推測される。モンテッソーリによれば，このような「国民的ベンチ」は学校だけではなく，幼稚園でも使用されていたという（④J23,

E10, I11)。

　モンテッソーリは，この机とベンチに子どもが不動の状態で座らされることは，身体や精神の抑圧であり，学校で子どもが奴隷のように扱われていることの顕著な例であると批判した（⑦E276-277）。バークらも，モンテッソーリがこの「国民的ベンチ」を使用することは，教育において，子どもが奴隷のように扱われていることを示すものだと，痛烈に批判したと指摘している（Burke & Grosvenor, 2008, p. 69）。

　このように批判したモンテッソーリは，この重い固定された机とイスを廃止した。この固定された机とイスは，「国民的ベンチ」と呼ばれるほど広く普及していたのであり，これを廃止することは，非常に大きな変革だったのである（①J67, E81, I60）。

　モンテッソーリは，イスを家庭などでなじみのある，軽量な1人掛けのものにした（⑦E278）。イスは木製で，魅力的なデザインであり，単に大人用のイスを小さくしたものではなく，子どもの身体に調和したものであった（①J67, E81, I60; ④J60, E46）。机は，どこにでも見られるような，シンプルなテーブルに替えられた（⑦E278）。テーブルは1人用から2～3人用までさまざまな大きさで，長方形や正方形，丸形など多様な形のものが用意された（⑥J11, E10）。テーブルは子どもの体格に合わせた高さで，丈夫な作りであるものの軽量で，2～3人用の大きなものでも4歳児が2人で運べるほどの軽さであった（①J67, E81, I60）。

　1909年に刊行されたモンテッソーリによるモンテッソーリ教育に関する最初の著作である *Il metodo*（文献①）には，図1-2に示した「子どもの家」で使用されたテーブルの図面が掲載されている。シュナイダー（Schneider, 2002）によれば，これは1907年に開設した最初の「子どもの家」のために，モンテッソーリ自身がデザインしたテーブルだという。寸法は幅129cm，奥行き49cm，高さ54.5cmであり，2～3人用のテーブルであったと推測される。1927年にドイツにおいて，モンテッソーリ教育のためにデザインされ

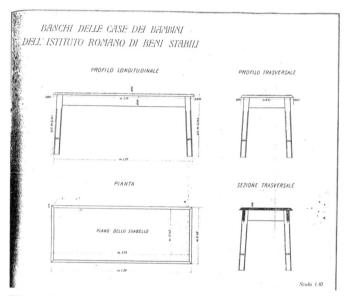

図1-2 モンテッソーリがローマの最初の子どもの家のためにデザインしたとされるテーブル(1907年以前)
出典:Montessori, M. (1909). Il metodo della pedagogia scientifica applicato all'educazione infantile nelle case dei bambini. Roma: Max Bretschneider. 折込図版.

た机の高さは48cm（Müller & Schneider, 2002, p.61）であった。現在のわが国の4, 5歳児が使用する机の高さは, 45〜48cm程度とされ（小川, 1985；日本建築学会, 2005), これらと比較すると, Il metodoに掲載されたテーブルの高さは, 子どもにとっては多少高すぎるとも思われる。しかし, 当時は, 子どもが自律的に活動するための家具はほとんど製作されていなかったため, モンテッソーリも試行錯誤していたのだと推測される。

　19世紀末に, デューイは「国民的ベンチ」のような, 子どもの聴講用の机とイスはあっても, 子どもが作業するための机とイスはなかったと述べている（Dewey, 1902/1915/1957/1990）。モンテッソーリはこのデューイの記述を引用し, 確かに子ども用のものは何もないと同意し（③J166, E169-170),「子ど

もにふさわしい家が存在しないのなら、それを建てましょう。子どもにふさわしい品物が作られていないのなら、それらを作らせましょう。」(モンテッソーリ, 1993, p.10, 文献⑫の日本語版) と発言したとされる。このように、モンテッソーリは子どものための家具を作る、まさに先駆者だったのであり、「子どもサイズ」について、試行錯誤していたのだと考えられる。

モンテッソーリは、この軽量で持ち運ぶことのできる机とイスは、モンテッソーリ教育の自由を象徴している (an external sign of liberty) と述べている (①E84)。また、軽量で動かすことができる机とイスは、前述のように、フィードバックを与える教育の手段でもあった (①J69, E83-84, 162; ⑦E364-365)。

・**教具棚・私物棚・洋服ダンス** モンテッソーリは教具棚と私物棚を保育室に欠かせない家具とし (⑥J12, E10-11)、さらに洋服ダンスにも言及した。

教具棚は、子どもが共同で使う教具が置かれる棚で、「子どもサイズ」であり、低く横長で戸がつき、軽量で単純な (simple) 棚であった (①J67, E81-82; ⑥J12, E10-11)。戸は簡単に開けられ、鍵がついているものもあり、鍵も子どもの手の届くところに置かれ、子ども自身で教具の出し入れを行えるようになっていた。戸のかわりにカーテンがついている棚もあった。教具棚の高さは大変低く、子どもでも教具棚の上に植木鉢や小さな水槽、おもちゃなどを置くことができるほどだった。

私物棚は、小さな引き出しが2、3列並んだタンスで、子どもはそれぞれ自分の引き出しを持っており、その中に私物を入れておく。引き出しには明るい色のつまみか、引き出しの色と対照的な色のつまみがついており、子どもの名前が書かれた紙をそれぞれの引き出しに貼るとされた (⑥J12, E11)。モンテッソーリは、子どもに活動場所の選択の自由を与えたが、一方で、大人と同様に子どもにも自分の場所と呼べる、いつも自分のものを置くことができる決まった場所が必要だと考え、私物棚が置かれた (⑩J109-110, E67-68)。

洋服ダンスも低いものが置かれた。中はいくつかに区切られていて、扉に

はそれぞれ鍵がついており，子どもは各自のスペースを与えられた（⑦E278）。

③道具

　日常生活の練習は，子どもの属する文化に応じて行われる。そのため練習で使用する道具は，前述の物理的環境の「8つの性質」を考慮しながら，文化に応じて用意すればよいということであると考えられる（③J165, E168-169, I167-168；④J100-101, E82, I91；⑧J81, E42-43）。モンテッソーリは，その文化において行われていることであれば，日常生活の練習として子どもは何でも行うため，「子どもの家」の道具には制限がないとした（⑥J14, E14）。これはモンテッソーリによって考案され，厳密に規格化された教具とは対照的である。道具を代表して具体的に言及されたのは，掃除道具と食事に関連するものであった。

・掃除道具　注目されるのは，子どもの活動の動機づけとなるように，掃除道具も「子どもサイズ」の美しいものであるべきだとされたことであった。子どもの手のひらに入るサイズの色とりどりのぞうきんや，きれいな柄のほうき，面白い形をした石けんの例が挙げられた（⑧J53-54, E28；⑧J81-82, E42-43）。

・食堂・食器　食堂にはテーブルだけではなく，食器棚などの家具を置くとされた。食器棚はすべての子どもの手が届くほど低く，子どもが食器やスプーン，ナイフ，フォーク，テーブルクロス，ナプキンなどを出し入れすることができた（⑥J14, E13）。食器は必ず陶器またはガラスであり，金属のナイフも用意するとされたことが注目される。これは，モンテッソーリが，本物の道具で実践させることを重視したためだと思われる。さらに，陶器やガラスの食器は扱いを誤ると割れ，それが子どもへのフィードバックとなるとされた（⑧J53, E28）。

4．討　論

4-1．研究１のまとめ

　本研究の目的は，モンテッソーリ自身の12点の著作の記述内容を分析して，(1)モンテッソーリ教育の教育理念と人的環境・物理的環境との関連の全体像を明らかにし，(2)物理的環境の性質と教具以外の物理的環境の具体的な特徴を分析し，(3)なぜモンテッソーリ教育では物理的環境が重視され，そこに，どのようにモンテッソーリの教育理念が反映されているのかを明らかにすることであった。著作の分析の結果は，以下のようにまとめられた。

(1)モンテッソーリ教育の全体像

　12点の著作の記述から，モンテッソーリ教育の全体像は図1-1に示したように整理できた。モンテッソーリは明確な「子ども観・発達観」を持っていた。子どもは発達する可能性を生まれながらに持ち，それぞれの子どもの持つ，発達の法則・計画に基づいて活発に自律的活動をし，環境と相互交渉することによって，その可能性を実現し，発達するとしたのである。

　このような「子ども観・発達観」に基づき，子どもの発達する可能性を活かすための「教育の原則」が提案された。活動の主体は子どもであるとされ，子どもの発達にとって適切な環境を整えることが重要であるとされた。教育の環境は「人的環境」と「物理的環境」とに区別され，「人的環境」である教師には消極的であることが求められ，特に重視されたのが「物理的環境」であり，これがモンテッソーリ教育の大きな特徴であった。「物理的環境」こそが，子どもの自律的活動を喚起・援助するとされ，そのような「物理的環境」が持つべき「８つの性質」が提案された。

(2) 物理的環境の性質と具体的な特徴

　モンテッソーリは，子どもの自律的活動を喚起・援助するために，「物理的環境」は「8つの性質」を持つことが望ましいとした。これらの「8つの性質」は，モンテッソーリの「子ども観・発達観」に基づいており，子どもが発達のために必要とする環境との相互交渉をよりよく行うための性質であると言える。

　モンテッソーリは著書において「物理的環境の具体的な特徴」を記述していたが，これはモンテッソーリ自身が，ローマの「子どもの家」で実践した一例として理解すべきだと考えられた。すなわち，「子どもの家」の物理的環境は，それが持つべき「8つの性質」を満たしていれば，それぞれの財政状況，保育時間，空間的な制約，そして何より，文化に応じて設定すればよいと考えられた。モンテッソーリの物理的環境の具体的な記述から学ぶべきことは，園舎から子どもが使用する小さな道具に至るまで，すべてを「物理的環境」として考慮し，整えなければならないということである。モンテッソーリは「物理的環境」を子どもが自由に選択し，使用するもの全体として考慮しなければならないと主張したのである。

(3) モンテッソーリの教育理念と物理的環境の重視

　モンテッソーリは，子どもは生まれながらの発達の法則・計画に基づき自律的に活動し，環境と相互交渉することで発達するとした。子どもの自律的活動を尊重するために活動の主体は子どもであるとし，環境を「人的環境」と「物理的環境」の2つに分けて考えていた。

　「人的環境」である教師は子どもの自律的活動を妨げる大きな障害になる可能性があるとし，教師は消極的であるべきだとした。従来の教育のように教師が子どもの活動を喚起すれば，教育の主導権を教師が握ってしまい，子どもが自らの発達の計画に基づき自律的に活動することが難しくなる。これに対して，「物理的環境」は活動を動機づけるものの，子どもに一方的に活

動を強いることはなく，子どもが主体となり，環境と交渉しながら，自分の発達の段階に合わせて必要な活動を選択することができると考えたのである。

このように，子どもが活動の主体となり，自発的な活動を喚起・援助するのは「人的環境」よりも「物理的環境」の方が適切であるとし，そのために「物理的環境」を重視したのだと思われる。そして，子どもが環境との相互交渉をよりよく行うために，「子ども観・発達観」に基づいて，「物理的環境」の「8つの性質」を提案したのだと考えられた。なお，物理的環境による子どもの自律的活動の喚起・援助および，子どもと物理的環境の相互交渉とはどのようなことであるかについては，終章の討論において詳しく検討する。

4-2．研究1の結果に基づく考察

以上の分析結果に基づき，子どものための物理的環境に関して，以下の3点を考察する。

4-2-1．活動の主体である子どもの尊重と物理的環境

モンテッソーリが「物理的環境」が満たすべきとした「8つの性質」は，彼女の「子ども観・発達観」と，それに基づいた「教育の原則」を実現するために提案されたといえる。さらに，モンテッソーリ教育における活動の主体は，子どもであることが強調され，それは「子どもの家」の主たるユーザーは子どもであることを意味する。つまり，「子どもの家」の物理的環境は，主たるユーザーである子どもの自律的な活動と発達に最適な環境であるよう考慮された環境であるとも言える。

「子どもサイズ」を例にとっても，モンテッソーリは単に子どもの体格に合った適切な寸法にすることにとどまらず，子どもの体力，理解力をも考慮する必要があるとした。さらに，子どもが発達の法則・計画に従って発達するとはどのようなことか，発達の各段階で何を必要とするのか，発達するた

めには集中して活動することが必要であることなど，子どもの精神的特徴，さらには，発達の特徴までをも考え抜き，子どもに適切な物理的環境の性質を提案しているのである。

　このように，モンテッソーリの「子ども観・発達観」，「教育の原則」に基づいて提案されたモンテッソーリ教育における「物理的環境」は，主たるユーザーである子どもを尊重した物理的環境であるといえる。つまり，モンテッソーリの提案とは，子どもを尊重する幼児教育施設は，教育の理念を実現するためにだけ設定するのではなく，活動の主体であり，施設の主たるユーザーである子どもを尊重するためにも，設定されなければならないということである。そのためには，単に子どもの体格に合わせた寸法にするだけではなく，子どもの身体的，精神的発達の特徴などを多角的に考慮し，深く理解し，子どもを尊重するとはどういうことなのか考えなければならない。モンテッソーリは物理的環境において，子どもを尊重するとはどのようなことなのかを，明らかに示している。

4-2-2．教育法と物理的環境

　「8つの性質」はモンテッソーリの「子ども観・発達観」にもとづき，子どもを活動の主体とし，子どもの自律的活動を尊重するという「教育の原則」を実現するために，「物理的環境」の設定において，考慮するべきだとされた性質である。前述のように，「物理的環境」は，各幼児教育施設の財政状況，保育時間，文化によって変わりうるとした。つまり，それをどのように実現するかは，各幼児教育施設の状況に合わせて行うことが任されているものの，物理的環境の設定においては「8つの性質」を考慮することが求められたと考えるべきであろう。モンテッソーリは，幼児教育施設の物理的環境は，そこで実践される教育法の「子ども観・発達観」および「教育の原則」に基づくことを重視していたと考えられる。

　序章で述べたように，わが国の幼児教育の要領・指針においても「環境を

通して行う教育及び保育」が基本だとされてはいるが，物理的環境の整え方の具体的な手法には，手がつけられてはいない。もっとも避けなければならいのは，物理的環境が適切でないために，教育内容を変更したり，断念せざるを得なくなるということである。幼児教育施設の設計・設定は，その施設で実践される教育法がどのようなものであるかを抜きにはできないことを，モンテッソーリから学ぶべきであろう。モンテッソーリの「子ども観・発達観」および「教育の原則」を反映した建築，設備，家具，道具などへの細かい配慮の仕方は，幼児教育のための空間デザインにとって，学ぶべき点が多いものだといえよう。

4-2-3. 物理的環境の質・豊かさと機能性

　モンテッソーリの「物理的環境」が持つべき「8つの性質」の中には，物理的環境の質，美しさ，豊かさ，魅力などについても含まれていることも注目される。

　まず，モンテッソーリは物理的環境の美しさ，魅力，そして本物であることは，子どもの活動の動機づけになる（図1-1の物理的環境に共通の性質4，7）とした。認知科学者のノーマン（Norman, 2004）は情動システムが認知システムに影響を与えることから，美的に魅力的なものはポジティブな情動を生み，学習や好奇心，創造的な思考を促進すると指摘している。およそ100年前のモンテッソーリの考えは，このノーマンの考えと一致するものであり，注目される。

　さらにモンテッソーリは，子どもというユーザーを真に尊重する物理的環境とは，機能的に優れているだけではなく，大人の環境と同様に魅力的で豊かな環境であることが必要である（物理的環境に共通の性質8）とも考えていた。実際，1920〜30年代の「子どもの家」では，国際的に近代デザインを牽引していた造形学校であるバウハウスによるデザインの食器を揃えたり（Kramer, 1976/1981/1988），第Ⅱ章で詳しく分析するように，バウハウスの卒

業生がウィーンのモンテッソーリ幼稚園の園舎の室内をデザインし,豊かで魅力的な物理的環境を実現させた例がある(高橋,2008;高橋・元岡,2009)。

本章のモンテッソーリの著作の分析により,モンテッソーリ教育における物理的環境は彼女の子ども観・発達観および教育の原則に基づいて,提案・計画されたことが明らかになった。次の第Ⅱ章では,モンテッソーリが理想とした物理的環境が,実際の園舎においてどのように実現されたのか,園舎の事例の分析を通して明らかにしていく。

【第Ⅰ章・注】

1) EBSCOhostで使用したのは,Academic Search Premier, PsycINFO, Teacher Reference Center, eBook Collection (EBSCOhost) の4つのデータベースである。
2) 保育用語辞典(森上・柏女,2015)では,人的環境の項目で物(理)的環境について以下のように記述している。

「自然環境と社会環境が対であるのと同じように人的環境は物的環境と対で用いられることが多い。物的環境が建物や設備,遊具,出版物,道具などの物理的なものを意味するのに対し,人的環境は人間がつくる社会関係や組織,またこれらがかもしだす雰囲気や意味,価値観を意味する。乳幼児の人的環境としては家庭の親やきょうだい,祖父母,園の保育者や職員,友だち,近所の人々のパーソナリティやそれらがもつ雰囲気,価値観などがあげられる。」(森上・柏女,2015, p.142;項目執筆者:児嶋雅典)

このようなことから,保育学及び幼児教育学では子どもを取り巻く環境を「人とモノ」という対の環境で構成されると考える場合,「人的環境」と「物(理)的環境」という語が用いられる。

なお,国内雑誌文献データベースCiNiiにおいて建築学,保育学,幼児教育学の研究論文におけるタイトル,キーワードとして検索してみたところ,「物理的環境」と「物的環境」はともに"physical environment"を指す用語として同じ頻度で使用されているため,本論文では「物理的環境」を用いている。

3) お茶の水女子大学附属図書館所蔵の1912年出版の *The Montessori Method* のAcknowledgementsには,英語版を出版するにあたり,モンテッソーリが大幅に加筆修正したとの記述が見られる。なお,本論文の分析で主に使用した *The Mon-*

tessori Method は，1964年に再版されたものである。1964年版ではこの Acknowledgements は省略されている。

【第Ⅰ章・付録】　分析対象のモンテッソーリの著作一覧
① **モンテッソーリ・メソッド**
(1909). *Il metodo della pedagogia scientifica applicato all'educazione infantile nelle case dei bambini.* Roma: Max Bretschneider.
(1964). *The Montessori method with an introduction by J. McV. Hunt* (A. E. George, Trans.). New York: Schocken Books.
阿部真美子・白川蓉子（訳）(1974).『モンテッソーリ・メソッド』. 明治図書.
② **幼児の秘密**
(1999a). *Il segreto dell'infanzia.* Milano: Garzanti. (Original work published 1938)
(1972a). *The secret of childhood* (M. J. Costelloe, Trans.). New York: Ballantine Books.
鼓常良（訳）(1968).『幼児の秘密』. 国土社.
③ **創造する子供**
(1999b). *La mente del bambino.* Milano: Garzanti. (Original work published 1949b)
(1967). *The absorbent mind* (C. A. Claremont, Trans.). New York: Henry Holt and Company.
菊野正隆（監修），武田正實（訳）(1973).『創造する子供』. エンデルレ書店.
④ **子どもの発見**
(1999c). *La scoperta del bambino.* Milano: Garzanti. (Original work published 1948b)
(1972b). *The discovery of the child* (M. J. Costelloe, Trans.). New York: The Random House Publishing Group.
鼓常良（訳）(1971b).『子どもの発見』. 国土社.
⑤ **人間の形成について**
(1989a). *The Clio Montessori series: Vol.3. The formation of man* (A. M. Joosten, Trans.). Oxford: Clio Press. (Original work published 1949a)
坂本堯（訳）(1970a).『人間の形成について』. エンデルレ書店.

⑥ 私のハンドブック
(2005). *Dr. Montessori's own handbook*. New York: Dover.（Original work published 1914）
平野智美・渡辺起世子（共訳）(1989f).『私のハンドブック』. エンデルレ書店.

⑦ モンテッソーリ教育の実践理論
Buchenmeyer, R. G. (Ed.). (1997). *The Clio Montessori series: Vol.15. The California lectures of Maria Montessori, 1915: Collected Speeches and writings*. Oxford: Clio Press.
ルーメル，K.・江島正子（共訳）(2010).『モンテッソーリ教育の実践理論―カリフォルニア・レクチュア』. サンパウロ.

⑧ 幼児と家庭
(1989b). *The Clio Montessori series: Vol.8. The child in the family* (N. R. Cirillo, Trans.). Oxford: Clio Press. (Original work published 1923)
日本モンテッソーリ協会（監修），鷹觜達衛（訳）(1971a).『幼児と家庭』. エンデルレ書店.

⑨ モンテッソーリの教育法：基礎理論
Ballauf, T., Groothoff, H.-H., Mühlmeyer, H. & Püllen, K. (Hrsg.). (1965). *Grundlagen meiner Pädagogik*. Wiebelsheim: Quelle & Meyer.
ルーメル，K.・江島正子（共訳）(1983).『モンテッソーリの教育法―基礎理論―』. エンデルレ書店.

⑩ 子どもと学校の危機
Schulz-Benesch, G. (Ed.). (1989c). *The Clio Montessori series: Vol.7. The child, society and the world: unpublished speeches and writings* (C. Juler & H. Yesson, Trans.). Oxford: Clio Press. (Original work published 1979)
シュルツ＝ベネシュ，G.（編），ルーメル，K.・江島正子（共訳）(1982).『子どもと学校の危機―社会・学校・世界―』. エンデルレ書店.

⑪ モンテッソーリの教育：〇歳～六歳まで
(1989d). *The Clio Montessori series: Vol.5. Education for a new world*. Oxford: Clio Press. (Original work published 1946)
吉本二郎・林信二郎（共訳）(1970b).『モンテッソーリの教育：〇歳～六歳まで』. あすなろ書房.

⑫ 子供の何を知るべきか
Prakasam, A. G. (Ed.). (1989e). *The Clio Montessori series: Vol.4. What you*

should know about your child. Oxford: Clio Press.（Original work published 1948a）

鈴木弘美（訳）（1993）.『子供の何を知るべきか―モンテッソーリの教育―』. エンデルレ書店.

第Ⅱ章 建築家・デザイナーによるモンテッソーリ幼稚園の実現：研究2 －ゲーテ・ホーフの市営幼稚園
(Städtischer Montessori-Kindergarten im Goethehof, Schüttaustraße) の場合

1. 問題

1-1. 本章の目的

　第Ⅰ章の分析によって，モンテッソーリ教育における物理的環境は，モンテッソーリの子ども観・発達観および教育の原則に基づくものであること，そして，物理的環境の性質と具体的な特徴がどのようなものかが明らかになった。そこで，本章では，園舎の実例を分析し，モンテッソーリが著書の中で記述した物理的環境が，建築家・デザイナーによって実際の園舎としてどのように実現し得たのかを検討する。

　モンテッソーリ教育は1907年にローマにおいて開始され，モンテッソーリによる著作の英語翻訳版 *The Montessori method* (Montessori, 1912/1964) が1912年に出版されて以後，急速に世界各国で普及した。モンテッソーリ教育が，モンテッソーリの子ども観・発達観，教育の原則に基づいて，ほぼ純正な形で実践された時期に計画，設計された園舎は，モンテッソーリの理想とする物理的環境を実現していたであろうと推測される。そこで，モンテッソーリが存命中で，なおかつ教育が本格的に普及し始めた1920～30年代にデザイン，施工されたウィーン市の園舎の一つ（ゲーテ・ホーフの市営幼稚園）を分析対象とすることにした。

　ウィーン市に着目したのは，1920～30年代において，特にモンテッソーリ

教育が盛んに実践された都市の一つであったからである。クレーマー（Kramer, 1976/1981/1988）によれば、この時期のウィーン市はモンテッソーリ教育運動の歴史の中で最も興味深い時期の一つの舞台であったという。当時、ウィーン市は属していた州から分離独立し、州に昇格したため、独自の立法権と課税権が行使できるようになり、市独自の政策を実施することができた（田口、2008）。この市独自の福祉政策にモンテッソーリ教育が取り入れられ、1920～30年代初頭にかけてのウィーン市で、モンテッソーリ教育は盛んに実践されたのである（Kramer, 1976/1981/1988）。

1-2. ウィーン市のモンテッソーリ教育のための幼児教育施設に関する先行研究

ウィーン市におけるモンテッソーリ教育のための幼児教育施設に関する先行研究としては、次の2点が挙げられる。第一は、ミュラーとシュナイダー（Müller & Schneider, 2002）が、1920～30年代初頭のドイツとオーストリアにおける施設の例として、本章で分析の対象とするゲーテ・ホーフ（Goethehof）幼稚園と、後述のルドルフスプラッツ（Rudolfsplatz）の子どもの家を紹介しているものである。第二は、ウィーン市でモンテッソーリ教育の普及の中心となったリリー・ルービツェク（Lili Roubiczek）が、ルドルフスプラッツの子どもの家の園舎の設計の際に建築家と協働した経験に基づき、望ましいモンテッソーリ教育の教育施設のあり方を論じたものである（Peller, 1978/1996）[1]。この2つの文献は、モンテッソーリ教育の物理的環境を取り上げてはいるものの、園舎の紹介と自身の経験に基づいた考察にとどまっており、物理的環境について十分に分析が加えられているとは言えない。このように、筆者が検討した限りでは、本研究が目的とするように、モンテッソーリが理想とする物理的環境が、実際の園舎において建築家・デザイナーによってどのように実現されたかを分析、検討した研究は見られなかった。

そこで、本章では、まず、当時のウィーン市におけるモンテッソーリ教育

の普及状況を検討し，なぜ，ゲーテ・ホーフの市営幼稚園を分析対象として選択したのかを明らかにする。次いで，なぜアトリエ・ジンガー＆ディッカー（Atelier Singer-Dicker，以下，アトリエS&Dと表記）がこの園の室内デザインを担当したのか，アトリエS&Dとはどのようなアトリエであったのかを述べる。これらに基づき，ゲーテ・ホーフの市営幼稚園の物理的環境を分析し，第Ⅰ章で明らかにしたモンテッソーリが理想とする物理的環境がどの程度実現されたのか，そしてこの園の室内デザインにおけるアトリエS&Dのデザインの特色を検討する。

1-3．1920～30年代のウィーン市におけるモンテッソーリ教育

クレーマーは，1920～30年代のウィーンを「モンテッソーリ運動の歴史におけるもっとも興味深い挿話の一つの舞台」と述べている（クレーマー，1981，p.397）。この時期にウィーン市においてモンテッソーリ教育が盛んになったのには，主として2つの理由からであるといえる。

第一に，リリー・ルービツェク（Lili Roubiczek, 1898-1966）というモンテッソーリ教育の普及に熱心に取り組み，ウィーン市のモンテッソーリ運動のリーダーとなる人物がいたことである。第二に，当時のウィーン市は社会民主党市政下にあり，「赤いウィーンの実験」とも呼ばれるほど革新的な政策が行われたためである。福祉政策や学校改革も盛んに取り組まれており，モンテッソーリ教育を新しい教育法として実験的に採用する下地が整っていたのである。このように1920年代から30年代初頭にかけてのウィーン市は，ルービツェクと「赤いウィーンの実験」というめぐり合わせにより，モンテッソーリ教育が盛んになったのである。

1-3-1．リリー・ルービツェクの貢献

リリー・ルービツェクはプラハの出身である。彼女はウィーン市で心理学を学び，さらに，1921年ロンドンのモンテッソーリ教育の教師養成コースで

学んだ。当時のウィーン市は第一次世界大戦の敗戦により，社会が混乱し，風紀が乱れ，貧困に陥っていた。特に，労働者階級の家庭の状況は劣悪であった。ルービツェクはその窮状を救うためにモンテッソーリ教育が寄与できるのではないかと考え，モンテッソーリに相談した。ルービツェクの計画に感激したモンテッソーリは，これに協力することを約束した。ルービツェクはモンテッソーリ教育の幼児教育施設である「子どもの家」の開設資金を集め始め，教師養成コースの仲間たちと1922年にウィーン市で初となる「子どもの家」を開設した（Kramer, 1976/1981/1988）。クレーマー（Kramer, 1976/1981/1988）によれば，モンテッソーリ教育は，他のヨーロッパ諸国やアングロサクソン圏に比べるとドイツ語圏では知られていなかったため，ウィーン市でも最初から好意的に受け入れられたわけではなかった。しかし，ルービツェクによって多くのモンテッソーリ教育に関する報告書が出版され，教育の成果が明らかになるにつれ，1920年代後半にはウィーン市でモンテッソーリ教育を賞賛する記事が，雑誌や新聞に多く掲載されるようになった。これに伴い，ルービツェクは，ますます熱心にモンテッソーリ教育の普及に努めたという。

1-3-2.「赤いウィーン」の誕生と幼児教育政策

　ウィーン市では，第一次世界大戦開戦後に停止されていた市議会が，1918年に4年ぶりに開催された。翌1919年，ウィーン市が属するニーダーエスターライヒ州（Niederösterreich）議会はウィーン市議会に，21歳以上の男女に選挙権を認める普通平等選挙権の導入を決定した。これを受けて同年5月，市議会議員選挙が行われ，3分の2の議席を占めた社会民主党が第一党となった。1922年には，人口が増加したウィーン市は，ニーダーエスターライヒ州から分離独立し，州に昇格した。これによりウィーン市議会が州議会を兼ね，市長が州知事を兼任，さらに，連邦共和国の州として憲法に抵触しない範囲で，独自の立法権と課税権を行使することが可能になった（田口，2008）。

1920年，社会民主党は国会選挙で議席が伸びず，第二党に転落すると，キリスト教社会党との連立政権を解消して下野した。これを受けて，1923年に，党首のカール・ザイツ（Karl Seitz）自らがウィーン市長に就任した。ウィーン市は上述のように州に昇格することにより，独自の立法権と課税権を行使することが可能になり，さらに党首を市長にすえると，社会民主党はウィーン市政に専念した。その市政は「赤いウィーン」の実験とも呼ばれるほど革新的なものだったとされる（田口，2008）。「赤いウィーン」で特に力を入れられたのが住宅政策と，それに関連した福祉政策であった。

ウィーン市は19世紀の末に，工業化の進展により多くの工場が建設されて以降，人口が急増しており，慢性的な住宅不足であった（田口，2007；2008）。衛生状態も悪く，罹患率の高かった結核は，「ウィーン病」と呼ばれていた。第一次世界大戦後も住宅不足は続き，衛生状態はさらに悪化した。そこで「赤いウィーン」は住宅政策として市営住宅の建設に着手した。1924～34年までの10年間に384の市営集合住宅が建設され，住戸数は61,175戸に上った（田口，2007）。

これらの集合住宅は広さ38m^2の住戸が最も多く作られ，手狭な住戸が中心であった。しかし，集合住宅の建ぺい率は40～60％に抑えられ，通気や採光を確保するために中庭（Hof）を取り囲む形で住棟が配置され，衛生に配慮されていた。さらに，300戸以上の大規模集合住宅には，共同で使用する幼稚園，学童保育所，図書館，体育室などの公共施設が設けられ（田口，2007；2008），これらは特に中庭に設けられることが多かった（衛藤，1985）。

このように市営集合住宅に設けられた施設の中に幼稚園が含まれたのは，「赤いウィーン」が福祉政策にも非常に力を入れたためだといわれる（田口，2008）。「赤いウィーン」の福祉政策は，それまでの伝統的な慈善によるものから，福祉を法と規則に基づく権利の対象とする近代的な「社会福祉」への転換を目指した。この福祉政策の一環として幼稚園が整備された。19世紀末からいくつかあった市立幼稚園は，中産階級向けのもので開園時間が短く，

1920年代の労働者階級のニーズに合致していなかった。そこで、「赤いウィーン」では、4歳以上の子どもを朝7時から夕方6時まで保育し、朝食、昼食を支給する幼稚園[2]、および保育所を労働者階級の地域に開設した。この政策に従い、大型の市営集合住宅には、必ずその一画に幼稚園や保育所が設置されたのである（田口，2008）。

1-3-3. 赤いウィーンとモンテッソーリ教育

　ルービツェクの尽力により、1920年代のウィーン市では、モンテッソーリ教育に対する理解が徐々に広まりつつあった。そのような中、市営集合住宅の計画が始まると、ルービツェクは市長や市議会議員に対して、集合住宅内に設置される幼稚園にモンテッソーリ教育を採用すること、そして、そこで働く保育者のためにモンテッソーリ教育について学ぶ6か月間の養成コースを開講することを働きかけた（Kramer, 1976/1981/1988）。「赤いウィーン」では、教育改革も進められていたため、新しい教育法に好意的であり、モンテッソーリ教育はシュタイナー教育などとともに、実験的に採用された。1924年頃には、ルービツェクはウィーン市の児童福祉課の顧問となり、子どもへの対策の中にモンテッソーリ教育の教育法が取り入れられた。ロンドンのモンテッソーリ教育の教師養成コースで学んだルービツェク自身が顧問に就任し、彼女の主導でモンテッソーリ教育を実践したこと、そして、市が教育改革に取り組み、新しい教育法を積極的に取り入れていたことから考えると、ウィーン市ではモンテッソーリ教育が純正に近い形で、実践されていたと考えてよいであろう。

　さらに、1925年当時、ウィーン市のデパートや一般の商店には、親たちが買い物をしている間、子どもを預けておける遊戯室（playrooms）が設置されていた。ルービツェクは、その遊戯室の設計のコンサルタントをも買って出て、そこに子ども用の家具やモンテッソーリの教具を置いた「モンテッソーリ待合室（Montessori waiting rooms）」を設置した。この待合室は話題になり、

ウィーン市の人々に広くモンテッソーリ教育を知らせる契機になったという（Kramer, 1976/1981/1988）。

このように1920年代から30年代初頭にかけての「赤いウィーン」と呼ばれた社会民主党市政下のウィーン市では，モンテッソーリ教育は社会民主党市政，教育者，そして市民にも好意的に受け入れられ，実践されていたことがわかる。

1-3-4．赤いウィーンにおけるモンテッソーリ教育の終焉

1934年2月，中央政府であるオーストリア・ファシズム政府の正規軍と，ウィーン市で政権を握っていた社会民主党の軍事組織である共和国防衛同盟の間に，内戦が勃発した。その後，共和国防衛同盟が降伏し，内戦は終結する。社会民主党は非合法とされ，ついに「赤いウィーン」は終焉を迎えた。同年5月にはすべての政党活動が禁止され，オーストリア・ファシズム体制が樹立された（田口，2008）。

「赤いウィーン」の時代に盛んになったモンテッソーリ教育は，オーストリア・ファシズム体制下ではなんとか禁止を免れた（Kramer, 1976/1981/1988）。しかし，「赤いウィーン」を担っていた人の多くが，リベラルな社会主義者であったことから，彼らの多くは亡命を余儀なくされた。ルービツェクも1934年にオーストリアを離れている。その後，1938年にナチスドイツによってオーストリアが併合されると，モンテッソーリ教育は禁止された。ウィーン市のモンテッソーリ教育を担っていたのはユダヤ系の人々が多かったために，モンテッソーリ教育に携わった多くの人々がウィーン市を離れていくことになった。

2．分析対象の園舎の選定

このように1920〜30年代の「赤いウィーン」では市が教育政策の一つとし

て採用し，モンテッソーリ教師として正式に養成されたルービツェクが顧問になって，モンテッソーリ教育をほぼ純正に近い形で実践していたと考えられる。このようなことから，当時のウィーン市の幼児教育施設を分析することは，本研究の目的に適合していると思われた。

クレーマー（Kramer, 1976/1981/1988）によれば，1925年にはウィーン市においてモンテッソーリ教師の正式な資格を持つ教師は12人であったが，翌1926年には30人に増加したと言う。さらに1927年の秋には，ウィーン市の各区にモンテッソーリ・スクールを設立しようという計画まであったとされ，ウィーン市においてモンテッソーリ教育が盛んに実践されていたことは間違いないだろう。しかし，筆者が当時のモンテッソーリ教育を実践していた幼稚園を探す作業は困難を極めた。

田口（2007；2008）よれば，300戸以上の住戸を持つ集合住宅には，幼稚園などの公共施設が設けられたとのことである。そこで，「赤いウィーン」の市政に関するWeb上の百科事典である *dasrotewien.at Weblexikon der Wiener Sozialdemokratie*[3]を利用し，大規模な集合住宅（例えば，Sandleiten, Karl-Seitz-Hof, Rabenhofなど）の公共施設について調べたが，幼稚園が施設として併設されたことは記載されているものの，そこで実践された教育法までは記載されていなかった。さらに，ウィーン建築センター（Architekturzentrum Wien）のオーストリア建築に関する常設展 *a_show* および，それに関連して公開されている「赤いウィーン」の幼稚園の資料においても，モンテッソーリ教育を実践していたと確認できたのは，後述の集合住宅カール・マルクス・ホーフとゲーテ・ホーフに併設された幼稚園だけであった。このモンテッソーリ幼稚園を探す作業の困難さは，後述のように1934年の内戦以降，ウィーン市においてモンテッソーリ教育が，非常に厳しい状況に置かれたことが関連しているように思われる。

以上のようなことから，「赤いウィーン」において，モンテッソーリ教育を実践していると確認できた幼稚園は以下の3か所であった。

第一は,「赤いウィーン」の市営集合住宅を代表するとされる,1926～30年に建築されたカール・マルクス・ホーフ(Karl-Marx-Hof)に併設された幼稚園である。この集合住宅は1,382戸,およそ5,000人が居住する巨大集合住宅であり,中庭に二つの幼稚園が独立した園舎として設置され,そのうちの一つの幼稚園でモンテッソーリ教育が実践されていた(Dudek, 2000)。

第二は,1928～30年に建設された市営集合住宅ゲーテ・ホーフ(Goethehof)に開設された幼稚園である。ゲーテ・ホーフは727戸の住戸を持つ集合住宅であり,中庭に幼稚園が独立した園舎として設置され,この幼稚園でモンテッソーリ教育が実践されていた(Müller & Schneider, 2002)。

第三は,ルービツェクらのグループが,1930年にウィーン市の中心のルドルフスプラッツ(Rudolfsplatz)に新設した子どもの家である(Müller & Schneider, 2002)。このルドルフスプラッツの子どもの家は2年をかけて計画,検討を重ねて設計され(Kramer, 1976/1981/1988),ルービツェクらによるウィーン市におけるモンテッソーリ教育のための教育施設の集大成だと考えられる。

2-1. 分析対象としたウィーン市の幼稚園

本研究では前述の3つの幼児教育施設のうち,市営集合住宅ゲーテ・ホーフの市営幼稚園 "Städtischer Montessori-Kindergarten im Goethehof, Schüttaustraße"(以下,ゲーテ・ホーフ幼稚園と表記)を分析対象とすることにした。この幼稚園を分析対象としたのは,以下の3つの理由からである。

2-1-1.「赤いウィーン」でのゲーテ・ホーフ幼稚園の高い評価

ゲーテ・ホーフ幼稚園は,「赤いウィーン」の代表的な幼稚園であったと位置付けられている(Holzbauer, 1988)。「赤いウィーン」では,労働者階級の家庭のために幼稚園が開設された。市営集合住宅の中に開設されたことからも明らかなように,主に集合住宅やその周辺に居住する労働者階級の家庭

の子どもを対象としていた（田口，2008）。しかし，ゲーテ・ホーフ幼稚園には，周辺以外の地域に居住する中産階級の，進歩的な考えを持った家庭の子どもたちも通園してきていたことがわかっている（Makarova, 2001）。おそらく，中産階級の家庭は園の評判を聞きつけ，遠方からでも子どもを通わせていたのだと推測される。

　たとえば，中産階級の家庭から通園していた園児の1人に，ゲオルク・アイスラー（Georg Eisler, 1928-1998）がいた（Makarova, 2001）。彼は長じて著名な画家として活躍したために，子ども時代を語ったインタビューが残され，その中でゲーテ・ホーフ幼稚園についても語っている。ゲオルクは，作品がウフィツィ美術館（Galleria degli Uffizi, Firenze）や大英博物館のポートレートギャラリー（the Portrait Gallery of the British Museum, London）などに収蔵されるほどの重要な画家であり，1968年から1972年までウィーンの芸術家グループ・分離派（Wiener Secession）の代表を務めた。ゲオルクの父は演劇，映画音楽を多く手がけ，旧東ドイツ国歌の作曲者としても知られるハンス・アイスラー（Hanns Eisler, 1898-1962），母は歌手で，ウィーンの音楽院の教師のシャルロッテ・アイスラー（Charlotte Eisler, 1894-1970）であった。ゲオルク自身もそう述べているように，彼らは労働者階級ではなく，中産階級に属しているといえるだろう。また，ゲオルクの両親は左翼サークルに所属し，本章で分析するゲーテ・ホーフ幼稚園の室内をデザインしたデザイナーの1人であるフリードル・ディッカー（Friedl Dicker）の友人でもあった（Makarova, 2001）。

　後年，ゲオルクは1934年頃までゲーテ・ホーフ幼稚園に通っていたと話している。彼は幼稚園で日常生活の練習である皿洗いをしたことを回想しているが，確かに彼が実際に皿洗いをしたり，本を読む様子をおさめた当時の写真（図2-1, 2-16）が残されている。彼はゲーテ・ホーフ幼稚園について，

"The kindergarten was in Goethehof, a municipal housing development on the other side of the Danube."「その幼稚園はドナウ川の対岸にあった市営

第Ⅱ章　建築家・デザイナーによるモンテッソーリ幼稚園の実現：研究2　73

図2-1　ゲーテ・ホーフ幼稚園の保育室Ⅱの台所で皿洗い
をする4歳頃のゲオルク・アイスラー（1932年）
撮影：Pfitzner-Haus
所蔵：Bauhaus-Archiv Berlin　（Inventory no. 9361/51）
©Daniela Singer

集合住宅ゲーテ・ホーフの中にあった」（Makarova, 2001, p. 227）と述べている。この"on the other side of the Danube"「対岸」にあったという表現から，ゲオルクの家族がゲーテ・ホーフやその周辺に居住していなかったことが推測される。ゲオルクの家族は中産階級に属していたものの，この園の評判を聞き，また，両親がこの幼稚園をデザインしたディッカーと友人であったこともあり，「対岸」から通っていたと考えられる。

このように，ゲーテ・ホーフ幼稚園は中産階級の家庭が，遠くても子どもを通わせたいと考えるような幼稚園であった。したがって，ホルツバウアー（Holzbauer, 1988）が指摘するように，ゲーテ・ホーフ幼稚園は当時のウィーンの市営幼稚園を代表する園であったと位置付けてよいだろう。

2-1-2. オーストリア建築におけるゲーテ・ホーフ幼稚園の位置づけの高さ

　ゲーテ・ホーフ幼稚園は，20世紀から21世紀初頭のオーストリア建築においても，重要な建築の一つと位置付けられている。ウィーン建築センター（Architekturzentrum Wien）には，20世紀から21世紀初頭のオーストリア建築に関する常設展 *a_show: Architecture in Austria in the 20th & 21st centuries* がある。この常設展は建築センターの最も包括的で，野心的なプロジェクトであり，ここに収められた建築作品は，オーストリア建築史の中で最も優れ，最も重要な建築であり，そのルーツと特徴がオーストリア建築の正統であるとされる建築に限定されている（Hausegger, 2006）。

　モンテッソーリ幼稚園が設置されたカール・マルクス・ホーフは，市営住宅として「赤いウィーン」を代表する例であるとされている（衛藤，1985；Kriechbaum & Kriechbaum, 2007；鈴木ほか，1991）。このカール・マルクス・ホーフは中庭に設けられた公共施設も含めた集合住宅群が，この常設展に収蔵されている。幼稚園は集合住宅内の公共施設の一つとして収められており（Hausegger, 2006），特に幼稚園の園舎が注目されているわけではない。一方，市営住宅ゲーテ・ホーフの場合は，集合住宅群としては常設展に収蔵されずに，中庭に独立して建設され，モンテッソーリ教育を実践した幼稚園の園舎だけが収蔵されている（Hausegger, 2006）。さらに，ルービツェクが開設したルドルフスプラッツの子どもの家の園舎は常設展に収められてはいない。この園舎を設計したのは，建築家フランツ・シュースター（Franz Schuster, 1892-1972）で，彼が設計した建築作品は常設展に5点収められているものの（Hausegger, 2006），子どもの家の園舎は収蔵されていないのである。

　このように，ウィーン建築センターの常設展の収蔵状況から考えると，ゲーテ・ホーフ幼稚園は他の2つの幼稚園に比べて，20世紀から21世紀初頭のオーストリア建築の中で，重要な建築であると位置付けられていることがわかる。

2-1-3. 資料の豊富さ

　ゲーテ・ホーフ幼稚園を分析対象とした最も重要な理由は，他の2園に比べて，分析に利用できる資料が豊富に残されていることである。ゲーテ・ホーフ幼稚園の室内をデザインしたのはアトリエS&D（Atelier Singer-Dicker）であり，フランツ・ジンガー（Franz Singer）とフリードル・ディッカー（Friedl Dicker）によって開設されたアトリエであった。1934年にオーストリア・ファシズム政権が誕生すると，共産党員であったディッカーは取り締まりにあい，ディッカーはプラハに，ジンガーはロンドンに移り，それ以来，再び彼らがウィーン市で仕事をすることはなかった。しかし，現在，ベルリンのバウハウス・アーカイブ（Bauhaus-Archiv）には，アトリエS&Dによる図面や写真などの資料が所蔵され，学術研究のために利用することが許可されている。

　このバウハウス・アーカイブが所蔵するアトリエS&Dに関する資料の著作権の保有者は，ジンガーの親族の名前が記載されており（Müller & Schneider, 2002, p.156），これらの資料はジンガーの遺族から寄贈されたものだと考えられる。これらは1934年にジンガーがロンドンに移る際に，幸運にも持ち出すことができたものであると推測される。バウハウス・アーカイブに所蔵されているアトリエS&Dに関する資料は豊富であり，ゲーテ・ホーフ幼稚園に関連する資料だけでも平面図，写真などおよそ100点にのぼる。この資料の中には，前述のゲオルク・アイスラーが写った写真も含まれている。

　これに対して，他の2つの幼児教育施設の資料については，一般に公開されている資料が大変少ない。例えば，ルービツェクの開設したルドルフスプラッツの子どもの家の写真は，所有者に個人名が記載されているにとどまり（Müller & Schneider, 2002, p.156），現時点では十分な資料を入手することができなかった。

　このように，モンテッソーリ教育を実践していた幼児教育施設に関する資料の入手が困難であるのは，ウィーン市の特殊な事情により，現存する資料

そのものが少ないためではないかと推測される。その主な理由として，以下の2点が挙げられる。

　第一の理由としては，1934年の内戦時に，市営集合住宅が戦闘の舞台となり，建物及びその内部が失われたことが挙げられる。この内戦は，中央政府であるオーストリア・ファシズム政府の正規軍と，ウィーン市を統治していた社会民主党の軍事組織である共和国防衛同盟の間に起きた内戦である。この時，共和国防衛同盟が拠点にしたのは，社会民主党市政下で建設された市営集合住宅であった（田口，2008）。そして，特に戦闘が激しかった市営集合住宅の中に，ゲーテ・ホーフとカール・マルクス・ホーフが含まれている[4]。

　ゲーテ・ホーフは激しい砲撃を受けたほか，付設されていたカフェ・ゲーテ・ホーフは火を放たれ，内部が消失した。この内戦の戦闘時，あるいは，その後の暴動で，幼稚園の内部は破壊されたという（Holzbauer, 1988; Makarova, 2001）。カール・マルクス・ホーフではさらに激しい戦いが繰り広げられ，ここで共和国防衛同盟が降伏し，内戦が終結した（田口，2008）。カール・マルクス・ホーフの幼稚園の被害の詳細は不明であるが，ゲーテ・ホーフを上回る激しい戦闘であったことから，カール・マルクス・ホーフの幼稚園も被害を受けたと推測される。

　内戦時，激しい被害を受けたゲーテ・ホーフとカール・マルクス・ホーフは，建物の内部は失われたものの，レンガ造であるため建物自体が消失することはなく，集合住宅および幼稚園園舎自体は現存している。しかし，第Ⅰ章で明らかになったようにモンテッソーリ教育のための物理的環境は，園舎だけではなく，あるいはそれ以上に，子どもが使用する設備や家具，道具が重要な役割を果たすのである。園舎は現存するものの，内戦時に建物内部が失われたことは，多くの貴重な資料が失われたことを意味する。

　資料の入手が難しい第二の理由は，1934年に「赤いウィーン」と呼ばれた社会民主党市政が終焉を迎えた後，モンテッソーリ教育自体の存続が厳しい状況におかれたことが指摘できる。内戦後の1934年，ファシズム政府は共和

国防衛同盟と社会民主党を非合法化し，ウィーン市は中央政府直属都市となり自治権を喪失した（田口，2008）。この時は，ファシズム政府によってモンテッソーリ教育が禁止されることはなかった。しかし，「赤いウィーン」で教育改革などの改革やモンテッソーリ教育の普及に携わっていたのは，ほとんどがリベラルな社会主義者であったため（Kramer, 1976/1981/1988），オーストリア・ファシズム体制が樹立されると，ウィーン市を離れざるを得ない者が多かった。ウィーン市でモンテッソーリ運動を牽引したルービツェクもその中の1人であり，彼女は1934年に渡米し，精神分析家となり，再びウィーン市に戻ることなく米国で死去した。前述のように，ゲーテ・ホーフ幼稚園をデザインしたジンガーとディッカーも同時期にウィーン市を離れている。

　1938年，ナチスドイツによってオーストリアが併合されると，モンテッソーリ教育は禁止された。1934年の内戦による破壊後，ゲーテ・ホーフ幼稚園は改修され，保育を継続していた。しかし，1938年には裁判所の命令で閉鎖され，内部は再び取り壊された。ホルツバウアー（Holzbauer, 1988）によれば，1938年に園舎内が完全に破壊される前に，家具や設備の一部が運び出され，破壊を免れたとされるが詳細は不明である。しかし，1933年にドイツにおいてナチスが，モンテッソーリ教育を禁止したときには，ベルリンの広場などでモンテッソーリの肖像や著作が焼かれたとされており（Kramer, 1976/1981/1988; Schulz-Benesch, 1971/1974），ウィーン市でもモンテッソーリ教育に関連する建築，書籍，資料が存続し続けるのは，非常に困難であったことが推測される。さらに，ウィーン市においてモンテッソーリ教育に携わっていたのは，ユダヤ系の人も多かったため，ナチスによる併合により，さらにウィーン市から離れざるを得ない者が出た。

　このように，社会民主党市政が終焉した後のウィーン市では，内戦，オーストリア・ファシズム体制の樹立，ナチスドイツによる併合により，モンテッソーリ教育に関連する建築や資料などが保存・継承されるのは，非常に困難であったと考えられる。つまり，ベルリンのバウハウス・アーカイブに残

されたゲーテ・ホーフ幼稚園の資料は大変貴重であり,「赤いウィーン」以後の上述のようなさまざまな事情から,モンテッソーリ教育のための幼児教育施設に関する資料で,これ以上に豊富な資料が現存しているとは考えにくい。

以上のようなことから,本研究では,ゲーテ・ホーフ幼稚園を分析対象とし,モンテッソーリの子ども観・発達観,および,教育の原則に基づき提案された物理的環境の性質や具体的な特徴が,実際の園舎において,どのように実現されたのかを分析することにした。

2-2. ゲーテ・ホーフ幼稚園について

2-2-1. アトリエ・ジンガー&ディッカーの作品としてのゲーテ・ホーフ幼稚園

本研究で分析する幼稚園は,市営集合住宅ゲーテ・ホーフの中庭に,独立して建設された園舎において開設された。ウィーン建築センターのウィーンで活動した建築家らに関する web 上の百科事典 *Architektenlexikon Wien 1770-1945*[5] (以下では,*Architektenlexikon* と表記) によれば,建築家フーゴ・マイヤー (Hugo Mayer, 1883-1930) がゲーテ・ホーフの住居棟と共に,この幼稚園の園舎を設計したと記録されている[6]。しかし,前述のウィーン建築センターの常設展 *a_show* では,この幼稚園は室内デザインを担当したアトリエ S&D の作品として収蔵されている。通常,建築が「建築作品」として認識される場合には,建物自体を設計した建築家が作者として認知され,室内デザインを担当したデザイナーが作者として認知されることは,まれである。

第Ⅰ章で分析したように,モンテッソーリ教育における物理的環境は,子どもの自律的活動を喚起・援助することが目指され,建物である園舎よりも,子どもが実際に使用する設備,家具,道具,つまり,室内デザインが重要である。アトリエ S&D はモンテッソーリ教育における物理的環境を実現する

べく，設備や家具をデザインし，さらには色彩の計画に至るまで，細部にわたって室内をデザインしている。この室内デザインがこの園舎を特徴づけ，まさに，モンテッソーリ教育を実践する幼稚園になったと考えられる。そのため，このゲーテ・ホーフ幼稚園の作者は，園舎を設計したマイヤーではなく，室内をデザインしたアトリエS&Dであると認められているのだと思われる。そこで本研究においても，アトリエS&Dの作品として分析を進めていくことにした。

では，なぜ，マイヤーは園舎の設計のみを行い，室内デザインを担当しなかったのだろうか。ゲーテ・ホーフは大規模な市営集合住宅であるため，マイヤーは6人の建築家と協働して設計している。以下ではまず，ゲーテ・ホーフの概要に触れ，次にマイヤーがゲーテ・ホーフの設計を担当した経緯と，マイヤーと6人の建築家たちの経歴を明らかにし，マイヤーではなく，アトリエS&Dが室内デザインを担当することになった経緯を考察する。

2-2-2．市営集合住宅ゲーテ・ホーフ

ゲーテ・ホーフは1928〜30年に建設された住戸数727の市営集合住宅（Gemeindebau）である。「赤いウィーン」では，市営集合住宅に固有の人物名をつける試みがなされていた（田口，2007；2008）。ゲーテ・ホーフもドイツの詩人であり，作家のゲーテ（Johann Wolfgang von Goethe, 1749-1832）から名前がとられている。

この市営集合住宅ゲーテ・ホーフは，1928年の指名コンペにより設計者としてマイヤーが選定され，1930年に完成している。ゲーテ・ホーフは3つの中庭（Hof）を囲んで住戸棟が配置された（図2-2）。本研究で分析対象とするゲーテ・ホーフ幼稚園は3つの中庭のうち，シュッタウ通り（Schüttaustraße）に面した正面ゲートに向かって左側の中庭に，独立した園舎として建設された。そのほか，市立図書館の分室，カフェなどの施設が併設された。

前述のように，1934年の内戦時，ゲーテ・ホーフでは激しい戦闘が繰り広

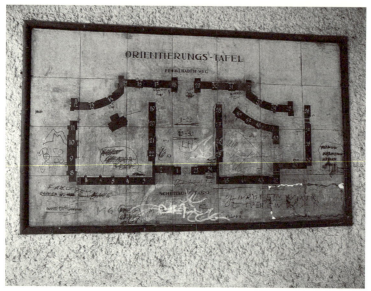

図2-2 集合住宅ゲーテ・ホーフの中央ゲート付近に掲げられた案内図：
ゲーテ・ホーフは3つの中庭（Hof）を囲むように住棟が配置された。中央の中庭の下部の住棟が切れている部分が，シュッタウ通り（Schüttaustraße）に面した正面ゲート。左側の中庭にある凸形の建物がゲーテ・ホーフ幼稚園の園舎。
2008年7月　筆者撮影　©高橋節子

げられ，大きな被害を受けた。しかし，その後修復され，現在も集合住宅として当時の姿をとどめている（図2-3，2-4）。

2-2-3．マイヤーと6人の建築家

　1928年の指名コンペによりゲーテ・ホーフの設計者として選ばれたマイヤーは，表2-1に示すように6人の建築家とともに設計している[6)7)8)]。それはこの集合住宅が，住戸数の多い大規模な計画であったためだと考えられる。

(1)フーゴ・マイヤーとは

　フーゴ・マイヤー（Hugo Mayer, 1883-1930）[6)9)]は1883年にオーストリアの

図2-3 現在の集合住宅ゲーテ・ホーフのシュッタウ通りに面した正面ゲートの様子
2008年7月 筆者撮影 ©高橋節子

図2-4 現在の集合住宅ゲーテ・ホーフの中庭：
左側の木の後方に見えるのがゲーテ・ホーフ幼稚園園舎。
2008年7月 筆者撮影 ©高橋節子

表2-1 Mayer と 6 人の建築家:経歴と Goethehof 以前に設計した市営集合住宅

氏名	建築の専門教育を受けた教育機関	Goethehof 以前に設計した市営集合住宅
Hugo Mayer (1883-1930)	Technische Hochschule Wien (現ウィーン工科大学)	・Haus im alten Ort (1921-1922) ・Wachauerhof＊(1923) ・Johann-Pölzer-Hof＊(1926) ・Drorygasse 25-27 (1927)
Rudolf Frass (1880-1934)	ウィーン美術アカデミー	・Professor Jodl-Hof (1925-26) ・Wienerbergstraße 16-20＊(1925-27)
Viktor Mittag (1896-1962)	工・産美付属の工芸美術学校1) ウィーン美術アカデミー	・Thury-Hof＊(1925-26) ・Ebert-Hof＊(1925-26)
Karl Hauschka (1896-1981)	ウィーン美術アカデミー	
Heinrich Schopper (1881-1952)	ウィーン美術アカデミー	・Gall-Hof＊(1924) ・Engelsberggasse 3 (1926)
Alfred Chalusch (1883-1957)	ウィーン美術アカデミー	
Johann Rothmüller (1882-1965)	教育機関は不明(ただし,建築士,バウ・マイスターの資格あり)	・Felleis-Hof (1927-28)

凡例)＊幼稚園が併設された集合住宅
注1)オーストリア工芸・産業美術館付属の工芸美術学校

　リンツ(Linz)に生まれ,1907年に Technische Hochschule Wien (現在のウィーン工科大学)を卒業し,1907年から1923年までウィーン市の建築局(Wiener Stadtbauamt)に勤務した。1923年に建築局を退職すると,民間の建築事務所に2年間勤務した後,1925年に建築家として独立している。

　マイヤーは第一次世界大戦前から建築設計に従事し,ウィーン市の建築局に勤務しながら,公共建築を手がけることで力をつけた建築家の1人であるという(Blau, 1999)。さらに,「赤いウィーン」以降は民間の建築家たちが活躍するようになったが,ウィーン市建築局を離れた後のマイヤーも,民間の建築家として多くの設計を手がけたという。

　マイヤーは,1920年代初頭頃まで盛んに建設されていた家庭菜園付きの戸建て住宅団地(Gartensiedlungen)の設計に携わる中で,設計の腕を磨いたと

される。この頃の彼の作品は装飾的で美しく，いわゆるウィーンに固有の邸宅のデザインを踏襲していると評されている (Blau, 1999)。「赤いウィーン」の市営集合住宅 (Gemeindebau) の設計では，ゲーテ・ホーフの設計以前に4件の設計を手がけている[10)11)12)13)]。教育施設としては幼稚園を3件，小学校，高等学校を1件ずつ手がけている。そして，1930年に化膿性の扁桃腺炎により46歳の若さで亡くなった。

1928年の指名コンペにより，マイヤーはゲーテ・ホーフの設計者として選定された。マイヤーはマスタープランの作成，中央の住居棟および幼稚園の設計を担当し，その他を後述の6人の建築家が担当したとされる[6)7)8)]。

(2) 6人の建築家

マイヤーと協働したのは，ルードルフ・フラス (Rudolf Frass, 1880-1934)[14)15)]，ヴィクトル・ミッターク (Viktor Mittag, 1896-1962)[9)16)]，カール・ハウシュカ (Karl Hauschka, 1896-1981)[17)18)]，ハインリヒ・ショッパー (Heinrich Schopper, 1881-1952)[19)20)]，アルフレート・カルシュ (Alfred Chalusch, 1883-1957)[21)22)]，ヨハン・ロートミュラー (Johann Rothmüller, 1882-1965)[23)24)] の6人である (Weihsmann, 1985)。

このうちフラス，ハウシュカ，ショッパー，カルシュの4人は，ウィーン美術アカデミー (Akademie der bildenden Künste Wien) で学んでいる。ミッタークはオーストリア工芸・産業美術館付属の工芸美術学校 (Kunstgewerbeschule, Österreichische Museum für Kunst uns Industrie) で学んだ後，さらにウィーン美術アカデミーで建築の専門教育を受けている。ロートミュラーの詳細な経歴は不明とされるが，建築事務所に勤務し，1916年の時点で建築士 (Architekt) として仕事をしていたとされる[23)]。つまり，この6人のうち，ロートミュラーを除く5人は正式な建築教育を受けた建築家であり，さらに，ロートミュラーは教育歴は不明であるものの，建築家として実務を行う能力を十分に持つ人物であったと考えてよいであろう。

6人の建築家としての経験を見ると，手がけた建築が最も多いのはフラスである。*Architektenlexikon*[14]では，彼の作品として35件が挙げられている。35件には，戸建て住宅や集合住宅のほか，ホテル，戦没者記念碑のデザインなどが含まれている。加えて，彼はゲーテ・ホーフ以前に「赤いウィーン」の市営集合住宅の設計を2件手がけている[25)26)]。

その他の建築家たちは，「赤いウィーン」の市営集合住宅の設計を中心に手がけた建築家たちであった。ミッタークとハウシュカはパートナーとして一緒に仕事し，ゲーテ・ホーフの設計以前に2件の市営集合住宅を手がけている[27)28)]。さらに，ショッパーとカルシュもパートナーとして仕事をしており，2人で同じくゲーテ・ホーフ以前に2件の市営集合住宅を手がけている[13)29)]。ロートミュラーは同じく市営住宅を1件設計している[30)]。このように，マイヤーと協働したのは，いずれも市営集合住宅の設計に経験のある建築家たちであることが明らかになった。

2-2-4．なぜ，アトリエ・ジンガー＆ディッカーが室内デザインを担当したのか

前述のように，ゲーテ・ホーフ幼稚園の園舎がマイヤーの設計によるものであることは間違いない。では，なぜ，アトリエS&Dが，この園舎の室内デザインを担当することになったのだろうか。

その理由の一つとして，マイヤーの急逝が挙げられるであろう。マイヤーは1930年2月27日に46歳の若さで亡くなった。亡くなった1930年にも，ウィーン市の別の市営集合住宅（Breitenseer Straße 108-112）を設計し[6)]，それが翌年完成していることからも，いかに急逝であったかがうかがえる。アトリエS&Dがこの幼稚園の室内デザインの依頼を受けたのは，1930年だとされる（Holzbauer, 1988; Makarova, 2001）。詳細な日付が不明なため，マイヤーの急逝後の依頼であるかどうかはわからないが，マイヤーの急逝により，急遽，アトリエS&Dが室内のデザインを手がけることになったことは十分に考え

られる。

　しかし，ウィーンの市営集合住宅では原則として住戸が300戸以上の場合には，幼稚園などの公共施設が併設されたため（田口，2007；2008），市営集合住宅の設計の際に幼稚園が含まれることは珍しくなかった。現に，表2-1に示すように，マイヤーと協働した建築家のうち，ロートミュラーを除く5人は，市営集合住宅に併設された幼稚園の園舎の設計を経験している。したがって，彼ら5人がマイヤーの急逝後，園舎の室内デザインを続けることも可能であったはずである。

　しかし，彼らがデザインを引き継ぐことはなく，室内をデザインしたのはアトリエS&Dであった。つまり，アトリエS&Dは，マイヤーの代役として急遽選ばれたのではなく，モンテッソーリ教育のための物理的環境をよりよく実現するために，あえて室内デザインに定評のある，このアトリエS&Dが選ばれたのだとも考えられよう。

　表2-1に見るように，マイヤーはゲーテ・ホーフの幼稚園の設計を手掛ける以前に，市営集合住宅に併設された幼稚園を2件，その他に幼稚園3件を設計している。このため，マイヤーは幼稚園の設計に関する知識を十分に持っており，他の建築家が設計した園舎についても常に関心を払っていたことが推測される。さらに協働した建築家のうちの5人も，市営集合住宅内に併設された幼稚園の設計を行っており，幼稚園建築に関する知識があったと考えられる。

　ウィーン市では1922年に最初の「子どもの家」が開設され，その後は市の教育政策に取り入れられるなど，モンテッソーリ教育は急速に普及した。前述のルービツェクらが2年をかけて計画した「子どもの家」は，1930年に開設されようとしていた。当然，マイヤーらはウィーンで普及しつつあったモンテッソーリ教育を知り，「子どもの家」の物理的環境についても知識があったはずである。そして，彼らは，モンテッソーリ教育においては園舎だけではなく，設備，家具，道具などの物理的環境が重要であることを認識して

いたことも十分考えられる。

　さらに、マイヤーは1925年に独立して以後、70～100戸程度の市営集合住宅を手掛けるにとどまっており、彼はコンペで勝ち取った700戸を超える住戸を有するゲーテ・ホーフの設計に、並々ならぬ意気込みで臨んだはずである。そこで、マイヤーは、モンテッソーリ教育のための物理的環境をよりよく実現するためには、自らがデザインするのではなく、当時、室内デザインに定評のあったデザイナーを探したとは考えられないだろうか。

　ゲーテ・ホーフ幼稚園の室内デザインを手がけたアトリエS&Dは当時のウィーン市で最も成功していたアトリエの一つであった（Makarova, 2001）。国際的に近代デザインを牽引した教育機関であるバウハウスの二人の卒業生によって設立されたこのアトリエは、室内や家具のデザインを得意としていた。たとえば、$Architektenlexikon$[31)32)]によれば、このアトリエは建築設計（5件）よりも室内デザインを多く（7件）手がけ、さらに、それ以外にも多くの室内、そして家具のデザインを手がけたと記されている。一方、同じく$Architektenlexikon$[6)]によれば、マイヤーが室内のデザインを手がけた記録は無い。また、6人の建築家らでは、フラス[14)]が展覧会の展示スペースのデザイン、ショッパー[19)]が劇場の内装を手がけただけにとどまり、室内デザインの十分な経験がある建築家はいなかったと言える。

　前述のように、アトリエS&Dへの園舎の室内デザインの依頼の詳細が不明なため、その依頼がマイヤーによるものか、協働した6人の建築家らによるものなのか、正確な時期はいつだったのかなどはわからない。しかし、マイヤーと6人の建築家たち、そしてアトリエS&Dの経歴や作品を考慮すると、マイヤーが急逝した後の単なる代役としてアトリエS&Dが選ばれたとは考えにくい。すなわち、モンテッソーリ教育のためのより良い物理的環境を実現するために、室内デザインを得意とするアトリエとして実力が評価されていたアトリエS&Dが選ばれ、この園舎の室内デザインを担当したと考えるのが妥当であろう。

2-3. アトリエ・ジンガー&ディッカーとは

ゲーテ・ホーフ幼稚園は園舎の建物を設計したフーゴ・マイヤーの作品としてではなく，アトリエS&Dの作品として認知され，彼らの室内デザインがこの幼稚園の物理的環境を特徴づけ，優れた作品として位置づけられている（Hausegger, 2006）。

アトリエS&Dは，共にバウハウスで学んだ，建築家でデザイナーのフランツ・ジンガー（Franz Singer）とデザイナーのフリードル・ディッカー（Friedl Dicker）によって設立されたアトリエである（図2-5, 2-6）。彼らはどのような建築家，およびデザイナーであったのか。本節では彼らの経歴を以下の3期に分けて述べていく[33]。ウィーン〜バウハウス期，アトリエS&Dでの活動，ウィーン以後の3期である。

2-3-1. ウィーン〜バウハウス期

フランツ・ジンガー（Franz Singer, 1896-1954）とフリードル・ディッカー（Friedl Dicker, 1898-1944）は，ともにウィーン市のユダヤ人家庭の出身である。ジンガーは幼少の頃から絵画を学んだ。ディッカーは初めは写真を学んでいたが，のちに絵画を学んだ。

ジンガーとディッカーは1916〜1917年頃，画家で優れた美術教育の教育者であったヨハネス・イッテン（Johannes Itten,

図2-5 フランツ・ジンガー
(Franz Singer, 1953年)
撮影：Lotte Meitner-Graf
所蔵：Bauhaus-Archiv Berlin （Inventory no. 12001）
©The Lotte Meitner-Graf Archive

図2-6 フリードル・ディッカー(Friedl Dicker, 1920年代)
撮影：Lily Hildebrandt
所蔵：Bauhaus-Archiv Berlin　(Inventory no. F9058/1)
©Alexandra Hildebrandt, Mauermuseum － Museum Haus am Checkpoint Charlie, Berlin

1888-1967)がウィーン市に開設した美術教育の私塾で共に学び始め，意気投合したという。1919年にイッテンは，その年にドイツのヴァイマル（Weimar）に開校し，のちに近代デザインおよび建築を牽引する教育機関となるバウハウスに招聘され，教員（Meister・親方）として着任した。これに伴い，ジンガーとディッカーも他の14人の学生と共にヴァイマルに移り，バウハウスに入学した（イッテン，1963/1970）。

　ジンガーとディッカーはバウハウスにおいても，デザインの基礎課程にあたる予備課程（Vorkurs）を担当したイッテンのもとで学び続けた。その後，ジンガーは建築家でバウハウスの初代校長であったヴァルター・グロピウス

(Walter Gropius, 1883-1969) が担当した家具工房に所属し，家具のデザインを学んだ（セゾン美術館，1995）。バウハウスでは，学生はまず，予備課程で半年間学んだ後，家具や彫刻，織物などの各工房に 3 年間所属し，造形や形態，さらには，実践的な製作について学ぶ。その後，それらを統合する形で建築を学ぶことが目指されていた。ジンガーはウィーン市で学んでいた頃から建築家を志していたが，ジンガーらがバウハウスに在学した1923年までの時点では，バウハウスではまだ正式な建築教育が始められていなかった（利光，2009）。しかし，ジンガーは，1922年にはヴァイマルのバウハウス・ジードルング（Bauhaus-Siedlung, 教師と生徒たちの宿舎を中心とする集団住宅地区）の設計に携わっており，正式な建築教育は始められていなかったものの，グロピウスの指導の下で，仲間たちとともに，バウハウスで建築設計の技術を身につけたと考えられる。

　一方，ディッカーはイッテンのもとで学んだ後，印刷技術，金属加工，織物，彫刻などを学んだとされ，特に友人のアニー・ヴォティッツ（Anny Wottiz）と共に考案した製本の技術は，現在もバウハウスに伝えられる技術となった。1921年に教員として画家のパウル・クレー（Paul Klee, 1879-1940）が着任すると，ディッカーはクレーから芸術家としてだけではなく，教師としてのあり方についても強い影響を受けたという。その影響は生涯に及んだといい（Makarova, 2001），クレーに学んだことが後年，子どもの美術教育に献身的に取り組んだ彼女を支えたと考えられる。ディッカーは優秀な学生であったことから，予備課程での教育にも携わり，これがバウハウスにおいて学生が教育に携わった最初の例であったと言う。

　1923年の夏，開校から 4 年を経たバウハウスは，その教育の成果を広く公開するべく，「第一回バウハウス展」を開催し，それを記念して教育の成果をまとめた書籍『ヴァイマルの国立バウハウス 1919-1923』（国立バウハウス・ニーレンドルフ，1923/2009）を出版している。その書籍には，ディッカーの予備課程での習作 1 点と，自由作品として水彩画 2 点が収録されている。

ディッカーは，のちに子どもの美術教育に取り組むとともに，自身の絵画制作にも打ち込んだが，バウハウス時代から彼女の絵画の評価が高かったことがうかがえる。一方で，この書籍にジンガーの作品は収録されていない。

　加えて，2人は短期間であったが舞台工房で学び，バウハウス在学中からベルリンなど，ドイツ各地で舞台美術や衣装デザインを手がけた。

　1923年の春，イッテンがグロピウスとの確執からバウハウスを去ると，ジンガーとディッカーも新しいチャンスを求めてバウハウスを離れた。

2-3-2．アトリエ・ジンガー&ディッカーでの活動

　ジンガーとディッカーはベルリンに移り，1923年に友人らともに「視覚芸術工房」（Werkstätten Bildender Kunst）を設立した。この工房では，インテリア，テキスタイル，おもちゃのデザイン，本の装丁，舞台美術などを行った。

　その後，1923年または1925年にディッカーはひとりでウィーン市に戻り，ウィーン時代からの友人でバウハウスでも共に学んだヴォティッツとテキスタイル，皮革製品のデザイン，本の装丁などを行うアトリエを開設した。さらに1925年には，ディッカーはウィーン市に2つ目のアトリエを開設し，友人らとテキスタイルや皮革製品のデザインを行っていた。

　1925年または1926年に，ジンガーもウィーン市に戻ると，2人は共同でディッカーの2つ目のアトリエの場所に，アトリエS&Dを開設した。アトリエS&Dでは，住宅，商店，幼稚園の設計の他に，室内デザイン，家具，テキスタイル，おもちゃのデザインなどを手がけている。彼らは互いに良きパートナーであり，ジンガーが基本となる建築を設計すると，ディッカーがそれに生命を与えるようにデザインを加えていったと言う。2人は色や素材，布地などを実験的に使用することをいとわず，常に新しいデザインを求めていたとされる（Makarova, 2001）。前述のように，*Architektenlexikon* によれば[31)32)]，代表作として建築設計よりも，室内デザインの件数の方が多く挙げられ，そこに記されたよりもさらに多くの室内，家具のデザインを手がけた

と記述されており，このアトリエが室内デザインを得意としていたことがわかる。代表作には建築設計にヘラー（Heller）テニスクラブのクラブハウスとスポーツ施設（1928），ガリドー＆ヤーネ菓子店（Confiserie Garrido & Jahne, 1931），ヘリオット（Heriot）夫妻のためのゲストハウス（1932-34），室内デザインにモラー（Moller）夫妻の住宅（1927），Dr.ライズナー（Dr. Reisener）の住宅（1929），ヘリオット夫妻の本宅のホール（1932），Dr.エプシュタイン（Dr. Epstein）の住宅（1933）などがある。家具のデザインにも取り組み，ウィーンの現代インテリア展（Moderne Inneneinrichtungen）などの展覧会に出品し，表彰されている。

　アトリエ S&D は，中央ヨーロッパ全体に顧客を持つ成功したアトリエとなり，人々はアパート全体を彼らの家具で揃える余裕はなくても，せめて一つでも彼らのデザインしたイスやテーブルなどの家具を持ちたいと思うような存在であったと言う（Makarova, 2001）。本研究で分析するゲーテ・ホーフ幼稚園の室内デザインを手がけたのも，まさにこの時期であった。

　後に，アトリエ S&D における 2 人の協働は，ジンガーとディッカーの個人的な不和が理由で解消された。2 人はウィーン市のそれぞれ別の場所に新しいアトリエを開設し，活動を始めた。

2-3-3．ウィーン以後
(1)ウィーン以後のジンガー

　1934年になると，ジンガーはウィーン市で自身のアトリエを続けながらも，ロンドンに移住した。その後，ウィーン市に残したアトリエは，1938年に所員のポルディ・シュロム（Poldi Schrom）によって解散された。ロンドンでは，ジンガーはフリーの建築家として活動しながら，保育施設などで使用する家具などを制作する会社（Nursery-Furniture Blackboard & Toycupboard, London）にも勤務している。また，ロンドンでの協力者の 1 人は，ゲーテ・ホーフ幼稚園の園長であったヘディ・シュヴァルツ-アブラハム（Hedy

Schwarz-Abraham）であり、これらのことから、子どものためのデザインが、ジンガーにとって大きなテーマとなったことが考えられる。ジンガーは1954年に、ベルリン訪問中に死去した。

(2) ウィーン以後のディッカー

　ディッカーもウィーン市に新しいアトリエを構えた。ウィーン市に戻って以来、政治に関心を持っていたディッカーは、1930年代に入るとドイツでナチスが躍進するなどの状況下で、ファシズムに対抗する手段として、1931年頃までには共産党員になっていた（Makarova, 2001）。彼女の新しいアトリエは、この共産主義の思想をもつ仲間との議論の場となった。そして、1934年には、ディッカーは反ファシズム運動に加わった疑いで逮捕されている。このときは、ジンガーがディッカーは反ファシズム運動に関わってない旨の証言をし、釈放されたが、これ以降、ディッカーはウィーン市を離れた。

　ウィーン市を離れて以後のディッカーは、テキスタイルのデザインなどを続けたものの、活動は絵画の制作と子どもへの美術教育が中心になっていった。プラハに移住してからは、同じくオーストリアやドイツから避難してきた子どもに美術を教えた。自身の絵画制作も盛んに行い、1940年にはロンドンのアーケード・ギャラリー（the Arcade Gallery）でディッカーの生前唯一の個展が開催された。彼女は会場を訪れることができなかったものの、静物画、風景画、花を描いた絵画などが展示された（Makarova, 2001）。

　ユダヤ人への弾圧が一層強まるにつれ、ディッカーは夫とともに避難を続けたが、1942年にプラハの北のテレージエンシュタット（Theresienstadt）の収容所に強制移送された。収容所に移ってからも、ディッカーは絵画の制作と子どもへの美術教育を続けた。収容所の子どもたちにとって、彼女の美術の授業は大きな喜びであり、救いであったという。その後、1944年10月9日、ディッカーはアウシュヴィッツのビルケナウ（Auschwitz-Birkenau）の第二強制収容所でガス室に送られ、亡くなった。

ディッカーは生前，収容所の子どもたちが描いた絵画をトランクに詰め，テレージエンシュタットの収容所の屋根裏に隠していた。1945年8月末，収容所の監督であり，自身も収容者であったヴィリー・グロアーク（Willy Groag）によって，これらの絵画はプラハのユダヤ人協会会館（the Jewish Community Center，現在のJewish Museum, Prague）に持ち込まれた。これらの絵画は5,000枚を超えていたという。当時，これらの絵画はすぐには評価されなかったものの，後に収容所という厳しい環境にありながらも，美術教育を通して，子どもたちに希望を与え続けた教師として，ディッカーは高く評価されることになった。

3．アトリエ・ジンガー＆ディッカーに関する先行研究

3-1．アトリエ・ジンガー＆ディッカーについて

アトリエS&Dについてはバウハウス・アーカイブに所蔵されている資料などをもとに，展覧会が開催されている。彼らのデザインについては，この展覧会開催時のカタログ（Holzbauer, 1988; Wilberg-Vignau, 1970）において論じられている。なお，両カタログにおいて，本研究で分析対象とするゲーテ・ホーフ幼稚園についても紹介されている。

1999年から開催されたディッカーの強制収容所での美術教育に関する世界巡回展におけるカタログ（Makarova, 2001）においても，アトリエS&Dのデザインについて取り上げられている。加えて，*Architektenlexikon*[31)32)]においても，建築学やデザインの分野における彼らの作品についての位置づけが論じられている。

それらによると，ジンガーとディッカーは，バウハウスの卒業生として，ウィーンで活躍し，成功した数少ないデザイナーであると位置づけられている。彼らは，特に室内や家具のデザインの評価が高く，色彩，素材，布地を

実験的に用い，常に新しいデザインを目指していたとされる。中でも，優れた折りたたみ式の家具をデザインし，限られた空間を多機能に活用することを目指していたことが指摘されている。また，実現はされなかったものの，大量生産を目指して，家具の規格化などを進めていたことも明らかにされている。

3-2. ディッカーについて

　フリードル・ディッカーは収容所における美術教育が高く評価され，たびたび展覧会が開催されている。したがって，先行研究も彼女の美術教育に関連するものが主である。彼女の美術教育の全貌を明らかにしたものとしては，前述の世界巡回展の際のカタログが詳しい（Makarova, 2001）。加えて，テレージエンシュタットの強制収容所での美術教育と彼女が師事したイッテンの芸術教育や，進歩主義教育における美術教育との共通点を指摘した研究（Leshnoff, 2006）や，収容所の子どもに希望を与えた芸術教育を芸術療法（art therapy）の先駆的な例と位置づけ，バウハウスの教育との関連を考察した研究（Wix, 2009），現在の教育では重視されなくなりつつある美術教育の重要性を捉え直すため，ディッカーの美術教育を分析した研究（Spitz, 2012）などがある。さらにディッカーが収容所の子どもが演じる演劇を積極的に支援したことに注目し，収容所におけるディッカーの役割を論じた研究（Glazer, 1999）もある。また，バウハウス時代の初恋の人であった作曲家シュテファン・ヴォルペ（Stefan Wolpe, 1902-1972）との関係からディッカーの人物像を論じた論文（Zimmermann, 2008）もある。また，わが国ではディッカーの強制収容所での子どものための美術教育についての児童書（野村，1993）も出版されている。

3-3. ジンガーについて

　現在までのところ，筆者が検討した限りでは，フランツ・ジンガーに関す

る先行研究は見当たらなかった。

　以上のように先行研究を検討すると，まずアトリエ S&D のデザインについては，展覧会のカタログと *Architektenlexikon* における記述に限られている。ディッカーについては，彼女の美術教育に関する研究は多いものの，デザインについて論じた研究はほとんど見られない。前述のように，ゲーテ・ホーフ幼稚園の園舎は，展覧会のカタログでは紹介されてはいるものの，十分に分析した研究は見られなかった。このようなことから，筆者が検討した限りでは，アトリエ S&D のデザイン，および，ゲーテ・ホーフ幼稚園について，これまで十分に論じられた研究はないと考えられる。

　そこで，次の 4 ではゲーテ・ホーフ幼稚園についての現存する資料を用いて，アトリエ S&D がどのようにモンテッソーリ教育のための物理的環境を実現したのかを，検討することにする。

4．ゲーテ・ホーフ幼稚園の物理的環境の分析

4-1．研究 2 の目的

　本章の目的は，モンテッソーリが著作の中で記述した物理的環境を，デザイナーが実際の園舎でどのように実現し得たのかを，園舎の実例を分析することで明らかにすることである。分析対象はウィーン市の市営幼稚園であるゲーテ・ホーフ幼稚園である。

　前述のように，園舎は建築家フーゴ・マイヤーによる設計により，1930 年に完成し，1930～32 年にアトリエ S&D が室内をデザインした。アトリエ S&D は設備，家具そして室内の色彩計画に至るまでデザインし，このデザインが園舎を特徴づけ，ゲーテ・ホーフ幼稚園の作者はアトリエ S&D であると認知されている（Hausegger, 2006）。そこで，本研究でも，アトリエ

S&Dの作品として分析する。

　まず初めに，第Ⅰ章のモンテッソーリの著作の分析によって明らかにしたモンテッソーリ教育における「物理的環境の具体的な特徴」を指標として用いて，モンテッソーリが記述した物理的環境が，ゲーテ・ホーフ幼稚園においてどの程度実現されているかを明らかにする。次に，ゲーテ・ホーフ幼稚園の主要な3室－保育室，クローク，プレイルーム－を詳しく分析する。そして，これらの分析結果を踏まえ，ゲーテ・ホーフ幼稚園の室内デザインにおけるアトリエS&Dのデザインの特色を明らかにする。

4-2．分析に用いた資料

　本研究の分析に用いたのは，ベルリンのバウハウス・アーカイブ（Bauhaus-Archiv）が所蔵し，閲覧可能なゲーテ・ホーフ幼稚園に関するすべての資料，平面図7点，彩色されたアクソノメトリック図6点，写真86点である。

　平面図のうちの1階平面図および配置図，2階平面図，3階平面図の3点，そして，彩色されたアクソノメトリック図6点は，スキャナによりデジタル化された資料をバウハウス・アーカイブから入手し，使用した。写真86点は，筆者が2008年7月にベルリンのバウハウス・アーカイブにて，収蔵されている資料を，バウハウス・アーカイブの許可を得て，写真撮影し，収集したものである[34]。この写真の多くはゲーテ・ホーフ幼稚園での保育場面を撮影したスナップ写真で，子どもが物理的環境を使用している様子がよくわかるものである。このスナップにたびたび登場するのが，当時の園児のひとりであった前述のゲオルク・アイスラーである。

　加えて，ゲーテ・ホーフ幼稚園の図面，アクソノメトリック図，写真を使用して，アトリエS&Dが制作したコラージュ作品1点も分析対象の資料とした。このコラージュ作品もバウハウス・アーカイブが所蔵しているが，2008年7月の訪問時には閲覧することができなかった。しかし，この作品には現在バウハウス・アーカイブが所蔵していない，おそらくは失われてしま

った図面や写真も含まれており，貴重な資料だといえる。そこで，このコラージュ作品はミュラーらの文献（Müller & Schneider, 2002）に収められているものを利用した。

　前述のように，ゲーテ・ホーフ幼稚園の内部は破壊されたために現存していないが，残されたスナップ写真から，当時の内部の設備にはアトリエS&Dのデザインがほぼそのまま実現されていたと判断できた。そこで，以下では，上述した資料を総合して用いて，ゲーテ・ホーフ幼稚園の物理的環境の特徴を検討する。

4-3．図面の寸法と子どもの体格の検討

4-3-1．平面図の寸法の算定についての検討

　分析に用いたバウハウス・アーカイブが収蔵している平面図7点はいずれも原図ではなく，図面を撮影したものを縮小し，写真としてプリントしたものである。7点はいずれも，縮尺が記入されているものの，寸法が記入されておらず，園舎の正確な寸法は不明である。さらに筆者は，2008年7月に現地を訪れたものの，園舎のあった建物は内部の改修工事中であり，建物内に立ち入ることができなかった。そのため，実測から園舎の寸法を明らかにすることもできなかった。

　一方，彩色されたアクソノメトリック図（以下，アクソメ図と表記）は，6点とも原図である。アクソメ図は図法の特性から，図2-7に示すX，Y，Z軸上は，縮尺に合わせた実長で描かれている。このバウハウス・アーカイブが所蔵するアクソメ図は，トレーシングペーパーに鉛筆で製図し，それをテンペラ絵具で彩色している。経年によりトレーシングペーパー全体に縮みが見られ，中でも特にテンペラ絵具で彩色された部分に強い縮みがみられる。そのため，一部に寸法の歪みが推測される。しかし，このアクソメ図以外に寸法の基準とできる原図がないことから，このアクソメ図を基準に実際の寸法を割り出すことにした。

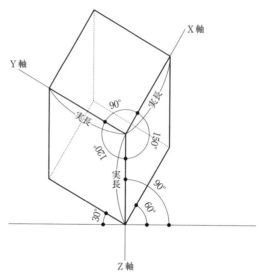

図2-7 アクソノメトリック図法の特性：
X，Y，Z軸上は縮尺にあわせた実長である。
櫻井(2010)に掲載の図(p.19)を参考に加筆し，筆者作成。

　ゲーテ・ホーフ幼稚園で主として使用していた2階の平面図[35)]には，1：50という縮尺が記入されている。一般に，アクソメ図を製図する場合，前述のようにX，Y，Z軸上は縮尺に合わせた実長で描くため（櫻井，2010），平面図を利用しながら描くことが多く，平面図の縮尺とアクソメ図の縮尺が同一であることが多い。

　彩色されたアクソメ図では，保育室Ⅰの南の窓側の壁の内寸はおよそ7,800mm，教具棚と私物棚が並ぶ東側の壁の内寸はおよそ6,000mm である。そこで，この寸法を基準に2階平面図を拡大することにし，この寸法が妥当であるかを検討することにした。

　まず，拡大した2階平面図の階段の踏み面の寸法を割り出したところ，階段の踏み面は300mm であった。わが国の幼児教育施設の基準（児童福祉施設の設備及び運営に関する基準，幼稚園設置基準，およびこども園に関する基準[36)]）や

建築基準法施行令には，幼児教育施設の階段の踏面の寸法に関する規定が無い。そこで，建築設計資料集成（日本建築学会，1980）に掲載されている保育所と幼稚園の階段の踏面の寸法の実例をみると，内部階段では240〜247mm，外部階段では300mmであった。保育所・幼稚園の設計を多く手がけた小川（小川，1985）は踏み面は275mm程度とするのが適当だとしている。ゲーテ・ホーフ幼稚園の階段は内部階段であるものの，子どもが靴を着用して使用する階段であることから，外部階段に近いものであると考えられる。したがって，ゲーテ・ホーフ幼稚園の階段の踏み面が300mm程度というのは，適当な寸法であると思われる。

　さらに，平面図に描かれた子どもの一人用のイスの座面の寸法を割り出したところ，幅300mm，奥行き300mm程度となる。現在のわが国の子ども用のイスは，3〜5歳児用は幅270mm，奥行270mm（小川，1985），または，幅320mm，奥行き225〜260mm程度（西日本工高建築連盟，1990）であり，平面図に描かれたイスの寸法は妥当だといえよう。またさらに，子ども用の玄関の幅も1,200mm程度，保育室Ⅱの入り口の幅が850mm程度と算定され，これらも適当な寸法であるといえるだろう。

　以上のような検討から，アクソメ図は1：50の縮尺で描かれていると考えて問題はないであろう。そこで本研究では，このアクソメ図の寸法を基準として，1〜3階の平面図および配置図の寸法を算出した。

4-3-2．子どもの体格の検討

　第Ⅰ章で明らかにしたように，モンテッソーリは「子どもサイズ」の物理的環境を実現するために考慮すべき点の一つとして，子どもの体格を挙げていた。以下のゲーテ・ホーフ幼稚園の分析においても，子どもの体格にとって適切な寸法であったかにも注目することになる。本研究で分析対象としているモンテッソーリ教育における物理的環境は，主として3〜6歳児を対象としている。そこで，1930年当時の3〜6歳児の体格について検討し，後述

表2-2 子どもの体格

(cm)	3歳児	6歳児
身長	85	107
腰の高さ	45.6	58.7
使用可能な引き出しの高さの上限	76.5	96.3
棚から物を出し入れできる高さの上限	97.8	123.1

Montessori（1909）と平成19年度学校保健統計調査速報の「年齢別平均身長の推移（明治33年度〜平成19年度）」（文部科学省），及び，人間生活工学研究センターの子どもの身体寸法に関するデータベース[38]を参考に筆者作成．

のゲーテ・ホーフ幼稚園の分析の際の指標とすることにした（表2-2）。

当時のイタリアの子どもの体格に関して，モンテッソーリは最初の著作（Montessori, 1909, pp.106-107）において，3歳児で身長約85cm，6歳児では身長105cmだと記述している。しかし残念ながら，1930年当時のイタリアの子どもの身長は不明であり，同様に1909年，および，1930年当時のウィーン市の子どもの身長も不明である。

そこで，参考のために，わが国の子どもの身長を調べたが，1909年，および，1930年当時の3歳児の子どもの平均身長は不明であった。そのため，3歳児の平均身長はモンテッソーリが著作に記述した，1909年当時の3歳児の平均身長85cmを参考として使用することにした。

一方，1909年のわが国の6歳児の平均身長は，女児は105.5cm，男児は106.7cmであり[37]，当時のイタリア（105cm）と日本の子どもの身長には大きな差は見られないことがわかった。そこで，日本の子どもの平均身長から，イタリアと同じ欧州のオーストリアのウィーン市の子どもの平均身長を推測しても大きな差は無いだろうと考えられる。1930年の日本の6歳児の平均身長をみると，女児106.9cm，男児108.1cmであったことから，ゲーテ・ホーフ幼稚園が設計された1930年当時のウィーン市の子どもの平均身長は，107cm程度であったと考えて良いだろう。

さらに，物理的環境が子どもの体格に適切なものであるかを考慮するため

の目安となる寸法として，子どもの腰の高さ（腸骨稜上縁高：床面から骨盤の最も外側に突出している点の高さ）を使用する。1909年および1930年当時のイタリア，日本，ウィーン市の子どもの腰の高さは不明であるため，現在のわが国の子どもの身体寸法を参考にした[38]。それによれば，本研究で参考として使用する3歳児の平均身長に近い身長80〜89.9cmの子どもの腰の平均高さは45.6cm，6歳児の平均身長に近い身長100〜109.9cmの子どもの腰の平均高さは58.7cmである。

また，収納棚などの高さを検討するために，建築設計資料集成（日本建築学会，2005）を参考に体格に適切な高さを算定した[39]。算定したのは，使用可能な引き出しの高さの上限と，棚から物を出し入れできる高さの上限である。使用可能な引き出しの高さの上限は，3歳児では76.5cm，6歳児では96.3cmである。棚から物を出し入れできる高さの上限は，3歳児では97.8cm，6歳児では123.1cmである。

4-4．ゲーテ・ホーフ幼稚園の園舎の概要

4-4-1．ゲーテ・ホーフ幼稚園の園舎の構造

ゲーテ・ホーフ幼稚園は，市営集合住宅ゲーテ・ホーフの正面ゲートに向かって左側の中庭に，園舎として独立に建設された建物に開設された。この園の敷地面積は，およそ$1,570.3m^2$である。園舎は，レンガ造の3階建てである。1階床面積は約$353.3m^2$，2階床面積は約$360.6m^2$，3階床面積は約$347.0m^2$であり，延べ床面積は約$1,060.9m^2$である。

ゲーテ・ホーフは1934年の内戦時に戦闘の舞台となり，建物も被害を受け，内部が焼失するなどの被害を受けたものの，レンガ造であったため建物自体は焼け落ちることはなかった。その後，幼稚園および住居棟は改修され，現存している。中庭を取り囲むように四方に道が通り（図2-8），道に取り囲まれた中庭の緑地部分が周囲より掘り下げられ，低くなっている。園舎は，この掘り下げられた緑地部分に建設されている。玄関は中庭を取り囲む道の高

図2-8　ゲーテ・ホーフ幼稚園1階平面図および配置図（1932年）
所蔵：Bauhaus-Archiv Berlin　（Inventory no. 7911/17, 撮影：Pfitzner-Haus）
©Daniela Singer

さに設置されているため，1階と2階の間のいわば中2階に位置する。

　1階の平面図および配置図（図2-8）が不鮮明であるため，中庭がどの程度周囲より掘り下げられているのかは不明である。そこで，2階平面図より算出することにした。2階は玄関より10段の階段を登った高さに位置していることから，1階も玄関より10段の階段を下がった高さに位置していると推測した。階段の踏面と同様に，幼児教育施設の外部階段を参考に（日本建築学会，1980），蹴上高さを150mmとすると，階段10段分，およそ1,500mm程度掘り下げられていると推測される。なぜ，中庭が周囲より掘り下げられたのかは不明であるが，園舎は真南に面して建設されていることから，園舎の後方に位置する住居棟への日照をさえぎらないための配慮であったのだろう

か。

　以上のように，園舎北側の玄関は中庭を取り囲む道の高さに設置されており，上記の算出から園舎は道より1,500mm程度掘り下げられた地盤に立っている。したがって，玄関のある北側から見ると園舎は2.5階分ほどしか見えない（図2-9）。一方，掘り下げられた地盤にある南側の園庭から見ると，園舎の1階部分から3階部分までその全貌を見ることができる（図2-10）。

4-4-2．園舎の構成

　園舎は，中2階に玄関があり，玄関は子どもと保護者の出入り口が分かれて設置されている。幼稚園は玄関より10段の階段を上った2階を主として使用している。

　2階（図2-11）は保育室が2つと，プレイルーム（ピアノや楽器が置かれ，主として音楽室として使用されていたと思われる），クローク兼居間兼午睡室（クロークを居間，午睡室として多機能に使用），事務室，厨房，洗面室・トイレなどがある。2階平面図（図2-11）に見るように，保育室とプレイルームが園舎の南側に並ぶように配置され，保育室やプレイルームの南面に設けられた窓は真南に向いている。

　1階（図2-8）は2つの体育室と用具室，洗面室・トイレ，暖房室などがあり，園庭へは体育室の一つを通って出る。園庭にはプールや砂場のほか，さまざまな遊具が置かれている。

　3階には，教師の休憩室のほか工作室，3つの作業室などがある。なお，本研究で分析に用いるバウハウス・アーカイブが所蔵している写真は，いずれも園舎の2階部分を撮影した写真であった。そのため，1階と3階がどのように使用されていたかは不明である。以上のようなことから，以下の分析では2階部分のみを検討することにした。

図2-9 ゲーテ・ホーフ幼稚園の入口のある北側から眺めた様子：
左のアーチが子ども用入口，右のアーチが保護者用入口である。園舎は1,500mm程度掘り下げられた中庭の地盤に建てられたため，北側からは2.5階分ほどしか見えない。
2008年7月 筆者撮影 ©高橋節子

図2-10 ゲーテ・ホーフ幼稚園の南側園庭から眺めた様子：
南側の園庭から眺めると3階建ての園舎の全貌を見ることができる。
2008年7月 筆者撮影 ©高橋節子

第Ⅱ章　建築家・デザイナーによるモンテッソーリ幼稚園の実現：研究2　105

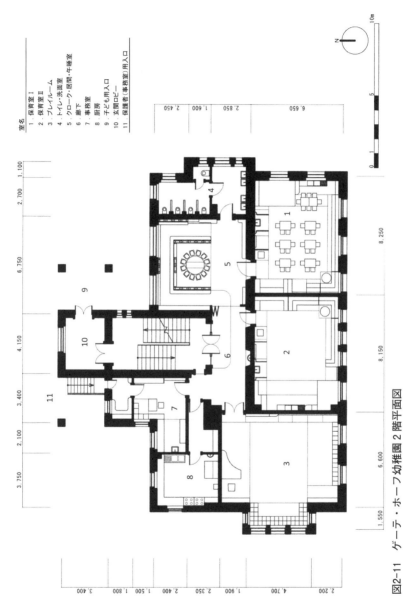

図2-11　ゲーテ・ホーフ幼稚園2階平面図
バウハウス・アーカイブ所蔵の2階平面図（Inventory no. 09361/001）をもとに作成（©高橋節子）

室名
1. 保育室Ⅰ
2. 保育室Ⅱ
3. プレイルーム
4. トイレ洗面室
5. クローク・居間・午睡室
6. 廊下
7. 事務室
8. 厨房
9. 子ども用入口
10. 玄関ロビー
11. 保護者（事務室）用入口

4-5. ゲーテ・ホーフ幼稚園におけるモンテッソーリが理想とした物理的環境の実現度

4-5-1. 実現した割合

　第Ⅰ章のモンテッソーリの著作の分析によって，モンテッソーリ教育のための「物理的環境の具体的な特徴」が明らかになった。これらは，モンテッソーリが理想とする物理的環境の一例であり，必ず守るべき規定ではないと考えられた。しかし，本分析では，まず，モンテッソーリが理想とする物理的環境が，ゲーテ・ホーフ幼稚園においてどの程度実現されていたかを判断する指標として，彼女が記述した「物理的環境の具体的な特徴」を使用することにした。

　著作の内容分析から明らかになったモンテッソーリ教育のための「物理的環境の具体的な特徴」は，108～109ページの表2-3に示した48項目にまとめられた。ゲーテ・ホーフ幼稚園でこれらの項目を実現しているか，否かを分析した。ただし，48項目中4項目については，図面や写真などから実現しているか，否かの判断ができなかったため，これらの4項目は後述のパーセンテージの計算時には除いて，分母を44として算出した。

　分析の結果は表2-3に示した。まず，著作の記述通りに実現していた項目は，32項目（実現度は72.7％）であった。さらに，記述とは異なる方法で実現していた項目は，7項目（15.9％）であった。これらを合わせると，ゲーテ・ホーフ幼稚園でモンテッソーリが理想とする物理的環境を何らかの形で実現していた項目は39項目で9割近く（88.6％）となった。実現していない項目は，5項目（11.4％）であった。

4-5-2. 実現されなかった物理的環境

　実現されなかった項目とは，どのようなものであったのか。まず，ゲーテ・ホーフ幼稚園では「浴室」が設置されなかった。「浴室」の設置は，「日

常生活の練習」を活動の一つとするモンテッソーリ教育に特有のものであると言えよう。この園舎は，マイヤーの設計によって1928年から1930年にかけて建設され，マイヤーが設計した時点では，この園舎でモンテッソーリ教育が実践されることは，決定していなかったことも考えられる。そのため，マイヤーが「浴室」を設計することはなかったと考えられないだろうか。

　次に，庭に「屋根」は設置されていない。前述のようにゲーテ・ホーフ幼稚園は，主として園舎の2階を使用したため，園庭に「教室から直接出入り可能」ではなかったことがその理由であると思われる。モンテッソーリは多くの時間を園庭で過ごすことを理想とし，そのために「屋根」を設けることが望ましいとしたが，ゲーテ・ホーフ幼稚園では園舎の構成上の制約から，それを実現することは難しかったと考えられる。そのため「屋根」は設置されなかったのであろう。

　保育室に使用人数が異なる「机」を数種類設置しなかった理由については不明である。しかし，後述のように，ゲーテ・ホーフ幼稚園の保育室は手狭であり，その手狭な保育室を多機能に使用するように計画しなければならなかった。そのため，設置する机が限られてしまったことが考えられる。「居間」も後述のように限られたスペースを多機能に使用したことから，数種類の机を置くスペースを確保することが難しかったのではないかと推測される。さらに，「教具棚」は壁際に作り付けられているため，「教具棚」を軽量にすることは実現されなかった項目となった。

4-5-3．道具について

　道具に関する項目は，食器類に関しては実現されていることがわかった。ルービツェクが1922年にウィーンで最初に開設した子どもの家には，ドイツのイェーナのモンテッソーリ・スクールからバウハウス特製のマグカップのセットが贈られている（Kramer, 1976/1981/1988）。このことから，ゲーテ・ホーフ幼稚園でも食器やスプーン，フォークなどのカトラリー類にも質の良

表2-3 モンテッソーリの著作における物理的環境の具体的な特徴の実現度

園舎の構成	主室	保育室	○	
	事情が許せばもうけると良い部屋	食事室	▲	⎫ 保育内に配置
		化粧室（洗面台を設置）	▲	⎭
		浴室	×	
		居間または休憩室	▲	クローク，午睡室を兼ねる
		工作室	―	3階に工作室があるが園児が使用していたかは不明
		体育室	○	1階に2室設置されている
	庭	教室から直接出入り可能に	▲	教室内に花壇を設置
		屋根の設置	×	
子どもが使用する部屋	開口部	窓：子どもが外を眺められる高さ	○	
		ドア：ドアノブは子どもの手が届く高さ	―	
	保育室	教壇や教師用の机：設置しない	○	
		黒板：四方の壁の低い位置に設置	○	
		床：カーペットを広げて作業できるように広くとる	○	机の横でカーペットを広げて活動することができるほど広い
		植物や花を設置するスペースを取る	▲	教室内に花壇を設置
		絵画を設置するスペースを取る	○	絵を飾るためのレールを壁に設置
	居間保育室のクワイエット・コーナー	さまざまな大きさ（使用人数の異なる）の机の設置	×	丸いテーブルを1つ設置
		さまざまな種類のイス（肘掛けイス，ソファー）の設置	○	保育室のクワイエット・コーナーには，ソファ，布テープで編んだイスを設置
		彫刻，写真，花，ゲーム，写真集などを置く棚の設置	○	
設備	化粧室の設備	子どもの体格に合わせた洗面台の設置	○	
		子どもの手が届く石けん，爪ブラシ，タオル等を置くスペースの設置	○	
		余裕があれば：各自の石けん，爪ブラシ，歯ブラシを置く棚の設置	○	
家具	家具	明るい色またはニスを塗る	▲	教具棚は黒色に塗られるなど，必ずしも明るい色だけではない
	机とイス	机とイスの固定の取りやめ	○	

家具	机	1人用から2〜3人用まで様々な大きさのテーブルを設置	×	保育室の机は4人用のみ
		長方形，正方形，円形など様々な形を設置	○	保育室で主に使用する机は長方形のみ，台所や居間の机は正方形と円形
		子どもの体格に合わせた高さ	○	高さを調節可能
		軽量（2〜3人用の机でも4歳児が2人で運べるほどの軽さ）	○	子ども自身が運び，横に倒して収納
	イス	1人掛け	○	
		子どもの体に調和したサイズ	○	特にプレイルームにはサイズの異なるイスを設置
		軽量	○	
		魅力的なデザイン	○	スツール，肘掛けイス，布テープを編んだイス，ソファなどを設置
		木製	○	
	教具棚	子どもの体格に合わせた高さ	○	
		軽量	×	窓際，壁際に作り付け
		単純（シンプル）	○	
	私物棚	小さな引き出しが2，3段並んだ子どもの体格にあわせたタンス	○	
		明るい色のつまみまたは引き出しと対照的な色のつまみ	○	
		名前が書かれた紙を引き出しに張る	○	
	洋服ダンス	子どもの体格に合わせた高さ	○	
		鍵付きの扉のある各自のスペースが与えられる	▲	各自のスペースはあるが，扉は無し
	食堂に設置する家具	子どもの体格に合わせた高さのテーブル	○	
		子どもの体格に合わせた低い食器棚	○	
道具	道具：掃除道具	子どもサイズ	—	
		魅力的な掃除道具：色とりどりの雑巾，きれいな柄のほうき，面白い形をした石けん	—	
	道具：食器	陶器の食器	○	
		ガラスの食器	○	
		金属のフォーク，スプーン，ナイフ	○	

凡例）○：実現，▲：記述とは異なる形で実現，×：実現せず，—：不明

いものを選択するように配慮されたことが推測され，アトリエS&Dがこれらを用意したことも十分に考えられる．しかし，これらに関しては資料が残されておらず，詳細は不明である．

4-6. ゲーテ・ホーフ幼稚園の主要な3室（保育室，クローク，プレイルーム）の分析

次に，ゲーテ・ホーフ幼稚園における子どもが使用する主要な3室，保育室，クローク，プレイルームについて詳細に分析する．なお，文中の寸法は平面図およびアクソメ図から計測したものである．

また，以下では，彩色されたアクソメ図（口絵1～4）を参考に，床と壁の色彩についても分析する．口絵1～4に見るように，床，壁は細く色彩が計画されている．本園舎の床材はリノリウム（コルクリノリウム）である．本分析に用いた写真はいずれもモノクロであるため，残念ながら何色が使用されていたか，つまり果たしてアトリエS&Dの指定した通りの色が実現されていたかまでは不明である．

後述のように，色彩は子どもが活動する場所，家具を置く場所を示していると考えられた．すなわち，色彩は何色であるのかではなく，色彩によって区分していることが重要なのである．確かに，写真から，何色が用いられたかは確認できないものの，アトリエS&Dが描いたアクソメ図の通り，色彩が分けられていたことは明確に確認できた．そこで，以下の分析では，色彩による区分に着目しながら，アクソメ図に示された色彩計画を分析した．

4-6-1. 保育室

保育室は2階に2室（保育室I，保育室II）設置された．保育室Iは6,650mm×8,250mmで面積はおよそ54.9m^2である．保育室IIは6,650mm×8,150mmで面積はおよそ54.2m^2であった．2室の大きさに多少の差異があるのは，保育室Iの東側の壁が，保育室IIの壁より厚いためであり，実

際の面積はほぼ同一である。保育室Ⅰの平面図には32脚のイスが描かれており，保育室1室を32人の子どもが使用する計画であったと推測される。

　以下，保育室の特徴を(1)床の色彩，(2)机とイス，(3)設備を配したコーナーの設置の3点に分けて述べる。

(1)床の色彩

　保育室はⅠ，Ⅱ（口絵1，2参照）とも，中央の床と，保育室の周囲の洗面台や台所などの設備や教具棚が配置されている部分では，それぞれ異なる色が計画されている。実際，写真から，アクソメ図の通り，床が張り分けられていたことがわかる。アトリエS&Dは，保育室における机の配置の仕方を3通り考え，平面図に残している。そのうちの1点は，保育室の中央を広く使用する場合の机とイスを片付ける位置を示しており，机は中央の床材（口絵1，2では緑色）の端部に合わせて，横に倒し，囲うように置くよう指示されている（図2-12）。なお，イスは数脚ずつ重ねて，教具棚の下に収納するように指示されている（図2-13）。この様に，保育室中央の床と，周囲の床を張り分けることで，子どもに机を片付ける位置を示していたと考えられる。また，中央の床材は，子どもに保育室の中央での活動可能な範囲を示していたとも言える。

(2)机とイス

　保育室で使用する机は高さが調節できるようになっており，子どもの体格に合わせて高さを調整したと思われる。この机は，木製の天板と交錯する脚を組み合わせたシンプルなデザインである（図2-14）。前述のように，保育室の中央を広く使用する場合には，中央の床材の端部に合わせて，机を横に倒して置いており，床の色彩が子どもに机を片付ける位置を示していると考えられた。色彩によって，机を片付ける位置を示していることから，机の片付けは子どもが行っていたと思われる。したがって，この机は子どもが運び，

図2-12 机を片付けた保育室Ⅱ(1932年):
台所方向の様子
撮影:Pfitzner-Haus
所蔵:Bauhaus-Archiv Berlin (Inventory no. 7911/91)
©Daniela Singer

図2-13 机を片付けた保育室Ⅱ(1932年):
教具棚,クワイエット・コーナー方向の様子
撮影:Pfitzner-Haus
所蔵:Bauhaus-Archiv Berlin (Inventory no. 9361/45)
©Daniela Singer

第Ⅱ章　建築家・デザイナーによるモンテッソーリ幼稚園の実現：研究2　113

図2-14　机とイスを配置した保育室Ⅱ（1932年）：
北西側から南東方向（クワイエット・コーナー方向）を
眺めた様子。
撮影：Pfitzner-Haus
所蔵：Bauhaus-Archiv Berlin　(Inventory no. 9361/26)
©Daniela Singer

横に倒すことができるよう，子どもの体力を考慮し，軽量であったと推測される。

　アトリエ S&D がゲーテ・ホーフ幼稚園のためにデザインしたイスは，4タイプあった。保育室で子どもが主として使用するイスとして設置されたのは，木製のひじ掛けがないタイプであった。この木製でひじ掛けがないタイプを基本と考えると，そのバリエーションとして3タイプがデザインされている。背のないスツールのタイプは，保育室で台所仕事や棚から物を取ると

図2-15 ひじ掛のある木製のイスを積み重ねた様子（1932年）：
座面に背もたれが映り込み、木目も確認できることからニスが塗られていたと推測される。
撮影：Pfitzner-Haus
所蔵：Bauhaus-Archiv Berlin
　　　(Inventory no. 9361/19)
©Daniela Singer

きなどに、補助的に使用されている。ひじ掛けがある木製のタイプのイス（図2-15）は、主として、クロークの居間のスペースに置かれていた。ひじ掛けがあり、背と座面を布のテープで編んだタイプのイス（図2-16）は、後述の保育室のクワイエット・コーナー（読書など静かに過ごすためのスペース）に置かれた。

イスの詳細な寸法は不明だが、子どもが使用している様子を撮影した写真を見ると、これらのイスは子どもの体格に合わせた寸法であったことがわかる。そして、特にスツールのタイプは、保育室のさまざまなところに、適宜持ち運ばれて使用されていたことがわかる（図2-20、2-21）。このことから、イスは子どもが持ち運べるほど軽量であったことが推測される。

第I章で分析したように、モンテッソーリは家具の共通の特徴として、明るく薄い色または、ニスが塗られ、水洗いできることが必要だとした。ゲーテ・ホーフ幼稚園の保育室の机の天板はアクソメ図（口絵1）とスナップ写真（図2-12）から、白色またはニスが塗られた明るい色の木目であったと推測される。クロークの居間のスペースに設置されたひじ掛けタイプのイスは、写真（図2-15）から木目と座面に背もたれが映り込んでいることが確認できることから、色は塗られておらず、ニスのみが塗られていたようである。写真から、ひじ掛けのないタイプも同様に、ニスのみが塗られていたようであ

るまる。また，スツールのタイプは，写真より，座面に暗い色が塗られていたことが確認できる。

(3)設備を配したコーナーの設置

モンテッソーリは，保育室の他に，事情が許せば食事室や化粧室，居間などを設けることが望ましいとした。ゲーテ・ホーフ幼稚園では，この事情が許せば設けると良いとされた部屋を，保育室の周囲に設備を配し，コーナーとして設置していることが特徴である。保育室Ⅰ，Ⅱは2室ともほぼ同じ構成であるため，以下では，スナップ写真とアクソメ図が豊富に残されている保育室Ⅱを例に分析していく。

図2-16　クワイエット・コーナー（1932年）：
読書をしているのは，4歳頃のゲオルク・アイスラー。
撮影：Pfitzner-Haus
所蔵：Bauhaus-Archiv Berlin
　　　（Inventory no. 9361/67）
©Daniela Singer

平面図（図2-11）に見るように，園舎は南に面して建てられており，窓が設置されている方向が真南である。口絵1のアクソメ図は，保育室Ⅱの北東側から描いた図であり，口絵2のアクソメ図は，保育室Ⅱの南西側から描いた図である。アクソメ図（口絵1，2参照）では，保育室Ⅱには，①北側壁面に教師用のイス，洗面台，化粧スペース（姿見が設置されている），②西側壁面に台所・食事のスペース，花壇，③南側窓際に黒板，教具棚，クワイエット・コーナー，④東側壁面に教具棚，私物棚を配置するように計画されている。なお，アクソメ図（口絵2）と2階平面図（図2-11）を比較すると，洗面台と化粧スペースの位置が異なっている。写真を確認すると（図2-12，2-17），実際の園舎では，平面図（図2-11）の配置で実現されたことが確認できる。

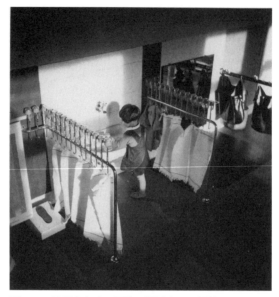

図2-17 洗面台とその両脇に設置された鋼管ラック
　　　　（1932年）：
　　　足元（左下）には踏み台が見える。
　　　撮影：Pfitzner-Haus
　　　所蔵：Bauhaus-Archiv Berlin （Inventory no. 7911/233）
　　　©Daniela Singer

　この洗面台と化粧スペースの位置が異なる以外は，実際の園舎でも，平面図（図2-11）とアクソメ図（口絵1，2）の通りに，設備や家具などの設置が実現していることが明らかになった。次に，それぞれの壁面ごとに詳しく見ていく。

①北側壁面
　前述のように，アクソメ図（口絵2）と2階平面図（図2-11）では，洗面台と化粧スペースの位置が異なっており，写真を確認すると（図2-12，2-17），実際の園舎では，平面図（図2-11）の配置で実現されたことが確認できる。

洗面台と化粧スペースが逆ではあるが，それ以外のアクソメ図（口絵2）に示された床や壁の色分けや，設備の設置は，ほぼそのまま実現されていたことが写真から確認できる（図2-12，2-17）。したがって，実際の園舎においてアクソメ図（口絵2）に示されたアトリエS&Dのデザインはほぼ実現したと考え，以下の分析でもアクソメ図（口絵2）を使用して分析を進めた。

　入り口ドアを入って右側に置かれているのは，教師用のイスである（図2-13）。モンテッソーリが理想としたように，保育室には教壇や教師用の机は設置されず，イスが置かれているだけである。その横には洗面台と，姿見が設置された化粧スペースがある。

　洗面台の両脇には，子どもが各自の歯ブラシ，コップ，タオルを掛けておけるクロムめっきされた鋼管ラックが配置されている（図2-17）。鋼管ラックは，コップを逆さに掛けられるようコップの形に合わせたホルダーが，最上部に取り付けられている（図2-18）。その下には，歯ブラシを1本ずつ立てられる金属のホルダーがつけられ，下部のフックにはタオルが掛けられるようになっている。さらに，歯ブラシの柄と鋼管の下に見えるテープにはマークが記されている。これらのマークはそれぞれの子どもに与えられ，名前の代わりにロッカーの場所や各自の持ち物につけられていた。これは，この園に通う最年少の子どもが3歳であり，文字を読むことが難しかったためだと考えられる。名前代わりのマークを記すテープまでもデザインの中に取り込み，洗練された，魅力的なデザインとなっている。

　このラックは鋼管の上にコップと歯ブラシのホルダーが配置されており，コップホルダーの取り付けられた鋼管の高さが900mm程度であった。したがって，最も高いコップのホルダーの高さはおそらく1,000mmを超えていたと考えられ，6歳児（身長107cm）は容易に使用できるものの，3歳児（身長85cm）にとっては，いささか高過ぎるように思われる。このラックが配置された壁際の足元を見ると，踏み台が用意されているのが見える（図2-17）。この踏み台には，踏み台と一目でわかるように足型がデザインされており，

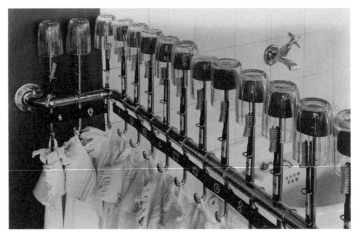

図2-18　洗面台の両脇に設置された鋼管ラック・部分（1932年）：
歯ブラシ，コップ，タオルを置くことができる。子どもの名前の代わりにマークが記されている。
撮影：不明
所蔵：Bauhaus-Archiv Berlin　（Inventory no. 9361/58)
©Daniela Singer

　これもアトリエ S&D のデザインであったと思われる。おそらく，背の低い子どもはこの踏み台がある付近の場所を割りふられ，踏み台に乗ってこのラックを使用していたと推測される。
　洗面台の隣には，姿見が配置された化粧スペースがある（図2-19）。これは子どもが日常生活の練習の一環として，身支度の方法を学ぶためのスペースである。化粧スペースにも鋼管ラックが配置され，ここには各自のくしと，数枚のエプロンが掛けられるようになっている。
　このようにこれらのコーナーには，コーナーを区切るように，3本の鋼管ラックが配置されている。これらの鋼管ラックは，子どもの道具を収納すると同時に，圧迫感を与えることなく，コーナーを区切る役割を果たしていたと言える。
　ラックにはクロムめっきされた鋼管が使用されている。鋼管は早くは1890

第Ⅱ章 建築家・デザイナーによるモンテッソーリ幼稚園の実現:研究2　119

図2-19　化粧スペース(1932年):
姿見とその右側に鋼管ラックが設置されている。
撮影:不明
所蔵:Bauhaus-Archiv Berlin　(Inventory no. 9361/62)
©Daniela Singer

年頃,病院用の家具において使用されているが,家庭用の家具に最初に使用されたのは,1925年にマルセル・ブロイヤー(Marcel Breuer, 1902-1981)がデザインしたイス「B3(通称 Wassily)」においてであったといわれている。「B3」はそのデザイン性だけではなく,鋼管という素材の軽量性,衛生的であること,耐久性の高さなどから,広く受け入れられるようになったとされる(Von Vegesack, Dunas & Schwartz-Clauss, 1996)。つまり,鋼管は自由なデザインを可能にする素材であるだけではなく,衛生的で耐久性が高く,幼児教育施設の衛生設備に使用するには最適であり,アトリエS&Dは当時の最も新しい素材の一つを,意欲的に使用しているのである。ブロイヤーは1920～24年に学生としてバウハウスで学び,ほぼ同時期(1919～23年)に,ジン

ガーとディッカーもバウハウスに在籍した。特にジンガーとブロイヤーは，家具工房で共に学んだ仲間であったと推測され，バウハウス以後も，ジンガーは常にブロイヤーの作品を意識していたことは，十分に考えられる。先行研究（Wilberg-Vignau, 1970）においても，ジンガーがブロイヤーから刺激を受けていたことが指摘されている。

　さらに，北側の壁面のコーナーで特に注目されるのは，教師用のイス，洗面台，化粧スペースの床と壁の色彩が細く分けられていることである。アクソメ図では（口絵2），教師用のイスが置かれる場所の床は青色，壁は明るいグレーで計画されている。洗面台と化粧スペースの床は濃淡の異なるグレーで計画されている。洗面台の配置されたスペースの床面が最も淡いグレーで，化粧スペースが黒に近い濃いグレーとなっている。さらに，3つの鋼管ラックを使用するときに子どもが立つ位置の床面が，ちょうど中間の濃淡のグレーとなっている。また，洗面台の歯ブラシなどのラックを使用する際に子どもが立つ位置の壁面は，この中間の濃淡のグレーの床の幅に合わせて，赤色に塗り分けられている。写真を見ると（図2-17，2-19），実際の園舎では，このアクソメ図に示されているように，床や壁の色彩の区分が実現していたことが確認できた。

　洗面台の両脇に設置された鋼管ラックは，この中間のグレーの床面と赤色の壁の位置に立って使用するように，歯ブラシのホルダーやタオルのフックが取りつけられていることが見てとれる（図2-18）。このように，アトリエS&Dはそれぞれの設備やラックを使用するときに，子どもが立つべき位置を床や壁の色の違いで示したと考えられる。これは，保育室の限られたスペースを多機能に使用するため，洗面台を使用する子どもと，歯ブラシなどの鋼管ラックを使用する子どもとの動線を明確に分け，混乱が生じないようにするためであったと思われる。また，この床や壁の塗り分けは，限られた空間を区切る役割も果たしていたと考えられる。

②西側壁面

　西側の壁面にはまず，台所・食事のスペースが設置されている（口絵1）。台所は2つのシンクと水切り，調理台で構成されている。子どもは日常生活の練習として，この台所で皿洗いなどを行った（図2-1, 2-20）。台所の左側には棚が設けられ，日常生活の練習時に使用するコーヒー豆を挽くミルなどの道具が，置かれていたようである。台所の右側には，折戸付きの食器棚が設けられている。折戸を開くと，子どもが使用する皿やマグカップ，ポットなどが収納されており，モンテッソーリが理想としたように，シンプルで，子どもでも容易に使用できそうな棚である（図2-20）。台所の前には，食事スペースが設けられ，正方形のテーブルとイスが置かれた。ここは，果物の皮をむく，コーヒー豆を挽くなどの台所に関連する日常生活の練習を行う場であったほか，活動中におやつを食べる食事の場所としても活用されていたようである。

図2-20　台所・食事のスペース（1932年）
撮影：Pfitzner-Haus
所蔵：Bauhaus-Archiv Berlin　（Inventory no. 9361/49）
©Daniela Singer

日常生活の練習の道具が置かれた棚と食器棚の高さは，1,000～1,100mm 程度であった。おそらく食器を置く1番上の棚は，850～1,000mm 程度であると考えられ，3歳児（身長85cm）が棚から物を出し入れできる高さの上限は 97.8cm であることから，3歳児でもほぼ使用できる高さであったと考えられる。

　台所の高さは 500～550mm 程度，奥行きは 400mm 程度であった。前述のように子どもの腰の高さは，3歳児で45.6cm，6歳児で58.7cm である。また，現在の一般的な台所の奥行きは600mm 程度である（日本建築学会，2005）。このことから，保育室の台所は，子どもの体格に合わせた寸法であると言え，写真からも十分に子どもが使える高さと奥行きであったことがわかる（図2-1）。

　台所と食事のスペースでは，台所で子どもが活動するスペースと，テーブルとイスが置かれた食事のスペースの床の色彩が違う色で計画され（口絵1，2），写真（図2-20）から，この計画通り実現されていたことが確認できる。床材の色の違いにより，隣り合わせる台所と食事のスペースが，違う空間であることが意識されると同時に，台所での活動場所と食事をする場所が，明確に示されていたと思われる。

　モンテッソーリ教育では，子どもの自律的な活動を尊重するため，食事やおやつをとるタイミングも子どもに任されている場合があった。例えば，1931年にドイツのアーヘンの「子どもの家」の教師であったヘレネ・ヘルミング（Helene Helming）は，朝食，または，おやつを食べるタイミングを子どもにまかせていると報告している（ヘルミング，1971/1974）。ゲーテ・ホーフ幼稚園では保育中にも食事のスペースにテーブルやイスが配置されていることから，おやつを取るタイミングを子どもに任せていたことは十分に考えられる。このようなことから，台所だけではなく，食事のスペースを十分に確保するためにも，床材の色を変えることが重要であったと考えられる。

　台所の隣には本格的な花壇が設けられており，大変興味深い。モンテッソ

ーリは,保育室から園庭に,直接出入りできるようにすることを理想としたが,ゲーテ・ホーフ幼稚園では保育室が2階に設けられたため,保育室から園庭に,直接出入りすることはできない。そのため,保育室の一角に本格的な花壇を設け,植物の世話という日常生活の練習での活動を,保育室内で行えるようにデザインしたのだと思われる。花壇は保育室の床に250mm角程度,深さ100mm程度の植木鉢とレンガを敷きつめたものであり(図2-21),レンガと植木鉢を動かすことで,花壇のレイアウトを変えることができた(口絵1)。

モンテッソーリは日常生活の練習として,その社会において行われている習慣(文化)は何でもできるように環境を整え,活動の選択は子どもに任せた。保育室が2階にあるために園庭に自由に出入りできないという物理的環境上の制約によって,花壇での活動を選択することが妨げられるのであれば,

図2-21 保育室内の花壇(1932年)
撮影:Pfitzner-Haus
所蔵:Bauhaus-Archiv Berlin (Inventory no. 9361/46)
©Daniela Singer

モンテッソーリの考えに反することになる。また、子どもが教師の目が届かない保育室以外の場所で活動しなければならない場合には、安全上の観点から子どもの活動を制約せざるを得ないだろう。この両方の制約を克服するために、アトリエS&Dは保育室に本格的な花壇を設けたのだと考えられる。このねらい通り、単に花瓶の花や鉢植えの植物の世話をすると言うのではなく、まるで庭仕事をするように、子どもたちが本格的に植物の世話をしている写真が残されている。

③南側窓際

窓際の花壇と教具棚の間には、黒板が配置されている。この黒板は、モンテッソーリが理想としたように、子どもの手が届く高さに設置されている。黒板は上端が1,050mm程度の高さであり、十分に子どもの手が届いていた。さらに黒板は保育室の正面ではない壁に設けられ、これもモンテッソーリの理想を実現していた。黒板が設置されているスペースの床も、周囲の床とは異なる色の床材が計画されていた（口絵1）。

丸テーブルとソファのあるクワイエット・コーナーを挟んで、窓際から東側の壁に沿ってL字形に教具棚が作り付けられている（口絵1）。教具棚は2段の階段状の棚である。窓の下枠上端の高さはおよそ500〜550mmである。これに合わせて、教具棚の上段の高さは約500〜550mm、下段の高さは約300mmであった。棚の奥行きはそれぞれ250mm程度であり、子どもの手が十分に届く高さと奥行きであった（図2-22）。

教具棚の下は、保育室の中央を広く使用する際に、イスを収納するスペースとなっている。教具棚は壁際に作り付けられ、固定されており、2段の階段状の棚にすることで子どもが容易に窓に近づけないようになっていることから、この教具棚の配置は、窓からの転落防止の目的もあったと思われる。アクソメ図では、教具棚は黒色にするよう計画されており、写真から実際の園舎でも暗色で仕上げられたことが確認できる。これは、モンテッソーリが

家具の共通の性質として，汚れが目立つように明るく薄い色で塗ることとしていたのには，反している。後に指摘するように，アトリエS&Dは色彩計画を得意としており，ゲーテ・ホーフ幼稚園の色彩計画は彼らの得意とする色の組み合わせが使用されたと考えられる。

教具棚に挟まれたコーナーには，クワイエット・コーナーが配置されている（図2-14, 2-16）。このコーナーは子どもが読書や，保育中に静かに過ごしたい時などに利用されるコーナーである。教具棚の上段にあたる部分には

図2-22 教具棚から教具（ピンク・タワー）を取る子ども（1932年）：
写真は保育室Ⅰの様子。
撮影：Pfitzner-Haus
所蔵：Bauhaus-Archiv Berlin
　　　（Inventory no. 9361/70）
©Daniela Singer

本が置かれ，下段はソファとしてデザインされている。上段は教具棚のそれと同じ高さであると思われるが，下段はやや低く，約250mm程度ではないかと思われ，ソファの座面として十分子どもが座ることのできる高さであると言える。丸テーブルと布テープで背と座面を編んだイスが置かれ，保育室とは異なる雰囲気が演出されている（図2-16）。このクワイエット・コーナーは，アクソメ図では，床は青色，壁は薄いグレーに計画されている（口絵1，2）。また，教具棚の上段にあたる本を置く段は青色，教具棚との区切りは赤色が塗られている。アクソメ図の色彩計画の通りの色が実現したかはわからないが，写真から（図2-13, 2-14）確かに，色彩計画の通り，床，壁，棚の色が分けられていることがわかる。この床と壁，棚の色も，このコーナーと保育室が異なる空間であることを意識させていると考えられる。さらに床

の色はクワイエット・コーナーのテーブルやイスを配置する場所も示していると思われる。

④東側壁面

　東側壁面にも，南側の窓際と同様に教具棚が作り付けられている。入口にもっとも近い場所には，コの字型に棚が配置されている（口絵2）。教具棚と背中合わせに配置されているのが私物棚である。モンテッソーリは，私物棚は各引き出しには明るい色，もしくは引き出しの色とは対照的な色のつまみがついていて，名前を書いた紙が貼ってあるとしている（Montessori, 1914/2005, p.11）。アクソメ図（口絵1）からゲーテ・ホーフ幼稚園の私物棚には引き出しごとに鮮やかな色が計画されている。写真（図2-23）からは，確かに，それぞれの棚に異なる色が実現していたことがわかる。また，棚によっては模様のような柄も確認でき，色彩豊かな様子であったことが想像される。また，名前とともに，名前の代わりにそれぞれの子どもに与えられたマークが記されているラベルも見え，モンテッソーリの記述に非常に近いデザインとなっている。

　私物棚の高さは1,100mm程度であった。私物棚は手前のカバーを上に上げ，その中のトレイ状の引き出しを引き出して使用する。前述のように，使用可能な引き出しの高さの上限は3歳児では76.5cm，6歳児では96.3cmであった。したがって，私物棚の上段は，身長の高い6歳児が使うなどの配慮が必要であったと思われる。

　教具棚の向かいにある扉がついた棚は，どのように使用されていたか詳細は不明であるが，子どもが何かを取り出している写真が残されていることから，子どもが使用する道具などが収納されていたと考えられる。

　また，私物棚とこの扉付きの棚の間に挟まれるように設置されているのは暖房器具であり，その上部は引き戸の付いた収納となっている（図2-23）。この収納は子どもの手が届きにくい高さであるため，教師が主に使っていたの

図2-23 私物棚を使う子ども(1932年)
撮影：Pfitzner-Haus
所蔵：Bauhaus-Archiv Berlin （Inventory no. 9361/65）
©Daniela Singer

ではないかと推測される。

4-6-2. クローク

　玄関から階段を上がり，廊下を左側に進むと $50m^2$ 弱の空間がある。アトリエ S&D はこの空間を，クローク，居間，午睡室と言う多機能な空間としてデザインした。

　保育室と同様に，廊下の床の色彩も計画している。アクソメ図（口絵3）を見ると，廊下の床の色は水色で計画されているが，ホルツバウアー（Holzbauer, 1988) が指摘するように，玄関から続く階段を上ったところから，クロークに導くように廊下の一部には茶色の床材が計画され（口絵3），子どもが着替えなどをするクロークの機能を果たす部分の床はすべてこの茶色である。この茶色の床材は，子どもが登園して，まず最初に行うべき着替えなどの場所を示していると考えられる。写真（図2-24）から確かに，アクソメ図で計画された通りに，床が張り分けられていたことが確認できる。

　子どもは朝，登園すると，まず，このクロークで着替え，エプロンをつけ，靴を履き替え，荷物を置くと保育室に向かう。子どもが最初に向かう壁面（西側壁面）には，洋服掛けがあり，上部に収納棚がある（図2-24）。洋服掛けの上に設置された棚の高さはおよそ800mmであったことから，子どもが洋服を掛けるバーの高さはそれより低い650～700mm程度であったと推測される。写真から，十分に子どもが使用することができる高さであったことがわかる。

　周囲の壁と中央に置かれた衝立の下部には，子どもが靴の着脱をしやすいように赤いベンチが設置されている（口絵3）。ベンチの座面の高さは，250～300mm程度であった。ベンチの下には上部に室内履きを収納するネットが貼られ，下部に外履きの靴が置けるようになっていた。また，衝立の上部には，各自のカバンなどを掛けるフックが取りつけられていた。このネットやフックにも，子どもの名前代わりのマークが記された札がつけられており，子どもに各自の靴やカバンを置く場所をわかりやすく示していたことがわかった。

　アトリエS&Dは，クロークおよび居間としての使用時と，午睡室としての使用時の家具の配置を示した平面図をそれぞれ残している。クロークの中心は衝立で囲まれ，丸いテーブルとイス，おもちゃを置く棚が置かれ，居間として使用される（図2-25）。実はこの衝立は籐で編まれた午睡用のベッドを収納したものであり，午睡時には衝立の枠から取り外し，クロークの床にこの籐のベッドを並べる（図2-26）。籐のベッドは1,400mm×500～600mm程

第Ⅱ章　建築家・デザイナーによるモンテッソーリ幼稚園の実現：研究2　129

図2-24　クロークに設けられた洋服掛けと
　　　　上部の収納棚（1932年）
撮影：Pfitzner-Haus
所蔵：Bauhaus-Archiv Berlin
　　　（Inventory no. 9361/14）
ⒸDaniela Singer

度であり，子どもの体格に合わせた寸法であると言える。クロークには折戸が設けられ，閉めると階段室，及び，それに続く廊下と，クロークは，完全に空間を仕切ることができ（図2-11），午睡時には，静かな空間として使用することができたと考えられる。居間としての使用時に置かれていた丸いテーブルは，折りたたむことができ，イスはひじ掛けを跳ね上げ積み重ねることができた（図2-15）。午睡室としての使用時の平面図には，ベッドの配置の仕方とテーブルとイスを片付ける位置が示されており，限られた空間を効率的に，多機能に使用することを目指していたことがわかる。

図2-25　居間として使用している時のクローク（1932年）
撮影：Pfitzner-Haus
所蔵：Bauhaus-Archiv Berlin　（Inventory no. 7911/115）
©Daniela Singer

　クロークの床は，中央の居間として使用される部分は異なる色（青色）で計画されている（口絵3）。中央に置かれるテーブルやイスは，この青色の床に収まるように置かれている。また別のアクソメ図や写真から，天井の色も床の色に呼応するように廊下，クローク，居間の部分に合わせて塗り分けられていたことが確認できる。限られた空間を多機能に使用するため，床や天井の色の違いが，他の空間との仕切りの役割を果たしたと考えられる。

　さらに，別のアクソメ図では，周囲の壁に沿って設置された衝立は書き込まれているものの，部屋の中央の衝立やテーブル，イスなどが書き込まれていない。このことから，部屋の中央の午睡用のベッドを利用した衝立は床に固定されておらず，移動させることが可能だったと考えられる。子どもが移動させることは困難であったかもしれないが，教師が清掃時に，これを移動させていたことは十分に考えられる。この床の色の違いは，清掃後に元の位置に衝立を戻す際の目安ともなり，容易にこの多機能な空間のレイアウトに

図2-26　午睡室として使用している時のクローク
　　　　（1932年）
撮影：Pfitzner-Haus
所蔵：Bauhaus-Archiv Berlin
　　　（Inventory no. 7911/221）
©Daniela Singer

戻すことが可能であっただろうと思われる。

4-6-3．プレイルーム

　プレイルームは，楽器が置かれていることから，主として音楽室として使用されるほか，時には子どもが鬼ごっこなどの遊びをする部屋であったようである。

　写真から，プレイルームに置かれた箱型のイスは，2つのサイズが用意さ

れていたことがわかる（図2-27）。アクソメ図（口絵4）では、2種類のサイズのイスが明確に描き分けられておらず、詳細なサイズは不明であるものの、子どもの体格に合わせて選択することが可能であったと考えられる。子どもたちがプレイルームを使用している様子をおさめた写真では、実際、体格の小さい子どもが小振りのイスを使用していたことが確認できた。

　プレイルームの床と壁にも色彩計画が見られる。部屋の中央は赤色とクリーム色の2色の床材が計画されている（口絵4）。実際の床も、この計画の通りに張り分けられていたことが確認でき（図2-27）、床材の色の違いで、箱型のイスを並べる場所を示していることがわかる。また、西側の壁と床は4色に分けられている。壁はおよそ1,000mmの高さまで塗られていることから、子どもの活動に関連して塗り分けられていたと考えられる。しかし、残された資料の中に、プレイルームの西側の壁と床をどのように使用していたかを示すものがなく、なぜこのように色彩が計画されたかは不明である。

図2-27　2種類のサイズの箱型のイスが置かれたプレイルーム
　　　　（1932年）
撮影：Pfitzner-Haus
所蔵：Bauhaus-Archiv Berlin　（Inventory no. 9361/79）
　　　©Daniela Singer

4-7. アトリエ・ジンガー＆ディッカーのデザインの特色

以上の分析の結果，アトリエS&Dのデザインの特色として，以下の3点が指摘できる。1. 園舎の構成上の制約の克服，2. 色彩計画，そして，3.「子どもサイズ」の実現である。

4-7-1. 園舎の構成上の制約の克服

すでに述べたように，ゲーテ・ホーフ幼稚園の園舎はマイヤーが設計した。アトリエS&Dは，すでに設計，建設された園舎の室内デザインだけを担当したのであり，さまざまな制約の中で室内をデザインせざるを得なかったと思われる。しかし，アトリエS&Dは自らのデザイン力，技術力をいかんなく発揮し，モンテッソーリの著作における記述とは異なる形ではあるものの，モンテッソーリの理想とした物理的環境を実現しようと試みたと言えるだろう。園舎の構成上の制約を克服するために，アトリエS&Dのデザインの特色が特に表れているのは，(1)保育室と(2)クロークのデザインである。

(1)保育室と「一室住居」(Einraumwohnungen)

モンテッソーリは，保育室の他に，事情が許せば食事室や化粧室，居間などを設けることが望ましいとした。しかし，ゲーテ・ホーフ幼稚園では，この事情が許せば設けると良いとされた部屋をコーナーとして，保育室内の周囲の壁に沿って配置していることが特徴であった。

①モンテッソーリ教育における保育室とその他の部屋の構成

モンテッソーリは園舎の構成について次のように述べている。

"The central and principal room of the building, often also the only room at the disposal of the children, is the room for "intellectual work". To this central room can be added other smaller rooms according to the means and opportunities of the place: for example, a bath-room, a dining-room, a little parlour or common-room, a room for manual work, a gymnasium and rest-room."(Montessori, 1914/2005, p. 10)

この the room for "intellectual work" が現在の保育室にあたると考えられ，この保育室は the central and principal room とされ，主要な部屋であると同時に，室構成の中で中央に位置していると述べられている。そして，この保育室を中央に位置させ，事情が許せば設けると良いとされる小さな部屋をこれに付け加えるとした。

②ルドルフスプラッツの子どもの家の構成：クラスター・アレンジメント

ルービツェク (Peller, 1978/1996) は，モンテッソーリ教育のような子ども中心の教育法では，大人の手を借りなくても子どもは，部屋の間を自由に行き来できるようにするべきだとした。彼女は有効な園舎の構成を「クラスター・アレンジメント (a cluster arrangement)」として紹介している。これは，保育室を中心とし，その周囲を取り巻くように洗面所，工作室，クローク，台所，クワイエット・ルームなどを配置する構成である。中央の保育室とそれを取り巻く部屋は，子ども自らが開けることができるドアで直接つなげ，自由に行き来できるようにすべきとされた。さらに，保育室は園庭とも直接つなげるとした。これは，まさに，前述のモンテッソーリが理想とする園舎の構成を具体化したものであると言える。では，この「クラスター・アレンジメント」を実際の園舎で実現すると，どのようになるのだろうか。

1930年にルービツェクらが，建築家であるシュースターと協働して設計したルドルフスプラッツの子どもの家では，まさにこの「クラスター・アレンジメント」を実現している。ルドルフスプラッツの子どもの家（図2-28）は，A～Cまで3つのクラスがあった。各クラスとも中央に保育室を配置し，その周囲にクローク，台所，トイレ・洗面室，クワイエット・コーナーなどの各室を直結して配している。各保育室からは，直接，園庭に出入りすることができ，さらに各クラス専用のテラスなどが設置された。前述したモンテッソーリの著作における園舎の構成を実現しようとすれば，このルドルフスプ

第Ⅱ章　建築家・デザイナーによるモンテッソーリ幼稚園の実現：研究2　135

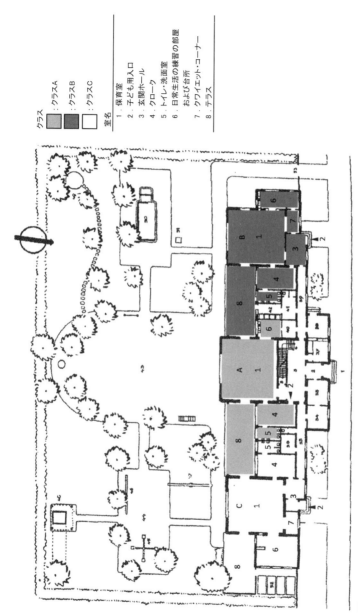

図2-28　ルドルフスプラッツ (Rudolfsplatz) のこどもの家の1階平面図および配置図 (1930年開設)
設計：フランツ・シュースター (Franz Schuster)
ペラー (Peller, 1996) の論文に掲載の平面図に室名などを加筆
出典：Peller, L. E. (1996). The children's house. The NAMTA Journal, 21 (3), p. 8.

ラッツの子どもの家の構成が理想であると考えられる。

　このルドルフスプラッツの子どもの家は1930年に開設された。これは，ウィーンのモンテッソーリ運動の第一人者であったルービツェクと建築家シュースターが2年をかけて協働して設計した園舎であったことから（Kramer, 1976/1981/1988; Müller & Schneider, 2002），この園舎は，ウィーンの幼児教育に携わる人々や建築家たちの注目を集めたと考えられる。この園舎が完成した1930年は，まさにアトリエS&Dがゲーテ・ホーフ幼稚園の室内デザインを依頼された年である。このことから，ジンガーやディッカーがこの子どもの家を見学に行き，この室構成が理想的なものであると認識したことも十分に考えられるだろう。

③ゲーテ・ホーフ幼稚園の設計の特徴：一室住居（Einraumwohnungen）

　しかし，ゲーテ・ホーフ幼稚園では，園舎の構成や面積上の制約から，保育室の周囲に各室を設けることはできない。そのため，ゲーテ・ホーフ幼稚園では，それらを部屋として保育室の周囲に設けるのではなく，コーナーとして保育室の中に配置しているのである。また，ゲーテ・ホーフ幼稚園は主として2階を使用していたため，保育室と園庭がつながっておらず，子どもが自由に園庭に出ることができなかった。これを補うため，保育室の中のコーナーの一つとして，本格的な花壇が設置されていたことも大きな特徴であった。

　それでは，なぜ，アトリエS&Dは，このように保育室1室にすべてを設置するような計画をしたのであろうか。それには，ジンガーがバウハウス時代から，最小限住宅の設計に力を入れていたことが影響しているように思われる。

　最小限住宅（後藤，2005）とは，第一次世界大戦の戦禍により住宅の復興が急がれたドイツにおいて，規格化による住宅の大量生産を目指し，その標準となるタイプとして構想された住宅である。この住宅の居住者のモデルとなったのは中産階級であり，中産階級が文化的生活を維持するために必要な，

最小限の住宅を目指して計画された。そして、ジンガーも最小限住宅や家具の規格化に強い興味を持っており、空間の有用性を重要視し、可能な限り小さな面積の空間に、多機能な居住空間を実現したいと考えていた（Wilberg-Vignau, 1970）。実際、1927〜28年には、折りたたみ式の多機能な家具を設置した「一室住居」（Einraumwohnungen）を設計している。ジンガーは折りたたみ式の多機能な家具を設置することで、1室が仕事部屋、食事室、居間、そして、寝室になることを目指していたのである。このようなジンガーの経験が、食事室や洗面室を独立した部屋として設置するのではなく、保育室の中にコーナーとして配置するという独特の保育室のデザインにつながったと考えられる。

さらに、モンテッソーリ教育の実践と言う視点から見れば、子どもが行う主要な練習のうちの2つにあたる教具の練習のための教具と、日常生活の練習に関する設備、家具、道具を、保育室1室にすべて等しく設置することは、子どもの活動の選択の自由を尊重するためには重要であったと考えられる。先に触れたように、保育室に本格的な花壇を設置したのは、まさに物理的環境の制約によって、子どもの活動を妨げないためであったと考えられる。さらに、子どもが教師の目の届かない場所で活動することは、安全上の観点から、制約せざるを得ないであろう。子どもがすべての活動を保育室1室で行うことができるということは、そのような制約をする必要がなくなり、これによっても、より自由に、子どもが活動することを可能にしたと思われる。

④ゲーテ・ホーフ幼稚園の設計の特徴：機能的な空間の設計

そして、アトリエS&Dのデザインの優れている点は、小規模な保育室を多機能に使用するために、さまざまな設備や家具を設置しても雑然とせず、子どもが空間を理解しやすく、活動しやすい、機能的な空間とした点である。

たとえば、保育室は、教具の練習に使用する教具棚と日常生活の練習に使用する台所や洗面台などを明確に区別して配置し、子どもの空間の理解を容易にしている。さらに、洗面台と化粧スペースは、歯ブラシ立ての鋼管ラッ

クとくしの鋼管ラックによって，明確に，しかし圧迫感を与えずに，スペースを区切っている。コーナーごとに床と壁の色彩を変える計画も，視覚的に空間を分け，雑然とした印象を与えないことにつながっているだろう。

(2)クロークのデザイン

　前述のようにクロークは，アトリエS&Dのデザインによる家具によって，多機能な空間－クローク，居間，午睡室－として使用できるように計画されていたことが明らかになった。このようにクロークも，限られた空間を多機能に使用することで，園舎の構成上の制約を克服していると考えられた。

　たとえば，中央の居間のスペースを囲う衝立は，籐で編まれた午睡用のベッドを立てて収納したものであった。また，午睡室として使用する時に片づけやすいように，居間用のテーブルは折りたたみ式であったし，ひじ掛けイスはひじ掛けを跳ね上げ，積み重ねて片付けることができるデザインであった（図2-15）。「一室住居」でも見られたように，折りたたみ式家具のデザインはジンガーの得意とするところであった。*Architektenlexikon*[31]でも，限られた空間を多機能に使用することを可能にする折りたたみ式の家具や積み重ねておけるイスのデザインが，アトリエS&Dのデザインの特徴であることが指摘されている。

4-7-2．色彩計画

　彩色されたアクソメ図に見られるように，アトリエS&Dは，詳細に室内の色彩を計画している。彼らは室内デザインを手がけることが多く，同じく住宅の室内デザインのための彩色されたアクソメ図が残されている。床の色彩や，天井と天井蛇腹の色彩を計画した図も残され，彼らが色彩を非常に重視していたことが指摘できる。アトリエS&Dの色彩について*Architektenlexikon*[31]では，ウィーン市での私塾とバウハウスで師事したイッテンの色彩論からの影響があったことが指摘されている。

ゲーテ・ホーフ幼稚園のアクソメ図を見ると，赤，青という原色と黒を基調に，くすんだ色ではあるが明るいグレー，緑色，クリーム色などを組み合わせて使用している。この色使いは，彼らの住宅の色彩計画に共通に見られるものである。つまり，アトリエ S&D はゲーテ・ホーフ幼稚園の色彩を，子ども向けに計画したというよりは，住宅などにおける室内デザインと同様に，彼らが得意とする色彩の組み合わせを用い，優れた色彩計画をしたといえる。しかし，前述のように，本分析に用いた写真は全てモノクロ写真であるため，残念ながらアトリエ S&D がアクソメ図に示した色彩が，そのまま実際の園舎において実現したかは不明である。ただし，これまでの分析で明らかにしたように，写真から，アクソメ図で計画した通り，色彩が分けられていたことは確認できた。そして，何色が使われたかということよりも，色彩で分けたということが重要であると考えられた。すなわち，平面図や写真におさめられた実際の設備や家具の配置，さらには，子どもが使用している様子などから，色彩計画は単にデザインと言うだけではなく，(1)活動する場所を示す，(2)家具を置く場所を示す，(3)空間を仕切るという3つの役割を担っていたことが指摘できる。

(1)活動する場所を示す

　床や壁の色彩は，子どもに活動する場所を示していたと考えられた。もっとも特徴的なのは，保育室の北側に設置された洗面台と，化粧スペースの壁と床の色彩であった（口絵2）。前述のように，床と壁の色彩を分けることで歯ブラシの鋼管ラック，くしの鋼管ラックを使用する場所を示し，子どもが使用するときに混乱が生じることを防いでいると思われた。西側壁面に設置された台所の床も張り分けられ，台所のスペースとテーブルとイスが配置された食事のスペースが示されていると考えられた。

　また，廊下の床の色彩は，登園した子どもをクロークに導き，登園した子どもがまず行うべき着替えや，荷物を置くなどの活動をする場所を示してい

た。

(2)家具を置く場所を示す

　床の色彩は，家具を置く場所を示していたことも明らかになった。もっとも興味深かったのは，保育室の床の色彩計画である。保育室の中央の床（緑色）は，周囲の床とは色彩が分けられていた。アトリエ S&D の保育室の机の配置を示した平面図，写真から（図2-12，2-13），保育室の中央を広く使用する場合は，机は中央の床材（緑色）の端部に合わせて，囲うように置くよう計画されていることがわかった。加えて，保育室では台所の床やクワイエット・コーナーの床も張り分けられており，それぞれテーブルやイスを置く場所を示していたと考えられた。

　居間，午睡室でもあったクロークでは，居間として使用される場所の床は異なる色の床材（青色）が計画された（口絵3）。テーブルやイスはこの青色の床に置かれた。前述のように，居間を取り囲むように配置された午睡用ベッドの衝立は固定されておらず，移動させることが可能であった。清掃時などに家具を移動させた後は，床の色に合わせて，衝立を元に戻していたと考えられる。

　プレイルームでも，子どもが使用する箱型のイスは中央の床材（赤色）の部分に配置されており，床の色彩がイスを配置する場所を示していたといえよう（口絵4）。

　モンテッソーリは物理的環境の性質として，子どもにフィードバックを与えることを挙げていた。活動場所を示し，家具を置く場所を示す色彩計画によって，子どもは適切な場所を知ると同時に，誤ってしまった場合にも色彩からのフィードバックによって気づき，修正することが可能であったと考えられる。

(3)空間を仕切る

　床や壁の色彩は，多機能に使用された保育室やクロークの空間を仕切る役割を果たしていたとも考えられた。

　保育室の北側壁面は，教師用のイスが置かれ，その横に洗面台と化粧スペースが並んでいた。前述のように，洗面台と化粧スペースの横に配置された鋼管ラックが圧迫感を与えず空間を区切っていたが，これに合わせた床と壁の詳細な色彩の計画が，一層，空間の違いを明確にし，多機能でありながら雑然としない印象を与えたと思われる。

　保育室では台所の床も，2色に張り分けられていた。前述のように，これらは，テーブルやイスを置く場所を示していると同時に，床の色彩によって台所と食事室という2つの空間を仕切っていたと考えられる。

　さらに注目されるのは，アクソメ図では，保育室のクワイエット・コーナーの床と棚，教師用のイスを置く場所の床，クロークの居間のスペースの床が同じ青色で計画されていたことである（口絵1，3）。クワイエット・コーナーは読書などの静的活動のためのスペースであり，丸テーブル，ソファと布テープのイスが置かれ，居間のような雰囲気もある。また，モンテッソーリ教育で消極的に振る舞うことが求められた教師は，静的であるとも言える。クロークの居間では，子どもは中央の丸テーブルの周りに座り，積み木などの静的な遊びをしている（図2-25）。このように，静的な活動が行われる場所の床や棚は，共通して同じ青色にすることが計画されていた。分析対象の写真がモノクロのため，残念ながら実際の園舎では，この共通の青色が実現したかは確認できない。しかし，共通の青色にすることで，その他の場所とは異なる静的な活動をする場所であることを示し，まさに色彩が空間を仕切る役割を果たすことを目指していたと考えられよう。

4-7-3.「子どもサイズ」の実現

　第Ⅰ章で述べたように，モンテッソーリは物理的環境は「子どもサイズ」

でなければならないとした。そして、「子どもサイズ」を実現するためには、子どもの(1)体格，(2)体力，(3)理解力を考慮する必要があるとした。ゲーテ・ホーフ幼稚園の設備，家具はこの「子どもサイズ」のデザインを実現している。

(1)子どもの体格に適切な寸法の実現

　ゲーテ・ホーフ幼稚園の設備や家具のほとんどは，子どもの体格に適切な寸法であった。子どもの体格に適切な寸法であるかを検討する基準とした子どもの体格は，前述のように，3歳児は身長85cm，腰の高さは45.6cm，6歳児は，身長107cm，腰の高さは58.7cmである（表2-2）。

　まず，設備や作り付けの家具では，保育室の黒板の上端の高さは1,050mm程度であり，十分に子どもの手が届く高さであった。台所は高さ500〜550mm程度，奥行きは400mm程度であり，子どもの体格に合わせた寸法になっていたことが明らかになった。食器棚の高さは1,000〜1,100mmであり，3歳児であっても，ほぼ使用できる高さであった。

　窓際に作り付けられた教具棚は2段の階段状の棚であり，上段の高さは約500〜550mm，下段の高さは約300mmであった。棚の奥行きは両段とも250mm程度であり，上段の教具にも十分に子どもの手が届く奥行きである。

　教具棚は窓の高さに合わせて作り付けられており，窓枠の下枠上端の高さもおよそ500〜550mmであることが分かった。これは，3〜6歳児が，容易に外を眺めることができる高さであると言える。園舎はアトリエS&Dではなく，マイヤーの設計であるが，マイヤーはこれ以前にも幼稚園を5件手がけている。そのため，彼は子どものための空間の設計に関する知識があり，このような子どもの体格に合わせた窓の高さにしたのだと考えられる。

　ゲーテ・ホーフ幼稚園に設置された机やイスも，子どもの体格に適した寸法であると言えた。保育室で使用する机は，高さが調節できるようになっており，子どもの体格に合わせて高さを調整したと思われる。前述のように，

保育室やクロークの居間に設置されたイスは木製のひじ掛けがないタイプを基本とすると，そのバリエーションとして3つのタイプがデザインされている（図2-16）。このようなことから，これらのイスはすべて同一の寸法であったと考えられる。資料が残されていないため，正確な寸法は不明であるが，写真から子どもの体格に適切な寸法であったと推測される。プレイルームに置かれた箱型のイスは，2つのサイズが用意されていた（図2-27）。詳細なサイズは不明であるものの，写真から，子どもの体格に合わせて選択することが可能であったと考えられる。

　一方，設備や作り付けの家具の中には，3歳児には高すぎると思われるものもあり，3歳児の使用には多少の配慮が必要な設備があることもわかった。例えば，洗面台の左右に設置された歯ブラシの鋼管ラックの高さは，鋼管の高さが900mm程度，その上に設置されたコップのホルダーの高さはおそらく1,000mmを超えた。このラックは6歳児では容易に使用できる高さであるものの，3歳児には高すぎるため，おそらくアトリエS&Dのデザインによる踏み台が設置され，それで補っていた。

　私物棚の高さは1,100mm程度であった。私物棚は引き出し状の棚であるが，3歳児は使用可能な引き出しの高さの上限が76.5cmであるため，上段の棚を使用するのは難しいと思われる。そのため，私物棚の上段は，身長の高い6歳児が使うなどの配慮が必要であったと思われる。

　このように，ゲーテ・ホーフ幼稚園の設備や家具のほとんどは，子どもの体格に適切な寸法が実現されていたと言えた。3歳児の手が届きにくい場合には，それを補うために踏み台が設置されるなど，子どもが自律的に使用できるように配慮されていた。

(2)子どもの体力に適切な軽量な家具の実現

　モンテッソーリは，子どもの体力に適切な家具の特徴として，軽量であることを挙げている。すでに見たように，ゲーテ・ホーフ幼稚園の多くの家具

は，作り付けであった。そのため，ここでは机とイスに注目した。しかし，残念ながら，バウハウス・アーカイブが所蔵している資料の中に，家具の重さを示す資料や，子どもが家具を持ち運んでいる姿をおさめた写真などは残されていなかった。

すでに述べたように，保育室の床の色彩は，子どもが机を片付ける際の位置を示していると考えられた。保育室の机は4人用の机であったため，1人で運ぶのは困難だったかもしれないが，木製の天板と脚を組み合わせた簡素なデザインであることから，3歳児であっても3〜4人で力を合わせれば，運ぶことができる重さだったのではないだろうか。

イスについては，ゲーテ・ホーフ幼稚園で採用された4種類のイスのうち，背のないスツールのタイプは，保育室のさまざまなところで使用されていた（図2-20, 2-21）。資料が残されていないため，このスツールの重量は不明であるが，このスツールがさまざまな場所で使用されている様子をおさめた写真から，子どもが運ぶことが可能な重さであったと考えて良いだろう。

(3) 子どもの理解力の考慮：使いやすさのデザイン

モンテッソーリは，子どもは発達の過程にあり，理解力を十分に身に付けていないことを考慮して物理的環境をデザインするべきだとした。そのための方法のひとつとして単純化することを上げている。

アトリエS&Dのデザインは，子どもが使い方を理解しやすく，さらには大人の手を借りなくても使うことができるように，工夫されたデザインであると言えた。

もっとも特徴的なのは，洗面台と化粧スペースを区切るように配置された鋼管ラックのデザインである。この鋼管ラックは，歯ブラシ，コップ，タオルのためのラックである（図2-18）。コップを逆さに掛けられるようコップの形に合わせたホルダーが最上部に取り付けられている。その下には歯ブラシを1本ずつ立てる金属のホルダーがつけられ，最下部のフックにタオルを掛

けるようになっている．すなわち，何をどこに，どのように置けば良いのか，ホルダーの形から一目で理解することができるデザインになっている．

さらに，歯ブラシの柄と鋼管の下に見えるテープにはマークが記されている．この園の最年少は3歳児であり，文字を読むのは難しい．これらのマークは，それぞれの子どもに与えられ，名前の代わりに私物棚やクロークの各自の場所，持ち物にもつけられていた．子どもは，自分の道具を収納する場所を，一目で見つけることができる．そして，一人ひとりの子どものそれぞれの道具に，それぞれの置き場所が与えられていることも，子どもが道具を取り出しやすくすることにつながっていると考えられる．これらは，化粧スペースに設置されたくしとエプロンをかける鋼管ラックでも同様である．

このように，これらの鋼管ラックは，名前代わりのマークを記すテープまでもデザインの中に取り込み，無駄な装飾を控え，ユーザーである子どもが理解しやすいように考え抜かれた，洗練された，魅力的なデザインであると言えるだろう．

加えて，色彩計画も，理解力が発達の途上にある子どもの活動を援助するデザインであると考えられる．すでに指摘したように，色彩は，活動する場所や，家具を置く場所を示すという役割があったと考えられる．教師に尋ねなくても，子どもは，色彩によって適切な場所を理解し，自律的に行動することができる．アトリエS&Dによる色彩計画は，モンテッソーリの教育理念を実現するのに有効なデザインであったと考えられる．

5．討　論

5-1．研究2のまとめ

本章の目的は，モンテッソーリが理想とした物理的環境が実際の園舎においてどのように実現されたのかを明らかにすることであった．分析対象の園

舎は，ウィーンのゲーテ・ホーフ幼稚園であり，1930〜32年にアトリエS&Dが室内をデザインした。分析の結果，明らかになったことは，以下の7点にまとめられた。

①第Ⅰ章のモンテッソーリの著作の分析で明らかにした「物理的環境の具体的な特徴」は，ゲーテ・ホーフ幼稚園において，9割近く（88.6%）の項目が実現されていた。

②モンテッソーリが事情が許せば設けるとよいとした各種の部屋は，ゲーテ・ホーフ幼稚園においては，保育室にコーナーとして設けることで実現されていた。

③ゲーテ・ホーフ幼稚園に設置されたクロークは居間，午睡室という多機能な空間として使用されていた。

④ゲーテ・ホーフ幼稚園の壁や床の色彩は，子どもが活動する場所や家具を置く場所をそれぞれ示し，部屋やコーナーの機能をユーザー（子どもにも教師にも）に分かりやすく示していた。

⑤壁や床の色彩は，多機能に使用された空間を仕切る役割も果たしていた。

⑥設備や家具は，「子どもサイズ」の子どもの体格に適切な寸法と，体力に適切な軽さをほぼ実現していた。

⑦鋼管ラックのデザインや色彩計画は，子どもの理解力に合わせた「子どもサイズ」のデザインであると言えた。

5-2．研究2の結果に基づく考察

研究2の結果に基づき，以下の2点について考察する。

5-2-1．モンテッソーリの思想を具体化したデザイン

アトリエS&Dのデザインは以下の2群に分類されるだろう。

第1群は，モンテッソーリの物理的環境に関する「記述」を具体化したデザインである。上記の7点のうち⑥の設備や家具では，黒板，机，イス，教

具棚，私物棚に関してはモンテッソーリの著作に比較的具体的な記述があり，アトリエS&Dがそれを忠実にデザインし，実現したと言える．特に，私物棚は，子どもの体格に合わせた高さであるだけでなく，色使いや名札のつけ方なども，モンテッソーリの著作の記述に非常に近いデザインであった．

第2群はモンテッソーリの「思想」を具体化したデザインである．上記の7点のうち，②～⑤，及び⑦はモンテッソーリの著作において，具体的な記述が見られないデザインである．

②，③のモンテッソーリが理想とする室構成は，園舎の構成上の制約によって実現できなかった．それを，アトリエS&Dがモンテッソーリの記述とは異なる形で実現したのである．保育室には，事情が許せば独立した部屋として設けるべきとされた洗面室，食事室などがコーナーとして配置され，実現されていた．クロークは家具により居間，午睡室として多機能に使用されていた．これらは，すでに指摘したように，ジンガーがバウハウス時代から最小限住宅の設計に関心を持ち，折りたたみ式の家具を配置し，1部屋を多機能に使用する「一室住居」の設計などを手がけた経験が活かされたものと思われる．そして，これらの部屋は，多機能に使用されながらも，雑然とせず機能的な空間となっているのは，⑤彼らの独特の色彩計画による空間の秩序化と設備や家具の配置によるものだと言える．

④の壁や床の色彩計画は，物理的環境が子どもの自律的活動を援助する興味深い例である．アトリエS&Dは壁や床の色彩によって，保育室やクロークで子どもに活動する場所などを示していた．さらに，子どもは，活動に誤りがある場合は，色彩によるフィードバックによりそれを気付かされ，訂正を促される環境が用意されたとも言えた．アトリエS&Dは住宅の室内をデザインする際にも色彩を重視しており，色彩により子どもの自律的活動を援助するという計画は，まさに彼らの得意とするものであったと言える．

⑦の歯ブラシやくしを置く鋼管ラックは，子どもが使い方を理解しやすく，使用しやすいデザインであると言える．モンテッソーリは著作の中で，各自

の歯ブラシなど置く棚を設けるとよいとしているが，棚の詳細については言及していない。また，モンテッソーリは「子どもサイズ」とは，発達過程にある子どもの理解力も考慮しなければならないとした。鋼管ラックは，モンテッソーリの目指すこの「子どもサイズ」のデザインをまさに具体化したものだといえるだろう。

　このように，アトリエ S&D は，モンテッソーリの「記述」を単に実現するにとどまらず，独自のデザインを提案し，モンテッソーリの「思想」を具体化し，モンテッソーリ教育にふさわしい物理的環境を実現していると言えるのである。前述のように1934年の内戦，1938年のナチスドイツのオーストリア併合によるモンテッソーリ教育の禁止にともなう園舎の破壊により，ゲーテ・ホーフ幼稚園の物理的環境は現存しない。そのため，子どもがこれらの物理的環境を使用する様子を観察することはできない。しかし，バウハウス・アーカイブが所蔵する保育の様子を記録した多くの写真から，これらの物理的環境において，モンテッソーリが理想とした教育実践が可能であったといってよいであろう。

5-2-2．教育理念の理解と教育者との協働作業の必要性

　なぜ，ゲーテ・ホーフ幼稚園において，アトリエ S&D はこのような室内デザインをすることが可能になったのだろうか。それは，彼らが，モンテッソーリの子ども観・発達観および教育の原則を深く理解していたからだと思われる。特に，彼ら独自のデザインによってモンテッソーリ教育にふさわしい物理的環境が実現されており，これはアトリエ S&D のモンテッソーリ教育に対する非常に深い理解によるところが大きいと考えられる。そして，モンテッソーリ教育に対するこの理解は，文献などを通じてだけではなく，デザインにおける教育者との協働によっても深められたと考えられた。

　ゲーテ・ホーフ幼稚園のデザインの際には，この幼稚園の園長であったヘディ・シュヴァルツ（Hedy Schwarz）がアトリエ S&D に重要な示唆を与え

たことが明らかになっている (Holzbauer, 1988)。ジンガーらは，文献などからだけではなく，シュヴァルツからモンテッソーリ教育の実際を学び，理解を深め，それがデザインの発想につながっていったと考えられる。おそらく，デザインの過程においてシュヴァルツは助言し，それを参考にしながら，ジンガーらはデザインを手直しし，仕上げていったのではないだろうか。

　シュヴァルツとジンガーの協働は，ゲーテ・ホーフ幼稚園の後も続いた。シュヴァルツは1934年までゲーテ・ホーフ幼稚園の園長を務めた後，ウィーン市19区に私立のモンテッソーリ教育の幼稚園を開設したが，この園もジンガーが室内をデザインしたことがわかっている (Holzbauer, 1988)。アメリカ合衆国ホロコースト記念博物館 (United States Holocaust Memorial Museum) のスティーヴン・スピルバーグ・フィルム＆ビデオ・アーカイブ (Steven Spielberg Film and Video Archive) には1933～38年頃に撮影された*Montessori school in Vienna*[40]というタイトルの3分ほどの映像が所蔵されている。映像の中でこの学校が，"Montessori-Kindergarten Hedy Schwarz." であることが確認でき，確かにシュヴァルツがゲーテ・ホーフ幼稚園で園長を務めた後，自らの幼稚園を設立したことが明らかになった。この映像から，この園では，窓は子どもが十分に顔を出せるほど低く，手洗い場の蛇口も子どもの手が届く高さに設置されていることが確認できる。その他，色の異なる引き出しのある低い戸棚や，子どもサイズの机やイスなどもわずかに見える。また，子どもサイズのバケツ，じょうろ，クワ，シャベルなどを使い，園庭で庭仕事をしている子どもの様子もおさめられている。しかし，この映像は，ある家族の記録（おそらく，長男が初めて幼稚園に登園した日の記録）として撮影されたものであり，この園の物理的環境の詳細までを確認することはできなかった。なお，この園については，*Architektenlexikon*や他の文献にも記述されていないため，物理的環境などの詳細は不明である。そして，2人の協働関係はロンドン移住後も続いた。ロンドンでジンガーは，幼児教育施設向けの家具を製作する会社に勤務したが，ここでもシュヴァルツが協力して

いたことが明らかになった（Wilberg-Vignau, 1970）。

　このような事実から，ゲーテ・ホーフ幼稚園の室内デザインにおけるジンガーとシュヴァルツとの協働作業は，互いにとって満足のいくものであったと推測できる。そして，彼らの協働が継続したという事実は，より良い幼児教育施設を実現させるためには，建築家・デザイナーと教育者の協働が欠かせないことを気づかせる。ゲーテ・ホーフ幼稚園は，教育者とデザイナーの協働により，優れた物理的環境が実現されたまさに好例であると考えられる。

　この建築家・デザイナーと教育者との協働作業の必要性については，終章において，さらに考察する。

【第Ⅱ章・注】
1）クレーマー（Kramer, 1976/1981/1988）によれば，リリー・ルービツェク（Lili Roubiczek）は医師のジギスムント・ペラー（Sigismund Peller）と結婚し，後年はリリー・ペラー（Lili Peller）の名を使用していた。
2）わが国では，幼稚園の教育時間は4時間を標準とし，保育所の保育時間は8時間を原則とする。しかし，「赤いウィーン」では長時間保育を実施する幼児教育施設であっても，"Kindergarten"「幼稚園」の名称も使用されていたと考えられる。例えば，後述のように本研究で分析対象としたゲーテ・ホーフ（Goethehof）幼稚園も午睡室が設けられ，長時間保育を実施していたと考えられるが，名称は"Kindergarten"「幼稚園」（Städtischer Montessori-Kindergarten im Goethehof, Schüttaustraße）である。そこで，本研究では，当時のウィーンの市営幼稚園は長時間保育を実施し，現在のわが国の保育所に近いと考えられるものの，「保育所」と呼びかえることはせず，当時の名称を尊重し，「幼稚園」の名称を統一して使用する。
3）「赤いウィーン」については，ウィーンの社会民主主義に関するweb上の百科事典 dasrotewien.at Weblexikon der Wiener Sozialdemokratie（http://www.dasrotewien.at/）を参照した。例としてあげた3つの集合住宅については以下を参照した。
・Sandleiten：http://www.dasrotewien.at/sandleiten.html（2017.6.30現在）
・Karl-Seitz-Hof：http://www.dasrotewien.at/karl-seitz-hof.html（2017.6.30現在）
・Rabenhof：http://www.dasrotewien.at/rabenhof.html（2017.6.30現在）

4）http://www.dasrotewien.at/februarkaempfe-1934.html（2017.6.30現在）
5）ウィーンの建築家については，主としてウィーン建築センター（Architekturzentrum Wien）の web 上の百科事典 *Architektenlexikon Wien 1770–1945*（https://www.azw.at/page.php?node_id=84，2017.6.30現在）と，上記の *dasrotewien.at Weblexikon der Wiener Sozialdemokratie* を参照した。この *Architektenlexikon* は1770〜1945年にウィーンで活躍した建築家，建設者，都市計画家，これらに関連する理論家などに関するデータベースであり，2003年より作成が開始され，順次更新されていた。2013年に完成し，現在，およそ1,050人の情報が登録されている。
6）http://www.architektenlexikon.at/de/392.htm（2017.6.30現在）
7）http://www.dasrotewien.at/goethehof.html（2017.6.30現在）
8）個人的なコミュニケーションにおける Romana Schneider 氏の発言（2009年3月31日）
9）http://www.dasrotewien.at/rudolf-krauss-bis-viktor-mittag.html（2017.6.30現在）
10）http://www.dasrotewien.at/kommunale-wohnbauten-ottakring.html（2017.6.30現在）
11）http://www.dasrotewien.at/wachauerhof.html（2017.6.30現在）
12）http://www.dasrotewien.at/poelzerhof.html（2017.6.30現在）
13）http://www.dasrotewien.at/landstrasse.html（2017.6.30現在）
14）http://www.architektenlexikon.at/de/147.htm（2017.6.30現在）
15）http://www.dasrotewien.at/ernst-egli-bis-rudolf-frass.html（2017.6.30現在）
16）http://www.architektenlexikon.at/de/405.htm（2017.6.30現在）
17）http://www.architektenlexikon.at/de/212.htm（2017.6.30現在）
18）http://www.dasrotewien.at/franz-gessner-bis-paul-hoppe.html（2017.6.30現在）
19）http://www.architektenlexikon.at/de/571.htm（2017.6.30現在）
20）http://www.dasrotewien.at/karl-schmalhofer-bis-walther-sobotka.html（2017.6.30現在）
21）http://www.architektenlexikon.at/de/75.htm（2017.6.30現在）
22）http://www.dasrotewien.at/walter-brossmann-bis-anton-drexler.html（2017.6.30現在）
23）http://www.architektenlexikon.at/de/521.htm（2017.6.30現在）
24）http://www.dasrotewien.at/egon-riss-bis-gustav-schlaefrig.html（2017.6.30現在）

25) http://www.dasrotewien.at/professor-jodl-hof.html（2017.6.30現在）
26) http://www.dasrotewien.at/am-wienerberg.html（2017.6.30現在）
27) http://www.dasrotewien.at/thury-hof.html（2017.6.30現在）
28) http://www.dasrotewien.at/eberthof.html（2017.6.30現在）
29) http://www.dasrotewien.at/gallhof.html（2017.6.30現在）
30) http://www.dasrotewien.at/roman-felleis-hof.html（2017.6.30現在）
31) http://www.architektenlexikon.at/de/723.htm（2017.6.30現在）
32) http://www.architektenlexikon.at/de/724.htm（2017.6.30現在）
33) Franz Singer と Friedl Dicker の経歴については，主に Holzbauer（1988），Makarova（2001），Wilberg-Vignau（1970）と，*Architektenlexikon* の Franz Singer と Friedl Dicker の項を参照した。URL は 31) 及び 32) である。

　なお，ディッカーは，1936年にプラハで，パヴェル・ブランダイス（Pavel Brandeis）と結婚した。そのため，いくつかの文献では，フリードル・ディッカー-ブランダイス（Friedl Dicker-Brandeis）の名が使用されている。しかし，彼女がゲーテ・ホーフ幼稚園の室内をデザインするなど，デザイナーとしてウィーン市で主に活動していた期間は，Friedl Dicker の名を使用しており，さらに，*Architektenlexikon Wien 1770-1945* にも Friedl Dicker として収録されている。このため，本書においては，フリードル・ディッカー（Friedl Dicker）の名を使用することにした。
34) なお，バウハウス・アーカイブ所蔵の写真の本書への掲載にあたっては，バウハウス・アーカイブより，スキャナによりデジタル化された写真の提供を受けた。
35) Bauhaus-Archiv Berlin, Inventory no. 09361/001.
36) 認定こども園の設備及び運営に関する基準は，以下の２つである：「就学前の子どもに関する教育，保育等の総合的な提供の推進に関する法律第三条第二項及び第四項の規定に基づき内閣総理大臣，文部科学大臣及び厚生労働大臣が定める施設の設備及び運営に関する基準」，「幼保連携型認定こども園の学級の編制，職員，設備及び運営に関する基準」（子どもと保育総合研究所・森上，2017）。
37) 文部科学省の平成19年度学校保健統計調査速報の「年齢別平均身長の推移（明治33年度～平成19年度）」を使用した。
http://www.mext.go.jp/b_menu/toukei/chousa05/hoken/kekka/1268813.htm（2013.10.8現在）
38) 人間生活工学研究センターが，子どもの身体寸法データベースとして Web サイト上で公表している『平成20年度機械製品の安全性向上のための子どもの身体特性

データベースの構築および人体損傷状況の可視化シミュレーション技術の調査研究報告書』を参照した。http://www.hql.jp/database/children/（2017.6.30現在）

39) 参考にしたのは，建築設計資料集成の「収納棚の寸法」（日本建築学会，2005, p.94）の算定法である。この算定法に基づき，ユーザーの「身長」を100とし，それに対して「引出しの高さ（上限）」は90,「物を出し入れできる高さ（上限）」は115として算定した。

40) *Montessori school in Vienna*（RG Number: RG-60.4751, Accession Number: 2009.62, Film ID: 2867.）
http://www.ushmm.org/online/film/display/detail.php?file_num=5140
（2017.6.30現在）

第Ⅲ章　日本のモンテッソーリ保育所の物理的環境：
研究3—非モンテッソーリ保育所との比較による検討

1．問　題

　モンテッソーリ教育が20世紀初頭のイタリアで考案され実践が開始されてから，およそ100年が経過した。モンテッソーリ教育は世界中に普及し，今日のわが国でも広く実践されている主要な教育法の一つである。本章は，現在の日本でモンテッソーリ教育を実践している保育所が，100年前にモンテッソーリが提案した物理的環境の特徴を，どの程度，どのように，継承・維持しているかを明らかにすることを目的とする。

　すでに明らかにしてきたように，モンテッソーリ教育の特徴は物理的環境（建築，設備，家具，道具）を重視したことにある。第Ⅰ章のモンテッソーリの著作の分析によって明らかにしたように，物理的環境は，彼女の子ども観・発達観および教育の原則に基づいて計画され，具体化されたものであった。そして，第Ⅱ章の分析では，アトリエS&Dによって室内がデザインされたウィーン市のゲーテ・ホーフ幼稚園で，モンテッソーリが理想とした物理的環境の90％近くが実現されていたことを明らかにした。しかし，これは当然だと言えるかもしれない。なぜなら，ゲーテ・ホーフ幼稚園がデザインされたのはモンテッソーリ教育が開始され，普及し始めて間もない1930～32年であり，そして，モンテッソーリも存命中であったからである。

　もし，モンテッソーリが目指したように，物理的環境が教育実践において重要な役割を果たしているとすれば，たとえ100年が経過しても，そして，

わが国のモンテッソーリ教育を実践している幼児教育施設でも，その特徴が継承されているであろう。そこで本章では，保育所を対象に物理的環境に関する調査をし，現在のわが国でモンテッソーリ教育を実践する保育所において，彼女が理想とした物理的環境が園舎から道具に至るまで，どの程度，実現されているかを明らかにする。

1-1．わが国におけるモンテッソーリ教育の受容の過程

わが国におけるモンテッソーリ教育の受容は，2期に分けられる。

第1期は明治末期から大正末期にかけてである。1912（明治45）年1月11日付けの『萬朝報』における紹介が，わが国におけるモンテッソーリ教育の紹介の最初である。このときモンテッソーリ教育は，誤って小学校教育として紹介されたという（吉岡，1978）。その後は，モンテッソーリが対象としたように，主として，3～6歳児を対象とする幼児教育法として受容されたものの，既存の教育にモンテッソーリ教育の教具のみを取り入れるなどの部分的な導入にとどまり，しかも，大正末期にはほとんど実践されなくなったという（西川，2000；2009）。

第2期は1960年代に入ってからであり，これがわが国におけるモンテッソーリ教育の本格的な受容となった（ルーメル，2004）。もっとも早くこれに貢献したのは，美学やドイツ文学の研究者であった鼓常良である。鼓はモンテッソーリ教育に興味を持ち，渡欧して研究した後，1965年に日本における最初のモンテッソーリ・クラスを開設した（鼓，1968b）。さらに，モンテッソーリは教育の質の低下を防ぐため，教師のディプロマ（教師資格）を厳しく管理したが（Kramer, 1976/1981/1988），この第2期にはイタリアやドイツなどの海外で正式なディプロマを取得する日本人保育者が増加し，その取得者を中心に，日本各地でモンテッソーリ教育が実践されるようになった。そして，1968年には日本モンテッソーリ協会が設立された。1970年には同協会の承認を受け，さらに，国際モンテッソーリ協会（AMI）に連絡を取った上で，

上智大学にわが国初のモンテッソーリ教師養成コースが開設された（ルーメル，2004）。これにより，わが国でもディプロマが取得できるようになり，モンテッソーリ教育のさらなる普及へとつながった。

この1960年代の本格的な受容から50年近く経過した現在でも，わが国ではモンテッソーリ教育が盛んに実践され続けている。モンテッソーリ教育を実施している幼児教育施設の全数を把握する資料はないが，たとえば，日本モンテッソーリ教育綜合研究所がホームページ上で公開している「モンテッソーリ教育実施園全国版」[1]（2009年5月現在版）には，モンテッソーリ教育を実施している保育所，幼稚園などの幼児教育施設としておよそ640か所が掲載されている。

1-2．モンテッソーリ教育の物理的環境についての先行研究

すでに第Ⅰ章で紹介したように，モンテッソーリ教育の物理的環境についての先行研究はわずかしかない。まず，教育学では，モンテッソーリの教育理念における「環境」について哲学的に考察した研究（甲斐，1985；1995；1997）や，イスの特徴から子どもの自発的な活動とモンテッソーリ教育の物理的環境の特徴を考察した研究（東谷，2007）などがわずかにみられる。

建築学では，現在わが国でモンテッソーリ教育を実施していると標榜する幼稚園の物理的環境などを分析対象とした研究が少数見られる。たとえば，長沢ら（長沢・深堀，1988）は3園舎での保育中の騒音を測定し，園舎と外部空間の配置，園舎内の構成の有効性を比較検討している。神成ら（神成・初見，1984）は，園舎内と外部空間の配置の異なる3園で園児の行動を調査し，園舎内の室の配置が，園児の活動や活動の選択に影響を与えることを指摘している。天満ら（天満・菊地，2004）は1園での事例研究により，保育室内の配置が園児の探索行動と，園児同士の交流の活発化に寄与することを指摘している。白川ら（白川・定行，2017a）は，モンテッソーリ教育を実践する幼稚園と保育所に対するアンケート調査と，保育所1園の施設調査を実施し，

実践されている保育形態と教育内容，および園舎の平面計画などを検討し，モンテッソーリ教育に基づく建築計画のあり方を考察している。また，モンテッソーリ教育及びハンガリーの保育実践と，「保育所保育指針」の共通性を指摘した上で，アンケート調査と施設調査を実施し，両教育の空間特性が，一般の保育所のより良い空間づくりの参考となりうることを指摘している（白川・定行，2017b）。

このようにこれまでの研究では，モンテッソーリ教育における物理的環境に注目してはいるものの，筆者が検討した限りでは，わが国のモンテッソーリ教育を実践する保育所の物理的環境の現状について調査し，モンテッソーリが提案した物理的環境を，どの程度実現しているかを検討した研究は見当たらない。

1-3．研究3の目的

既に述べたように，モンテッソーリ教育が始められてからおよそ100年，わが国で本格的に受容されてからおよそ50年が経過した。本研究の目的は，本格的な受容から半世紀がたった現在でも，わが国のモンテッソーリ教育を実践する保育所において，モンテッソーリが著作の中で記述した物理的環境が実現されているのかを明らかにすることである。第Ⅰ章で明らかになったモンテッソーリ教育のための「物理的環境の具体的な特徴」を参考に，物理的環境に関する質問項目を作成し，質問紙調査を行った。調査対象は，現在，わが国で「モンテッソーリ教育を実践している保育所」と「その他の教育法を実践している保育所」である。「その他の教育法を実践している保育所」と比較することで，「モンテッソーリ教育を実践している保育所」の物理的環境の特徴を明らかにし，モンテッソーリが記述した物理的環境の特徴をどの程度実現しているかを検討する。

なお，本研究では，幼稚園ではなく保育所を研究の対象とした。モンテッソーリが1907年にローマに開設した最初の「子どもの家」も保育時間が長く

(午前9時～午後4時)，現在のわが国の保育所に近い施設であった (Montessori, 1909/1912/1964/1974)。モンテッソーリ教育は，子どもの家での実践の成果により提案された教育法であることから，モンテッソーリ教育を実践する場として分析するのであれば，保育時間が長い保育所の方が適当であると思われる。さらに，第Ⅱ章で分析したゲーテ・ホーフ幼稚園も，午睡が行われ，保育時間が長く，わが国の保育所に該当すると考えられるためである。

わが国の幼稚園は「学校教育法第22条に規定する目標を達成する」(『幼稚園教育要領』，第1章，第1：文部科学省，2008) ものであり，教育時間は4時間を標準とし，教育が重視される。これに対して，わが国の保育所は「保育に欠ける子どもの保育を行い，その健全な心身の発達を図ることを目的とする児童福祉施設」(『保育所保育指針』，第1章，2：厚生労働省，2008) とされ，保育時間は8時間を原則とし (『児童福祉施設の設備及び運営に関する基準』第34条：子どもと保育総合研究所・森上，2017)，「養護」に関わるねらい及び内容が示され，「食事，排泄」に加え「睡眠」(午睡) も身に付けるべき基本的な生活習慣として取り入れられ，教育に加えて生活が重視されている。第Ⅰ章で明らかになったように，モンテッソーリ教育では主要な練習の一つが日常生活の練習であり，子どもの家での日常生活の実践を通して，子どもが基本的な生活習慣を身につけることが重視されていた。すなわち，モンテッソーリ教育の本格的な実践の場として検討するのであれば，わが国では幼稚園よりも保育所の方が適当であると考えられるため，本研究では保育所を調査対象とした。

さらに，本書で注目しているモンテッソーリ教育における物理的環境は，主として3～6歳児を対象とした環境であるため，本調査でもクラス編成上の年齢で3～5歳児が使用する物理的環境について調査することにした。

2．研究の方法

2-1．調査の項目

　第Ⅰ章におけるモンテッソーリの12著作の分析で明らかになったモンテッソーリ教育の「物理的環境の具体的な特徴」を参考に，24の質問項目を作成した。24の質問項目は，8項目ごとに，以下の3領域に分類される。
　①園舎の領域：園舎の室構成と階段，開口部など園舎の建物の一部分であり，比較的可変性が低い物理的環境に関する項目
　　1．遊戯室の設置
　　2．食事室の設置
　　3．午睡室の設置
　　4．図書室の設置
　　5．気持ちを落ち着かせたり，静かに過ごすための部屋またはコーナーの設置
　　6．階段は，3歳児でも昇降可能
　　7．ドアノブは，3～5歳児の手が届く高さ
　　8．窓は，3歳児でも外を眺められる高さ
　②生活の領域：生活習慣（衛生，食事，調理，衣服の着脱など）の習得に関連する設備，道具に関する項目
　　9．手洗い場は，3歳児でも使用できる高さ
　　10．台所や配膳台を設置
　　11．台所，配膳台は，3歳児でも使用できる高さ
　　12．ロッカーは，3歳児でも使用できる高さ
　　13．タオル掛けは，3歳児でも手が届く高さ
　　14．コップ掛けは，3歳児でも手が届く高さ

15. 食器は，陶磁器（強化陶磁器を含む）を使用
16. 食器は，ガラス製品を使用

③家具の領域：3～5歳児が保育室で主に使用する家具に関する項目
17. 机の高さは，体格に合わせて選択可能
18. 主な机は，5歳児が1人で運搬可能な重さ
19. 使用人数が異なる机を，複数設置
20. 1人用の机を設置
21. イスの座面の高さ・奥行は，体格に合わせて選択可能
22. 主なイスは，3歳児が1人で運搬可能な重さ
23. さまざまな種類のイス（ソファ，ベンチなど）を設置
24. 本棚は，3歳児でも手が届く高さ

　これらの項目を「実現している」とすれば，モンテッソーリが理想とする物理的環境を実現していることになる。なお，詳しい質問項目については，本書の付録の調査票（p.225～）を参照されたい。
　なお，質問項目作成の際には，2名の保育者経験者に聞き取り調査を行い，質問項目作成の参考とした。1名はモンテッソーリ教師のディプロマを取得した保育者経験者であり，もう1名は公立保育園などで長年勤務した経験豊かな保育士経験者である。この聞き取り調査を参考にして，調査項目や表現の仕方を工夫した。例えば，現在のわが国の保育所では，ほぼすべての保育所で，子どもの体格に合わせた，いわゆる小さな子ども用の机とイスの設置は実現していることが示唆された。つまり，現在のわが国の保育所では，モンテッソーリが理想とした子どもの体格に合わせた机とイスは，実現しているといえるだろう。しかし，モンテッソーリは，例えばイスについて，大人用のイスを単に小さくしたものではなく，子どもの身体に調和したものであるべきだとしている（Montessori, 1972b）。そこで，本調査では机とイスについて，単に小さな机とイスということにとどまらず，それぞれの子どもの体格に合わせて，より適切な机やイスを選択できるかを質問することにした

(上記質問項目17, 21)。

2-2. 調査対象の保育所

本調査では，クラス編成上の年齢で3～5歳児が使用する物理的環境を調査対象とした。調査対象として，3～5歳児の保育を行っているモンテッソーリ教育を実践する保育所（217か所）とその他の教育法を実践する保育所（484か所），合計701か所を抽出した。抽出方法は以下の通りである。

(1)モンテッソーリ教育を実践する保育所（以下，M群と表記）

M群の抽出には，日本モンテッソーリ教育綜合研究所がホームページ上で公開している「モンテッソーリ教育実施園全国版」[1]（2009年5月現在版）を利用した。ここに掲載されている保育所，全215か所と，モンテッソーリ教育以外の教育法を実践する保育所の抽出段階で，モンテッソーリ教育を実践していることが確認できた2か所を追加し，合計217か所に調査を依頼することにした。

(2)モンテッソーリ教育以外の教育法を実践する保育所（以下，non-M群）

non-M群の保育所の抽出には，各地方自治体がホームページ上に公開している保育所一覧を利用した。保育所における保育内容や，園舎などの物理的環境には地域差が影響すると考えられたため，M群として抽出した保育所と同じ市区町村内で同一の認可の種別，さらになるべく定員数で同規模の保育所を，M群の保育所1に対しnon-M群の保育所2の割合で抽出した。ただし，郡部については1：1の割合で抽出した。しかし，同じ市区町村内にnon-M群として抽出できる保育所がない場合もあったため，この方法で抽出できたのは380か所であった。これに加えて，東京都区部と政令指定都市5都市（札幌市，仙台市，名古屋市，大阪市，広島市）から合わせて104か所を抽出し，合計484か所に調査を依頼した。

2-3．調査方法と回収率

郵送による質問紙調査とした。回答は，各保育所の所長や主任，あるいは保育実践の中心的な役割を果たしている人に求めた。2010年5月末に質問紙を郵送し，8月第1週末までに返送されたものを分析対象とした。回収数は310票，回収率は44.2％であった。内訳は，M群95票，non-M群192票，不明23票であった。

2-4．分析した保育所の概要

本研究で分析対象としたのは，教育法が不明な23票を除く，M群95票，non-M群192票の合計287票である。以下，分析した保育所の概要を述べていく。

(1)保育所の所在地

表3-1に見るように，回答した保育所は，M群，non-M群とも全国に広がっていた。回答した保育所は両群とも九州地方が最も多く，次いで関東地方であった。その次に多かったのは，M群では中部地方，non-M群は東北地方であった。

表3-1 分析した保育所の所在地

		モンテッソーリ保育所(％)	非モンテッソーリ保育所(％)
所在地	北海道地方	2 (2.1)	14 (7.3)
	東北地方	6 (6.3)	35 (18.2)
	関東地方	23 (24.2)	40 (20.8)
	中部地方	17 (17.9)	31 (16.1)
	近畿地方	9 (9.5)	14 (7.3)
	中国・四国地方	2 (2.1)	7 (3.6)
	九州地方	36 (37.9)	50 (26.0)

(2)保育所の認可の種別,運営形態

表3-2に示したように,回答した保育所は両群とも,大半が認可保育所であり,認可外保育所はわずかであった。これは,調査対象として抽出した保育所の95%近くが認可保育所であったことを反映している。運営形態は,両群とも民設民営が8割前後を占め,次いで公設民営であった。また,公設公営の保育所はM群ではなく,non-M群では1割に満たなかった(7.3%)。

(3)保育所の開設年及び園舎の建設年

図3-1,3-2に見るとおり,保育所が開設された年代では両群とも1970年代がピークであった(M群:35.1%,non-M群:35.4%)。これは,第二次ベビーブーム(1971~1974年)による出生数の増加の影響だと推測される。M群で次に多かった年代は1960年代(19.1%),1980年代(16.0%)であったが,待機児童問題が深刻化してきた2000年代は1割程度(9.6%)であった。non-M群では1970年代に続き,2000年代(16.9%),1960年代(15.3%)と続き,待機児童問題の影響が推測された。

園舎の建設された年代を見ると,M群では1970~2010年までの各年代で2~3割弱の保育所が園舎を建設していた。non-M群では2000年代が最も多く(33.5%),次いで1970年代(27.7%),1980年代(21.3%)であった。園舎の建設年は,現在使用している園舎について質問した。年代別の保育所の開設数と園舎の建設数が必ずしも一致しないのは,現在使用している園舎が開

表3-2 分析した保育所の認可の種別と運営形態

		モンテッソーリ保育所(%)	非モンテッソーリ保育所(%)
認可の種別	認可	86 (90.5)	187 (98.4)
	認可外	9 (9.5)	3 (1.6)
運営形態	公設公営	0 (0)	13 (7.3)
	公設民営	8 (9.6)	24 (13.5)
	民設民営	71 (85.5)	139 (78.1)
	わからない・その他	4 (4.8)	2 (1.1)

第Ⅲ章　日本のモンテッソーリ保育所の物理的環境：研究3　165

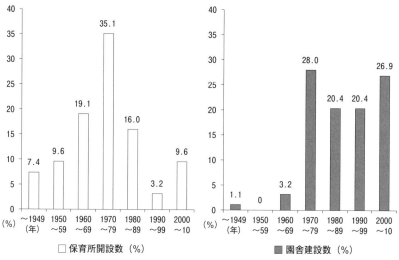

図3-1　年代別のM群の保育所開設数と園舎建設数

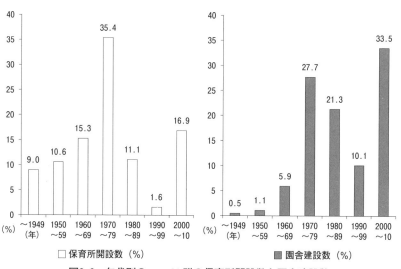

図3-2　年代別のnon-M群の保育所開設数と園舎建設数

設当時から使用している園舎とは限らず，途中で改築している場合などがあるためである。

(4)保育所の規模（定員数・在園児数）

図3-3，3-4の通り，保育所の規模を表す総定員数では，90人以上120人未満と答えた保育所が両群とも最も多かった（M群：29.0%，non-M群：33.2%）。M群の総定員数で次に多いのは60人以上90人未満の保育所（23.7%）であった。M群では，総在園児数では60人以上90人未満の保育所が最も多かった（26.4%）。non-M群の総定員数では，120人以上150人未満（24.6%）と60人以上90人未満（24.1%）の保育所が続いた。non-M群では総定員数と総在園児数を比較すると，大きな違いは見られなかった。

両群の総定員数の平均はM群102.5人，non-M群100.3人であり，両群間の差は有意ではなかった（$t(278) = -0.40$）。また，両群の総在園児数の平均値（M群：106.8人，non-M群：107.6人）の差も有意ではなかった（$t(156.9) = 0.12$）。

3．結　果

3-1．モンテッソーリ得点によるM群，non-M群の比較

両群の物理的環境について比較するために，モンテッソーリ得点（以下，M得点と表記）を算出した。すなわち，160～161ページに示した24の質問項目のそれぞれに「実現している」とした回答に1点，「実現していない」には0点を与えM得点とした。したがってM得点の合計は0～24点に分布し，得点が高いほどモンテッソーリ教育の物理的環境を実現していることになる。

第Ⅲ章　日本のモンテッソーリ保育所の物理的環境：研究3　167

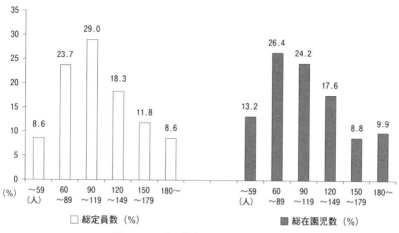

図3-3　M群の総定員数と総在園児数

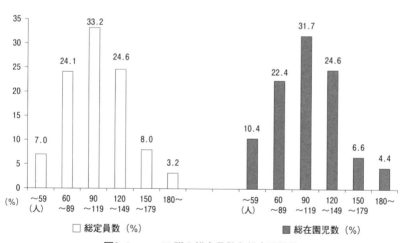

図3-4　non-M群の総定員数と総在園児数

3-1-1. 物理的環境全体の比較

まず，両群のM得点の合計の平均を算出し，両群の物理的環境全体を比較した。両群のM得点の合計の平均値に差があるかどうかを検証するために，対応のないt検定を行った。その結果，平均値間に統計的に有意な差が認められ，M群の平均値がnon-M群のそれよりも有意に高いことが明らかになった（$t(154.8) = -4.76$, $p < .001$）。M得点の合計の平均値はM群では14.34（$SD = 3.05$）点，non-M群では12.63（$SD = 2.43$）点であった。

3-1-2. 質問項目の3領域による比較

そこで，さらに質問項目の3領域ごとにも，両群のM得点に差が見られるのかを検定した。すなわち，160～161ページに示した各領域ごとに，園舎の領域（以下，領域①と表記），生活の領域（領域②），家具の領域（領域③）とし，領域ごとにM得点の合計を算出した。したがって，各領域のM得点の合計は0～8点に分布することになる。そして，両群の間で，領域①～③のM得点の合計の平均値に有意差がみられるかを検討した。

教育法（M群，non-M群）と領域（3領域）を独立変数，M得点を従属変数とする混合計画の2要因の分散分析を行った（図3-5参照）。その結果，教育法要因（$F(1, 285) = 26.33$, $p < .001$），領域要因（$F(2, 558.2) = 18.10$, $p < .001$）の主効果はいずれも有意であった。また，教育法と領域の交互作用（$F(2, 558.2) = 3.99$, $p < .05$）も有意であった。

次に，領域要因の各水準における教育法要因の単純主効果を検定した。検定の結果，教育法要因の単純主効果は領域①（$F(1, 285) = 4.18$, $p < .05$），領域②（$F(1, 285) = 12.35$, $p < .001$），領域③（$F(1, 285) = 22.92$, $p < .001$）のすべてにおいて有意であった。図3-5に見るように，3領域のM得点の合計の平均は，3領域ともM群の方が有意に高いことが分かった。

続いて，教育法要因の各水準における領域要因の単純主効果の検定を行った。その結果，M群における領域要因（$F(2, 570) = 7.90$, $p < .001$），non-M

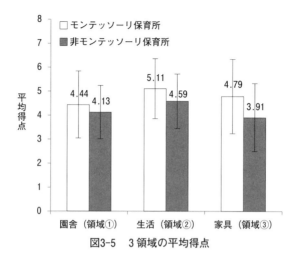

図3-5　3領域の平均得点

群における領域要因（$F(2, 570) = 17.33, p<.001$）の単純主効果はともに有意であった。さらに領域は3水準であるため，両群における領域の多重比較を行い，両群における領域間の差が有意であるかを検討した。多重比較の結果，M群では，領域①と領域②（$F(1, 285) = 18.46, p<.001$），領域①と領域③（$F(1, 285) = 4.08, p<.05$）の差は有意であった。領域②と領域③では，差がある傾向が見られた（$F(1, 285) = 3.31, p<.10$）。non-M群では，領域①と領域②（$F(1, 285) = 17.82, p<.001$），領域②と領域③（$F(1, 285) = 30.72, p<.001$）の差は有意であった。一方，領域①と領域③では，差がある傾向が見られた（$F(1, 285) = 3.27, p<.10$）。多重比較から両群における領域①〜③の差は，有意またはその傾向がみられることがわかった。

ここまでの分析で，物理的環境全体ではM群がモンテッソーリ教育の物理的環境をより実現していると言えた。質問項目の3領域についてみると，すべての領域においてM群の方がそれを実現していることが分かった。両群における領域間の差を比較すると，両群とも他に比べて生活の領域（領域②）の得点が高いことが分かった。さらに，M群では園舎の領域（領域①）の得

点が最も低く，non-M群では家具の領域（領域③）が最も低いことが明らかになった。

3-2．質問項目ごとの検討

次に，さらに各質問項目における両群間の物理的環境の差の有無を詳細に検討するため，各項目について2（教育法）×2（実現しているか否か）のχ^2検定をした。χ^2検定の結果は表3-3に示した。

3-2-1．園舎の領域

χ^2検定の結果，園舎の領域の項目で有意差が見られたのは，「午睡室の設置」（$\chi^2(1, N=287)=20.60, p<.001$）と「気持ちを落ち着かせたり，静かに過ごすための部屋またはコーナーの設置」（$\chi^2(1, N=278)=8.40, p<.01$）についてであった。「午睡室」（M群：22.1%，non-M群：4.7%），「静かに過ごす部屋またはコーナーの設置」（M群：65.2%，non-M群：46.8%）は，ともに有意にM群の方がより多く設置していた。モンテッソーリ教育では子どもの自律的活動を尊重する。この2項目は，保育所で子どもが自分のペースを維持しながら生活するためには，不可欠な部屋やコーナーである。そのため，M群では，これらの部屋，またはコーナーを設置する保育所が多いのだと考えられる。

しかし，気を付けなければならないのは，表3-4に見るように「午睡室」はM群でも2割程度（22.1%）が設置しているにとどまっていることである。専用室の設置に注目してみると，専用室では「遊戯室」は両群とも75％程度が設置していたが，「食事室」，「図書室」は両群とも12～16％程度が設置しているに過ぎなかった。つまり，両群ともに遊戯室以外の専用室の設置は，乏しいと言える。

「階段」，「ドアノブ」，「窓」に関する各項目は両群とも約9割が実現していた。

表3-3 本調査の質問項目：実現していると回答した保育所の数および2（教育法）×2（実現しているか否か）のχ²検定の結果

質問項目		モンテッソーリ保育所 n=95	非モンテッソーリ保育所 n=192	有意差
①園舎の領域：室構成・階段・開口部				
専用室の設置： 遊戯室		72	142	ns
食事室		16	29	ns
午睡室		21	9	***
図書室		12	25	ns
静かに過ごすための部屋またはコーナーを設置		60	87	**
階段： 3〜5歳児の活動を妨げない[注]		80	162	ns
ドアノブ： 3〜5歳児の手が届く高さ		79	166	ns
窓： 3歳児でも外を眺められる高さ		82	173	ns
②生活の領域：生活習慣に関連する設備，道具				
手洗い場： 3歳児でも使用できる高さ		91	182	ns
台所，配膳台： 設置		29	29	**
3歳児でも使用できる高さ		25	22	ns
ロッカー： 3歳児でも使用できる高さ		89	182	ns
タオル掛け： 3歳児でも手が届く高さ		76	165	ns
コップ掛け： 3歳児でも手が届く高さ		80	131	*
食器： 陶磁器（強化磁器含む）を使用		86	163	ns
ガラスを使用		9	7	*
③家具の領域：保育室で使用する家具				
机： 高さ：体格に合わせて選択可能		53	113	ns
重さ：主な机は5歳児が1人で運搬可能		21	15	***
使用人数が異なる机を複数設置		64	56	***
1人用の机を使用		33	12	***
イス： 座面の高さ・奥行：体格に合わせて選択可能		59	111	ns
重さ：主なイスは3歳児が1人で運搬可能		88	176	ns
様々な種類のイス（ソファ，ベンチ等）を設置		54	117	ns
本棚： 3歳児でも手が届く高さ		83	151	†

凡例）†$p<.10$．*$p<.05$．**$p<.01$．***$p<.001$．ns：有意差なし
注）3歳児でも昇降可能，または保育中に階段を使用する必要がないことを意味する

表3-4　専用室の設置

	モンテッソーリ保育所(%) n=95	非モンテッソーリ保育所(%) n=192
遊戯室	72 (75.8)	142 (74.0)
食事室	16 (16.8)	29 (15.1)
午睡室	21 (22.1)	9 (4.7)
図書室	12 (12.6)	25 (13.0)

前節の分析でM群では園舎の領域（領域①）の平均値が最も低く，M群とnon-M群の差は有意ではあるが最も小さかった。これは，両群ともに遊戯室以外の専用室の設置が乏しいことを反映していると推測される。

3-2-2．生活の領域

生活の領域に含まれる項目で，有意差が見られたのは「台所，配膳台の設置」（$\chi^2(1, N=279)=9.15, p<.01$），「コップ掛けの高さ」（$\chi^2(1, N=224)=4.85, p<.05$），「ガラスの食器の使用」（$\chi^2(1, N=285)=4.01, p<.05$）であった。これらはいずれも，M群の方が有意に多くの保育所で実現していた。

有意差が見られた「コップ掛けの高さ」（M群：98.8%，non-M群：91.6%）では両群とも実現している保育所が9割を超えた。さらに，有意差が認められなかった全ての項目は，両群ともおよそ9割が実現していた。つまり，台所と食器に関する一部の項目を除き，生活の領域のほとんどの項目を両群ともおよそ9割が実現していた。前節の分析で両群ともに，生活の領域（領域②）の平均値が最も高かったのは，この結果を反映していると考えられる。

「台所・配膳台の設置」は，M群では3割程度（31.2%），non-M群では2割に満たなかった（15.6%）。本調査では保育中の活動として調理をすることがあるかについても質問したが，両群とも8割近くの園（M群：80.0%，non-M群：74.0%）が保育中「調理をすることがある（菓子作り，米とぎなどの簡単な調理も含む）」としている。モンテッソーリ教育では活動に調理や皿洗

いなどが含まれることで知られる。一方，食育の推進は『保育所保育指針』（厚生労働省，2008）で提唱されており，non-M群でも調理を行う保育所が増加していると推測される。しかし，両群とも台所などの設置率は低いことから，多くの保育所は保育室の机などを代用していることが推測された。

3-2-3. 家具の領域

　家具の領域で有意差が認められたのは，机に関する3つの項目であった。有意差が認められたのは，「重さ：主な机は5歳児が1人で運搬可能」（χ^2(1, N=275)=11.52, p<.001），「使用人数が異なる机を複数設置」（χ^2(1, N=285)=37.31, p<.001），「1人用の机を使用」（χ^2(1, N=285)=38.48, p<.001）であった。「本棚の高さ」は，有意な傾向が認められた（χ^2(1, N=285)=3.66, p<.10）。これらはいずれも，M群の方が実現していた。

　モンテッソーリ教育では，「1人用の机」（M群：34.7％，non-M群：6.3％）から複数人用の机まで，「使用人数が異なる机を複数設置」（M群：67.4％，non-M群：29.5％）することが大きな特徴とされ，本調査でもM群の方が明らかに多く実現していた。「主な机は5歳児が1人で運搬可能」であるとしたのもM群の方が多く（M群：22.8％，non-M群：8.2％），これはM群が少人数用の机を設置していることが影響していると推測される。また，「体格に合わせて机の高さを選択可能」としたのは両群とも6割近く（M群：56.4％，non-M群：59.2％），差は有意ではなかった。

　イスに関する項目は，すべて有意差は認められなかった。両群ともすべての保育所で3～5歳児が主に使用するイスは1人掛けのイスであり，これらのイスは両群ともほぼすべての保育所（M群：96.7％，non-M群：94.1％）が「3歳児でも1人で運搬可能」な重さであるとした。イスのサイズ（座面の高さや奥行）を「体格に合わせて選択可能」としたのは，両群ともおよそ6割（M群：63.4％，non-M群：57.8％）であった。さらに，主に使用するイスの他に「様々な種類のイス（ソファ，ベンチなど）を設置」している保育所も，両

群ともおよそ6割（M群：56.8%，non-M群：60.9%）であった。

本棚については，「3歳児でも手が届く高さ」（M群：88.3%，non-M群：79.1%）としたのは，M群の方が有意に多い傾向が見られた。

前述の分析では，non-M群では家具の領域（領域③）の平均値が最も低く，M群との差も最も大きかった。χ^2検定で有意差が認められたのは机に関連する質問項目だけであり，家具の領域のnon-M群の平均値の低さやM群との差の大きさは，主に机についての質問項目に起因するものと言えるだろう。

3-3．年代による物理的環境の変化

前述のように，わが国でモンテッソーリ教育の本格的な受容が始まってから，およそ50年が経過した。ここまでのすべての分析では，M群が，よりモンテッソーリ教育の物理的環境を実現していることが分かったが，年月が経るにつれて物理的環境の実現の程度には変化が見られるのだろうか。そこで，園舎の建設年に着目し，建設年の違いにより物理的環境に差が見られるかを検討してみる。

受容が本格化し，日本モンテッソーリ協会が設立されたのが1968年であることから，モンテッソーリの教育思想が，より本格的に園舎建築に反映され始めたのは，1970年代以降であると推測される。そこで，園舎の建設年で1970〜1980年（以下，受容初期と表記）と2000〜2010年（以下，受容後期）の2期間に注目してみることにした。受容初期（M群：32.6%，non-M群：31.8%）と受容後期（M群：26.3%，non-M群：32.8%）に建設された園舎は両群ともそれぞれ3割程度である。

3-3-1．物理的環境全体の検討

まず，園舎の建設年代，および，教育法の違いによってM得点の合計の平均値に差が見られるのかを明らかにするため，独立変数を園舎の建設年代と教育法（M群，non-M群），従属変数をM得点の合計とする，対応のない2（建

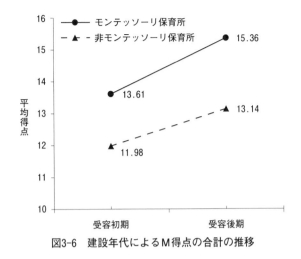

図3-6　建設年代によるM得点の合計の推移

設年代)×2(教育法)の2要因の分散分析を行った。

その結果，園舎の建設年代要因（$F(1, 176) = 11.47, p < .01$）と教育法要因（$F(1, 176) = 20.10, p < .001$）の主効果はともに有意であったが，交互作用は有意ではなかった。このことから，園舎の建設年代と教育法の違いによってM得点の合計の平均に差があることが明らかになった。図3-6に示すように，M群の方が受容初期も受容後期も有意にM得点の合計の平均値が高く，年月を経るにつれてM群はその特徴をさらに強めていることが明らかになった。しかも，M群と non-M 群の差は2期間でより広がっていることが注目される。

3-3-2．質問項目の3領域による検討

園舎の建設年代と教育法の違いによってM得点の合計の平均値の差は有意であったことから，次に質問項目の3領域によっても有意差が見られるかを検討した。

園舎の建設年代，教育法，領域を独立変数，M得点の合計を従属変数とす

る2(建設年代)×2(教育法)×3(領域)の混合計画の3要因の分散分析を行った。分析の結果,園舎の建設年代($F(1, 176)=11.47, p<.01$)と教育法($F(1, 176)=20.09, p<.001$),領域($F(2, 352)=14.63, p<.001$)の主効果はいずれも有意であった。一方,交互作用はいずれも有意ではなかった。図3-7にみるように,教育法と園舎の建設年代によって各領域のM得点の平均値に有意な差があることが分かった。教育法ではM群の方が,いずれの建設年代,いずれの領域においても,M得点の合計の平均値が高かった。園舎の建設年代ではnon-M群の家具の領域を除くすべての領域で,両群とも受容後期の方がM得点の平均値がより高かった。

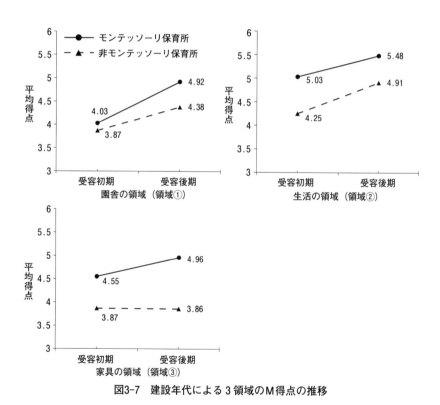

図3-7　建設年代による3領域のM得点の推移

次に領域は3水準のため，ボンフェローニの方法による多重比較を行ったところ，領域①と領域②，領域②と領域③の差は1％水準で有意であった。しかし，領域①と領域③の差は有意ではなかった。すなわち，3領域では，生活の領域が他の2つの領域に比べて得点が高いことが明らかになった。

4．討　論

4-1．研究3のまとめ

　本研究は現在のわが国のモンテッソーリ教育を実施する保育所が，マリア・モンテッソーリが著作に記述した「物理的環境の具体的な特徴」を，どの程度実現しているのかを明らかにすることを目的とした。モンテッソーリ教育を実施する保育所（M群）とそれ以外の保育所（non-M群）の701か所を対象に郵送による質問紙調査を行い，M群95票，non-M群192票の回答を得て分析した。分析により得られた結果は，以下の4点にまとめられる。
① M群の方がモンテッソーリ教育の物理的環境の特徴を，環境全体でみても，3領域（園舎，生活，家具）別にみても，すべてにおいて，より多く実現していることがわかった。
② 項目ごとにみると，両群間で有意な差，有意な傾向が見られたのは24項目中9項目においてであった。9項目すべてにおいて，M群がnon-M群よりも，以下のようにモンテッソーリ教育の物理的環境の特徴を実現していた。
　・園舎の領域では，M群の方が静かに過ごすための部屋またはコーナーと，午睡室の設置をより実現していた。しかし，両群ともに遊戯室以外の専用室（食事室，午睡，図書室）を設置している保育所は1割未満から，多くても2割程度にとどまっていた。
　・生活の領域においては，両群ともほとんどの項目を実現しており，他の

領域に比べて最も実現していた。
・M群は，家具の領域の机に関する項目（重さ，種類，1人用の机の使用）をより実現していた。
③ M群は受容初期，後期において物理的環境全体とすべての領域においてより多く実現し，しかも，両群の差は後期においてさらに大きくなった。
④ 両群ともに受容初期，後期の両時期において，生活の領域が他の領域に比べて最も実現されていた。

以上のように，M群とnon-M群の保育所を比較すると，物理的環境全体でも，3領域のすべてにおいても，M群の保育所の方が，約100年前にモンテッソーリが記述した物理的環境をより実現していることが明らかになった。つまり，モンテッソーリ教育を実践する保育所では，現在でも物理的環境が重要な役割を果たしていると考えられた。

4-2．研究3の結果に基づく考察

本研究の分析結果から，以下の3点について考察する。

4-2-1．現在の保育所の物理的環境の進歩

まず，①園舎の領域では，「階段」と「ドアノブ」に関する項目はM群，non-M群とも，およそ9割の保育所が実現していた。子どもの体格や身体能力にあった階段であることや，ドアノブに手が届くことは，保育所での毎日の子どもの活動に直接，関連する項目である。物理的環境が子どもの活動を制約しないことは，保育所の物理的環境が備えるべき最も基本的な性質であるといえよう。

②生活の領域でも，両群とも9割の保育所がほとんどの項目を実現していた。手を洗う，身の周りの物を各自のロッカーで管理するなどの生活習慣の習得は，子どもが，まず，身に付けるべき最も基本的な習慣であり，それをサポートするように物理的環境が準備されていることも，保育所に要求され

る基本的な性質である。

　③家具の領域では，すべての保育所で主として使用されているイスは1人用のイスであった。質問項目の作成段階での保育者経験者の聞き取り調査で，現在のわが国のほぼ全ての保育所で，いわゆる子ども用のイスが設置されていることが示唆された通り，両群とも9割を超える保育所でイスは「3歳児でも1人で運搬可能」な重さであるとした。つまり，保育所において子どもが最も身近に使用する家具であるイスについては，モンテッソーリが理想とした「子どもサイズ」がほぼ実現していると言えるだろう。

　さらに，M群の方がモンテッソーリ教育の物理的環境の特徴を，環境全体でも，3領域別に見てもより多く実現していたが，non-M群も一定の得点を得ていた。さらにまた，年代によるM得点の変化に注目すると，M群，non-M群ともに①園舎と②生活の領域の得点は受容後期の方が上昇していた。

　このようなことから，教育法に関係なく，現在のわが国の保育所は，子どもの行動をできるだけ制約しないように，さらには生活習慣の習得に役立つように，物理的環境を備えるという最も基本的な要件を最低限は満たしていると考えられる。受容後期でM得点の上昇がみられることから，両群とも時代とともに，このような保育所の基本的条件を整えるようになったことが明らかになった。これは，M群，non-M群ともに，モンテッソーリ教育をはじめ，内外の児童中心主義の幼児教育思想が受容され，子どもを中心とする物理的環境を整えることが普及したことがその一因であろうと推測される。

4-2-2．専用室の設置の少なさという問題

　しかし，①園舎の領域でも専用室の設置になると，M群でも実現している保育所が少なかった。専用室の乏しさは教育法に関連なく，わが国の保育所全体が持つ共通の問題点であるといえる。これは，定行ら（定行，2009）が行った調査と同じ傾向である。

本調査において，昼食をとる場所について尋ねたところ，表3-5に示したように両群ともおよそ8割（M群：84.2%，non-M群：79.7%）が「保育室」と回答した。さらに，午睡をする場所としては，表3-6に見るように両群とも「保育室」が最も多く（M群：53.7%，non-M群：74.3%），「その他の専用室」も2～3割程度（M群：31.6%，non-M群：24.1%）であり，午睡は保育室に加えて，遊戯室などの他の専用室を活用していることが推測された。なお，昼食と午睡の両方を保育室で行っている保育所はM群では約半数（51.1%），non-M群では約6割（59.4%）であり，保育室が多目的に使用されていることも明らかになった。

小川（小川，2004）は，昼食から午睡，そして軽食（おやつ）という一連の活動が行われる時間帯が，1日の保育の中で最も混乱が生じやすいと指摘している。それは，昼から午後にかけての3時間ほどの間に，昼食の準備→昼

表3-5　昼食をとる場所（複数回答可）

	モンテッソーリ保育所(%)	非モンテッソーリ保育所(%)
	n=95	n=192
食事室	14 (14.7)	30 (15.6)
保育室	80 (84.2)	153 (79.7)
その他の専用室	3 (3.2)	14 (7.3)
その他	1 (1.1)	4 (2.1)

表3-6　午睡の場所（複数回答可）

	モンテッソーリ保育所(%)	非モンテッソーリ保育所(%)
	n=95	n=191
午睡室	17 (17.9)	8 (4.2)
保育室	51 (53.7)	142 (74.3)
その他の専用室	30 (31.6)	46 (24.1)
その他	1 (1.1)	4 (2.1)

食→片付け，次に午睡の準備→午睡→片付け，そして再び，軽食の準備→軽食→片付けと，多くの行為を行わなければならないためである．さらに小川は，この食事と午睡に関連する行為は個人差が大きく，ゆっくりと行動する園児は，他の園児たちのリズムについていけず，いつも不満を感じながら行動しているとしている．つまり，この個人差が生じやすい昼食→午睡→軽食の一連の行為を，1室ですべて行うのは，子どもにとって無理があるということである．

このように専用室が少なく，保育室やその他の部屋を代用しているような状況では，一斉保育が中心にならざるを得ず，子どもの個性や生活のペースを尊重することは非常に困難であろう．特に個別活動を中心とするM群にとっては，専用室の乏しさという物理的環境の制約により，本来の教育実践が妨げられる恐れもある．専用室の設置の促進は，わが国の保育所にとって，今後の大きな課題の一つであると思われる．

また，②生活の領域の「台所・配膳台の設置」はM群でも3割程度にとどまっていた．食育は，今後ますます重要になってくると思われる．保育所への子どもが使用する台所の導入がなぜ難しいのかについても，今後検討する必要があるだろう．

4-2-3．保育において机が持つ可能性

③家具の領域で，M群，non-M群間に差が見られたのは机に関する項目であった．M群の方が使用人数の異なる机を複数設置し，特に1人用の机が使用されていた．

より詳しく両群の机の大きさ（使用人数による）を比較すると，表3-7に見るようにM群の半数以上が設置していたのは，2人用の机（55.8％）と4人用の机（77.9％）であった．さらに，M群では1人用の机（34.7％）と6人用の机（33.7％）も3割を超える保育所で設置されていた．これに対して，non-M群では4人用の机（60.5％）と6人用の机（51.6％）が主なものであり，

表3-7　設置してある机の使用人数による大きさ（複数回答可）

	モンテッソーリ保育所(%)	非モンテッソーリ保育所(%)
	n = 95	n = 190
1人用	33（34.7）	12（ 6.3）
2人用	53（55.8）	22（11.6）
3人用	3（ 3.2）	3（ 1.6）
4人用	74（77.9）	115（60.5）
6人用	32（33.7）	98（51.6）
8人用	4（ 4.2）	5（ 2.6）
その他	0（　0）	3（ 1.6）

　1人用から3人用という小さな机はおよそ2～10%程度の保育所が設置しているにすぎなかった。ここからM群では，小さい机から大きい机まで数種類設置しているのに対して，non-M群では1種類の比較的大きな机を設置している場合が多いことが明らかになった。

　この結果は，机が最も教育法が反映される家具だということを示唆している。すでに述べたように，③家具の領域のM得点の差は，主として机の項目に起因している。年代による物理的環境の変化を見ると，受容初期と受容後期でM群の得点は上昇しているものの，non-M群の得点には変化が見られない。机の大きさや種類の多さは個別活動を尊重するモンテッソーリ教育法にとって重要であるため，M群では近年になるほどより実現し，M得点が上昇しているのであろう。一方，non-M群では教育法が異なるわけであるから，M得点にも変化が見られなかったのだろうと考えられる。

　小さい机が設置されていれば，モンテッソーリ教育のように個別活動が可能であろうし，大きな机しかなければ一斉保育が中心にならざるをえないのではないだろうか。『保育所保育指針』（厚生労働省，2008）では，発達過程に応じて子どもの個人差に十分配慮することや，子どもの主体的な活動を尊重することが求められている。モンテッソーリ教育の物理的環境は，子どもの自律的な活動を尊重することを目指した環境である。子どもの自律的な活動

を尊重する保育を実現するためには，モンテッソーリが提案したように，少人数用の机を設置することは有効であろう。

【第Ⅲ章・注】
1）http://sainou.or.jp/montessori/list/index.php（2017.6.30現在）

終　章　全体的討論

1．本書の目的

　本書の目的は，幼児教育施設における主として3歳児から6歳児（クラス編成上の年齢では3～5歳児）を対象とする空間のデザインを検討，考察することであった。本研究では，空間デザインとは，物理的環境－建築（園舎），設備，家具，道具－によって空間を構成することを指す。

　このために，本書では，主として3～6歳児を対象とする幼児教育施設における物理的環境と教育法の関連を検討した。本論文で分析対象とした物理的環境とは幼児教育施設の建築（園舎），設備，家具，道具である。先行研究を検討したところ，建築学でも保育学，幼児教育学でも，物理的環境と教育法との関連が具体的に検討されたことは，ほとんどないことが明らかになった。しかし，物理的環境が幼児教育の実践において担う役割は大きく，物理的環境と教育法は切り離して考えることはできないと思われる。

　そこで，本書では，物理的環境の重要性を明確に指摘したマリア・モンテッソーリ（Maria Montessori, 1870-1952）によるモンテッソーリ教育を対象として，教育法と教育施設の物理的環境の関連を分析し，幼児教育施設における空間デザインを検討することを目的とした。

　モンテッソーリによれば，彼女の幼児教育施設である「子どもの家」は，自らの子ども観・発達観および教育の原則を具体化したものであり，子どもの自己活動と自発的な発達を可能にする施設である（Montessori, 1948a/1989e/1993）。そして，モンテッソーリが考慮するべきだとした幼児教育施設の物理的環境とは，子どもが自由に選択し使用するもの全体，すなわち，建築

(園舎),設備,家具,道具であった (Montessori, 1948b/1971b/1972b/1999c)。なお,本研究では教具・遊具は取り上げなかった。

本書では,モンテッソーリ教育における物理的環境を分析対象とし,幼児教育施設の空間デザインを検討するために,以下の3つの研究を行った。

2. 3つの実証研究の要約

本書では,序章で問題を明確にし,モンテッソーリ教育における教育法と物理的環境の関連について,3つの研究(第Ⅰ～Ⅲ章)によって実証的に検討した。

2-1. 研究1(第Ⅰ章 モンテッソーリの教育思想と物理的環境)

研究1では,モンテッソーリ自身の主要な著作12点の記述内容の分析によって,モンテッソーリの「子ども観・発達観」,「教育の原則」,「人的環境」と「物理的環境」についての記述を取り出し,さらに,これら相互の関連を明らかにして,図終-1(図1-1を再掲)のようにその全体像を捉えた。これによって,これまでほとんど分析されることがなかった,モンテッソーリが理想とする「物理的環境」(建築,設備,家具,道具)とはどのようなものなのかを具体的に明らかにした。そして,なぜ,モンテッソーリは「物理的環境」を重視したのかを分析し,さらに,「物理的環境」に彼女の「子ども観・発達観」および「教育の原則」がどのように反映されているかを検討した。

特に注目されたのは,モンテッソーリが明確な「子ども観・発達観」を持ち,それに基づいて教育環境を整えようとした点である。すなわち,子どもは発達する可能性を生まれながらに持ち,自身の持つ発達の法則・計画に基づいて活発な自律的活動をし,環境と相互交渉することによって,その可能性を実現し,発達するとしたのである。この「子ども観・発達観」に基づき,

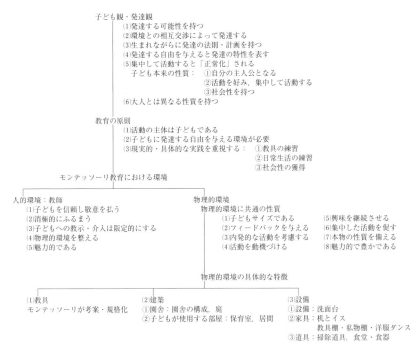

図終-1 モンテッソーリ教育の理念と環境（図1-1再掲）

　子どもの発達する可能性を活かすための「教育の原則」を提案し，この「教育の原則」をよりよく実践するために，子どもの発達にとって適切な「物理的環境」を整えることが重要だとし，園舎（建築）から道具に至るまで具体的に提案したことがわかった。一方，従来の教育ではその役割が重視されてきた教師（「人的環境」）には，子どもの行動を妨げないように，消極的に振る舞うことを求めていることも注目された。

　このように，研究1では，教育法（教育理念や教育内容）と物理的環境とは切り離せないことが明確になった。そして，本分析から明らかになったモンテッソーリ教育の「物理的環境の具体的な特徴」を，研究2，研究3を分析する枠組みにすることにした。

2-2. 研究2（第Ⅱ章　建築家・デザイナーによるモンテッソーリ幼稚園の実現）

　研究2では，研究1で明らかにしたモンテッソーリが著作で記述した物理的環境が，実際の園舎においてどのように実現されたのかを明らかにした。分析対象としては，モンテッソーリ教育が本格的に普及し始め，さらに，モンテッソーリが存命中で，ほぼ純正な形で実践されていた1920～30年代に設計・デザイン，施工された園舎であり，なおかつ，モンテッソーリ以外の教育者と，建築家・デザイナーによって計画されたモンテッソーリ教育のための園舎を選択した。

　分析対象としたのは，ウィーン市の市営ゲーテ・ホーフ（Goethehof）幼稚園である。ゲーテ・ホーフ幼稚園は，集合住宅ゲーテ・ホーフの中庭に建築家フーゴ・マイヤー（Hugo Mayer）の設計により建設された園舎に，1930～32年にアトリエS&D（Atelier Singer-Dicker）がモンテッソーリ教育の物理的環境を実現するべく，室内をデザインしたものである。アトリエS&Dの室内デザインが，このゲーテ・ホーフ幼稚園の物理的環境を特徴づけており，一般にこの幼稚園は，アトリエS&Dの作品として認知されている。したがって，本研究でもアトリエS&Dの作品として分析した。

　この幼稚園を分析対象とした理由は3つある。第一にモンテッソーリ教育は，教育改革を進めていたウィーン市で，新しい教育法の一つとして実験的に採用され，ほぼ純正な形で実践されていたと考えられること，第二にゲーテ・ホーフ幼稚園は，ウィーン市の幼稚園において代表的な園であり，さらに，オーストリア建築においても重要な建築であると考えられること，第三に1934年のオーストリア・ファシズム政権樹立に伴う内戦や，1938年のナチスドイツによるオーストリア併合後の園舎の破壊やモンテッソーリ教育の禁止令を逃れ，現在，その豊富な資料がベルリンのバウハウス・アーカイブ（Bauhaus-Archiv）に所蔵され，学術研究に利用することが許可されているこ

とである。

　分析した資料は，バウハウス・アーカイブに所蔵されているゲーテ・ホーフ幼稚園に関する全資料，平面図7点，彩色されたアクソノメトリック図6点，写真86点，コラージュ作品1点である。なお，ゲーテ・ホーフ幼稚園の内部は破壊され現存していないが，残された写真によって，当時の室内はアトリエS&Dのデザインがほぼそのまま実現されたと判断できた。そこで，これらの資料を総合して用いて，ゲーテ・ホーフ幼稚園の物理的環境の特徴を検討した。

　研究1で明らかにした，モンテッソーリ教育の「物理的環境の具体的な特徴」が，ゲーテ・ホーフ幼稚園の園舎において，どの程度実現されていたのかを項目に分けて検討したところ，9割近く（88.6％）の項目が具体化されていたことが分かった。

　アトリエS&Dのデザインは，①モンテッソーリの著作に具体的な「記述」があり，それを具体化したデザインと，②彼女の記述とは異なる形，あるいは，記述は無いものの，モンテッソーリの「思想」を具体化し，教育実践にふさわしい物理的環境を実現することを目指し，アトリエS&Dが独自に提案したデザインの2つに分けることができた。中でも特に注目されたのが，後者のアトリエS&Dの独自のデザインによって，モンテッソーリ教育にふさわしい物理的環境を実現したデザインである。そのデザインの特徴は，主として，以下の3点にまとめられた。

　第一に，アトリエS&Dが園舎の物理的な制約をデザインで克服したことである。ゲーテ・ホーフ幼稚園の園舎は，マイヤーによりすでに設計，建設されており，園舎の面積，構成上の制約からモンテッソーリの理想とする室構成を実現することが困難であった。この制約に対して，アトリエS&Dは，事情が許せば独立した部屋として設けるとよいとされた化粧室や食事室を保育室内にコーナーとして配置し，クロークでは折りたたみ式の家具をデザインし，午睡室，居間と多機能に使用できるように計画した。

第二に，彼らの詳細な「色彩計画」によって，活動する場所や家具を置く場所を示し，子どもの自律的活動を援助するとともに，多機能に使用される保育室とクロークの空間を仕切る役割を果たしていたと考えられた。

第三に，彼らのデザインはモンテッソーリが理想とする「子どもサイズ」を実現していた。特に彼らのデザインした鋼管ラックは，子どもの体格に合わせた寸法であるとともに，子どもが一目で理解することのできる，わかりやすいデザインであると考えられた。

以上のように，研究2では，ゲーテ・ホーフ幼稚園の物理的環境において，モンテッソーリの教育理念がアトリエS&Dによって，十分に実現されていたことを明らかにした。そして，特にモンテッソーリ教育にふさわしい物理的環境を実現すべく，アトリエS&Dが独自にデザインした物理的環境が，子どもの自律的活動を援助し，より良い教育実践を可能にしたと考えられた。アトリエS&Dのこのようなデザインは，彼らのモンテッソーリ教育に対する深い理解と，のちに詳しく論じるように，ゲーテ・ホーフ幼稚園園長ヘディ・シュヴァルツ（Hedy Schwarz）とのデザイン段階からの協働作業とによって実現したと推察された。

2-3．研究3（第Ⅲ章　日本のモンテッソーリ保育所の物理的環境）

モンテッソーリ教育が開始されてからおよそ100年，日本で本格的に受容されてからおよそ50年が経過した。研究3では，現在のわが国でモンテッソーリ教育を実践している保育所において，研究1で明らかにしたモンテッソーリ教育の「物理的環境の具体的な特徴」がどの程度，そして，どのように継承・維持されているかを明らかにした。モンテッソーリが目指したように，教育実践において物理的環境が重要な役割を果たしているとすれば，現在のわが国のモンテッソーリ教育を実践する保育所は，彼女が100年前に提案した物理的環境の特徴を継承しているはずである。

研究1で明らかになったモンテッソーリ教育の「物理的環境の具体的な特

徴」を参考に質問項目を作成し，郵送による質問紙調査を行った。モンテッソーリ教育を実施している保育所（M群）とそれ以外の保育所（non-M群）から回答を得，M群95票，non-M群192票を分析した。その結果，モンテッソーリ教育の物理的環境の特徴を示す項目を得点化してみると，環境全体でも，領域別（園舎，生活，家具の3領域）でも，すべてにおいて，M群の方がより多く実現していることが明らかになった。また，年代による物理的環境の変化を明らかにするため園舎の建設年代に着目し，日本への受容の初期と後期の2つの時期に分け，分析すると，両時期においてM群が環境全体でも，3領域でも，より実現し，両群の差は受容後期においてさらに大きくなったことが明らかになった。

　M群とnon-M群の差が顕著であったのは，第一には，机に関する項目であった。M群は，小さい机から大きい机まで使用人数の異なる机を複数設置していた。特に，1人用の机を，およそ35％の保育所が使用していることも注目された。これに対して，non-M群では比較的大きな机（4人用，6人用）を1種類設置していた。個別の活動を尊重し，活動の選択を子どもに委ねているモンテッソーリ教育では，使用人数の異なる，複数の机を用意することが必要であると考えられる。机は，最も教育法が反映される家具であることが示唆された。第二には，M群の方が，子どもが静かに過ごすための部屋やコーナー，そして，午睡室の設置をより多く実現していた。子どもの自律的な活動を尊重するモンテッソーリ教育にとっては，これらの部屋やコーナーの設置も不可欠であると考えられる。このような研究3の結果は，教育法と物理的環境が密接に関連していること，ある教育理念を実現するには，それに適した物理的環境を整えることが重要であることを明らかに示した。

3．結論：モンテッソーリ教育に学ぶ空間デザイン

　以上のように，本書ではモンテッソーリ教育における教育法と物理的環境

の関連について、3つの研究によって検討した。幼児教育施設の空間デザインについてこれらの研究から示唆されたこと、学ぶことは何であろうか。以下では、3つの研究を踏まえて、第一に子どもを尊重する環境としての物理的環境について、第二に空間デザインの際の建築家・デザイナーと教育者の役割について考察する。

3-1. 子どもを尊重する環境としての物理的環境

モンテッソーリ教育では、人的環境に代わり、物理的環境が子どもの自律的な活動を喚起・援助するとされた。そこで、まず物理的環境が子どもの活動を喚起・援助するとはどのようなことかを考察し（3-1-1）、次に、教育法と物理的環境の関連について議論し（3-1-2）、最後に、ユーザーである子どもをどのように尊重するかについて考察する（3-1-3）。

3-1-1. 物理的環境が子どもの活動を喚起・援助するとはどのようなことか
(1)子どもと物理的環境の相互交渉

モンテッソーリ教育では、活動の主体である子どもの自律的な活動を喚起・援助するのは物理的環境であるとされた。モンテッソーリは、子どもは生まれながらに持つ自らの発達の法則・計画に従い、自律的に活動し、環境と相互交渉することで学び、発達するとした。子どもによって発達のペースは異なり、その子が発達のどの段階にあり、何を必要としているのかは、その子ども自身にしかわからない。したがって、子どもの発達のためには、それぞれの子どもの自律的活動を尊重することこそが重要だということになる。すなわち、モンテッソーリ教育の活動の主体は子どもであり、子どもの自律的活動を喚起・援助するのは物理的環境であるとしたのである。

例えば、モンテッソーリは、道具が子どもの活動を動機づけることを、次のような例で述べている。子どもの活動を動機づけるためには、手に取って使うことができ、さらにどんな道具であっても色鮮やかで美しく、魅力的な

ものでなければならないとし，色鮮やかな色彩のほうきや，丸や四角の形をした可愛らしい石けんを例として挙げている。そして，そのような道具が「私は小さなほうきよ。あなたの小さな手に取ってはいてちょうだい！」とか，「小さなお手々よいらっしゃい。水にひたして石鹼をとって洗って見ない？」（モンテッソーリ，1971a, p.54）などと子どもに呼びかけ，活動を動機づけるという。モンテッソーリの主張で注目すべき点は，子どもの主体的な役割を重視したということであろう。モンテッソーリは，物理的環境は子どもの活動を誘発しうるが，それが子どもの必要とするものであったときに初めて，それに応えて子どもは活動するとしたのである。すなわち，子どもが主体となって環境と相互交渉するとしたのである。

このような子どもと物理的環境との相互交渉は，「トランザクショナル・モデル」（transactional model）で説明するのがよいであろう。トランザクショナル・モデルとは，人（A）と人（B）との交渉では，A→Bという一方向の影響だけではなく，A→B，B→Aという双方向の影響を同時に考えなくてはならないことを提案するモデルである。サメロフら（Fiese & Sameroff, 1989；三宅，1990；Sameroff, 2009）は，このモデルで母子の相互交渉を説明している。すなわち，母親（あるいは，子ども）の行動が子ども（あるいは，母親）の行動を引き起こす。その子ども（あるいは，母親）の行動を受けて母親（あるいは，子ども）の新たな行動が起こり，さらにそれを受けて，子ども（あるいは，母親）の行動がおこる。このように母子交渉は母子が，同時に，あるいは交互に影響を伝え合い，変化してゆく過程であると説明したのである。

このサメロフらのトランザクショナル・モデルを参考に，子どもと物理的環境との相互交渉を表すと図終-2のようになる。図終-2では，子どもをC（Child），物理的環境をPE（Physical Environment）で表し，CとPEが同時に，あるいは交互に相互交渉を行う過程を時間の経過とともに表している。

物理的環境（PE_1）は子どもに活動を強いることはないが，「美しさ」や

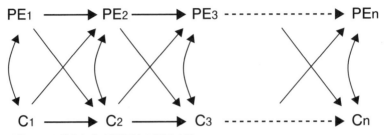

図終-2　子どもと物理的環境の相互交渉
PE：物理的環境，C：子ども
Sameroff, A. (2009) に掲載の図 (p. 13) を参考に筆者作成。

「手を使って活動できること」を示して，子どもの活動を動機づける（$PE_1 \rightarrow C_1$）。交渉の主体は子どもであり，子どもがその活動を必要とするならば，子どもは物理的環境の動機づけに応え，その物理的環境を使って活動を始め，子どもと物理的環境の相互交渉が始まる（$C_1 \leftrightarrow PE_1$）。

あるいは，子どもが発達の法則・計画に基づき，内発的に動機づけられ，子どもの側から物理的環境に働きかけ，物理的環境との交渉が始まることもあるだろう（$C_1 \rightarrow PE_1$）。物理的環境が，この子どもからの働きかけに応えうるものであれば，子どもと物理的環境の相互交渉が始まる（$C_1 \leftrightarrow PE_1$）。

子どもは物理的環境からのフィードバックを受け，さらに，それに応えて物理的環境との交渉を続け，環境との相互交渉が続く。時間の経過とともに，子どもは変化を続ける（$C_1 \rightarrow C_2 \rightarrow C_3 \cdots C_n$）。同じ物理的環境であっても，子どもの働きかけに応じて，次々に，物理的環境の違う側面（$PE_1 \rightarrow PE_2 \rightarrow PE_3 \cdots PE_n$）が着目され，図終-2に示すように相互交渉が続いていく。

モンテッソーリの子ども観・発達観によれば，子どもが自らの発達の法則・計画に基づき，内発的に必要とする限り，活動は継続する。研究1で分析した通り，モンテッソーリは，活動を継続させることができるように，物理的環境は集中した活動を促すものであり，興味を継続させ，尽きない魅力があるように配慮している。子どもの活動を動機づけ，子どもの活動に柔軟

に応答するような物理的環境こそが，モンテッソーリが目指したものであると言えよう。

　トランザクショナル・モデルに類似した人と物理的環境との関係を問題にしているのが，心理学者のギブソン（James J. Gibson）が提唱した「アフォーダンス」(affordance) の概念である（佐伯・佐々木，1990/2013）。これについて，認知科学者のノーマン（Norman, 2013/2015）は「アフォーダンスの存在は，モノの性質とそのモノとインタラクションしている主体の能力が合わさって決定される。」（ノーマン，2015，p.15）と説明している。例えば，たいていのイスは1人で運ぶことができる（持ち上げることをアフォードする）が，幼い，あるいは力が弱い人がそのイスを持ち上げることができなかったとしたら（持ち上げることをアフォードしない），つまり，その人にとってそのイスは，そのアフォーダンスを持たないということになる。このように，アフォーダンスも，トランザクショナル・モデルと同じく関係性を示す概念であり，アフォーダンスの存在は，モノと主体の双方の性質に依存するのである。

　モンテッソーリは，子どもは環境との相互交渉によって発達するとしており，モンテッソーリ教育の物理的環境とは，研究1で明らかにしたように，子どもとの相互交渉が成立するように配慮し，提案された環境であると言える。すなわち，アフォーダンスの概念によってモンテッソーリの主張を検討するならば，モンテッソーリ教育の物理的環境は，行為の主体である子どもにとってアフォーダンスが成立するように提案された環境であると言えることになる。

(2) **人的環境としての教師**

　一方，教師の場合には，子どもに対する多くの働きかけが一方向的であったり，フィードバックも子どもが求めているものとは異なったり，あるいは子どもが求めている以上の過剰なものになりやすく，子どもの意欲を奪い，環境との相互交渉を妨害することが多いと警告している。モンテッソーリは，

例えば，従来の教育において教師は「カルロ，は（掃）きなさい！」とか，「ジョバンニ，手を洗いなさい！」（モンテッソーリ，1971a, p.54）などと指示することが多いと述べている。これでは活動の主体は教師になってしまい，子どもは自律的に活動することが難しくなるという。したがって，モンテッソーリは，教師には「消極的にふるまう」ことを求め，子どもへの教示・介入は限定的にすることを求めている。子どもの意欲をそがないように，教師は子どもが理解できなかったり，間違えたりした場合，子どもにそれを伝えてはならないともした。

モンテッソーリは教師に消極的であるように求めているが，実は，消極的にふるまうのは決してやさしいことではない。実際，モンテッソーリは，教師に，モンテッソーリ教育の理念をよく理解し，子どもの発達や活動の特徴について正確な知識を持つことを要求し，その知識を基盤にして，必要な時に子どもの主体性を尊重しながら，導いたり，支援したりという役割を期待している。モンテッソーリが教師に求めたものは，極めて高い質のものであったといえる。それが，モンテッソーリが教師養成に力を注いだ理由でもあったと思われる。

3-1-2．教育法と物理的環境

研究1で明らかにしたように，モンテッソーリは，子どもは自ら発達する可能性を持ち，生まれながらに持つ発達の法則・計画に従い，自律的に活動し，環境との相互交渉を行うことで発達するとした。このような子ども観・発達観に基づき，教育の原則が作られ，活動の主体は子どもであるとされたのである。そして，子どもの自律的活動を喚起・援助するのは物理的環境であり，より良い相互交渉を可能にするため，子ども観・発達観に基づいて物理的環境に共通の「8つの性質」が提案された。

研究3では，現在のわが国のモンテッソーリ教育を実践する保育所（M群）では，その他の教育法を実践する保育所（non-M群）に比べて，モンテ

ッソーリが提案した物理的環境をより実現していたことが明らかになった。物理的環境は現在でも，モンテッソーリ教育をより良く実践するために欠くことのできない役割を果たしていると考えられた。すなわち，物理的環境は，そこで実践される教育法の子ども観・発達観，教育の原則に基づくことが重要であることが示唆されたのである。

　さらに，モンテッソーリから学ぶべきことは，考慮すべき物理的環境は子どもが自由に選択して，使用するもの全体とし，建築，設備，家具，道具，教具などすべてであるとした点である。研究1で明らかになったように，彼女は，子どもの使用するぞうきんなどの掃除道具や，コップ，皿などの食器類に至るまでを，「8つの性質」に基づいて整えることを目指し，細かな配慮をしている。安全上の配慮や，経済的な制約などからすべてを実現するのは困難であるとしても，たとえそれが小さな道具であっても，実践しようとする教育法の子ども観・発達観，及び教育の原則に基づいて整えることが重要であることが示された。

　序章で述べたように，わが国の幼児教育・保育の要領・指針においても「環境を通して行う教育及び保育」が基本だとされてはいるが，物理的環境の整え方の具体的な手法には手がつけられてはいない。もっとも避けたいことは，物理的環境が適切でないために，教育実践の変更や断念を余儀なくされることである。モンテッソーリ教育の物理的環境は，幼児教育施設の空間デザインでは，その施設で実践する教育法がどのようなものであるかを抜きにするべきではないことを示唆している。さらに，園舎から道具に至るまでの配慮の仕方は，幼児教育施設における空間デザインを模索する上で，学ぶべき点が多いものだと言えるだろう。

3-1-3．ユーザーとしての子どもの尊重

　モンテッソーリ教育における活動の主体は子どもであった。子どもの自律的活動を喚起・援助することを目指すモンテッソーリ教育における物理的環

境は，子どもというユーザーが大人の手を借りることなく，やりたいと思った活動を，やりたいと思った時に，やることができる環境だと言えるだろう。すなわち，モンテッソーリ教育の物理的環境は，活動の主体であり，「子どもの家」の主たるユーザーである子どもが活動しやすいように計画された環境であるとも捉えることができる。

例えば，モンテッソーリの意味する「子どもサイズ」とは，単に子どもの体格に適切な寸法にすることにとどまらず，体力や理解力をも考慮することを意味していた。さらに，子どもが自らの発達の法則・計画に従って発達するにあたり，発達の段階で何を必要とするのか，どのように活動するのがよいのかなど，子どもの精神の特徴，発達の特徴までも考え抜き，適切な物理的環境の性質を規定していることが明らかになった。

つまり，ユーザーとしての子どもを尊重する空間デザインとは，単に子どもの体格に合わせた寸法にすればよいとか，子どもが好きな色で壁を塗れば良いとか，自由に動き回れる空間を用意すればよい，ということでは不十分だと言える。真に子どもをユーザーとして尊重する空間デザインを実現するには，モンテッソーリが提案したように，子どもの身体的，及び精神的発達の特徴などを総合的に考慮し，子どもの心性を深く理解した上で，そのような子どもを尊重するとはどういうことなのか，までをも考えなければならないということである。

3-2．空間デザインにおける建築家・デザイナーと教育者の役割

3-2-1．幼児教育施設の空間デザインにおける建築家・デザイナーの役割

研究2では，ゲーテ・ホーフ幼稚園の室内デザインにおいて，アトリエS&Dはモンテッソーリの著作における物理的環境に関する具体的な記述を実現するにとどまらず，彼女の著作の記述とは異なる形，あるいは，彼ら独自のデザインを提案し，モンテッソーリ教育にふさわしい物理的環境を実現したことが明らかになった。

これらのデザインは，アトリエ S&D のデザイナーとしての手腕が十分に発揮されたものであったと言える。すなわち，モンテッソーリがより良い教育実践を可能にするために必要とした「機能」を単に実現するだけではなく，子どもを大人と同じように尊重し，魅力的で豊かな環境にしたことが注目される。教育理念という抽象的な思想や概念を，物理的環境という具体的な形として実現するには，物理的環境を設計・デザインする専門家としての建築家やデザイナーのデザイン力や技術力が不可欠である。物理的環境として，機能的なだけではなく，魅力的で豊かでなければならないとすれば，なおさらのことである。

3-2-2. 建築家・デザイナーの教育理念の理解と教育者との協働作業の必要性

　建築家やデザイナーが，より良い教育実践のために物理的環境を実現するためには，建築家・デザイナーの教育理念についての深い理解とともに，教育現場についての知識が欠かせないだろう。それを実現するのは，以下の3例で明らかなように，物理的環境の計画・設計・建設のすべての過程での建築家・デザイナーと教育者との協働作業であると考えられる。

(1)アトリエ・ジンガー&ディッカーとシュヴァルツの協働作業

　研究2の分析では，ゲーテ・ホーフ幼稚園の物理的環境は，モンテッソーリの著作の記述とは異なる形，あるいは，室内デザインを担当したアトリエ S&D が独自に提案したデザインがあり，それによってモンテッソーリ教育にふさわしい物理的環境が実現されたことが明らかになった。そして，このような成功は，アトリエ S&D とゲーテ・ホーフ幼稚園の園長であったヘディ・シュヴァルツ（Hedy Schwarz）との協働作業も一因であると考えられた。

　ホルツバウアー（Holzbauer, 1988）によれば，シュヴァルツはゲーテ・ホーフ幼稚園の設計にあたり，アトリエ S&D に重要な示唆を与えたと言う。アトリエ S&D は文献などからもモンテッソーリ教育を学んだと考えられるが，

加えて，シュヴァルツから教育の実際を学び，モンテッソーリ教育への理解を深め，それがデザインの発想につながり，また，デザインの過程においても協働作業を続け，シュヴァルツの助言によりデザインを改良し，仕上げていったと考えられる。シュヴァルツとジンガーの協働はゲーテ・ホーフ幼稚園以後も続いていることから，互いにとってこの協働作業は満足のいくものであったと推測される。

(2)ルービツェクによる協働の重要性の指摘

ウィーン市でモンテッソーリ教育を主導したリリー・ルービツェク（Lili Roubiczek）も，教育者と建築家の協働は欠かせないと述べている（Peller, 1978/1996）。研究2で述べたように，ルービツェクは，建築家フランツ・シュースター（Franz Schuster）と2年をかけて協働し設計した子どもの家を1930年に開設した経験があり，それによって，彼女も，教育者と建築家の協働の重要性を痛感したのだと思われる。

さらに彼女は，近代の建築技術は幼児教育を助けうるものだとも述べている（Peller, 1978/1996）。そして，教育者と建築家，技術者，そして建設者との協働の重要性を強調している。教育者は実際の保育の様子と保育において必要とするものを建築家らに伝えなければならないし，建築家らも教育者の協力がなければ物理的環境を実現できないと述べている。

(3)教育者エーネ・パウラスと建築家川崎忍の協働：クロンクナースリー・幼稚園

筆者は本研究と同じく，幼児教育施設の空間デザインを検討・考察するため，熊本市に1929年に開設されたクロンクナースリー・スクール及び幼稚園（以下，クロンクナースリー・幼稚園と表記）の園舎についても分析を行った。平面図などの資料の分析の結果，この園舎でも教育者と建築家が協働して設計し，より良い教育実践を可能にする物理的環境を実現させていたことが明

らかになった（高橋・元岡，2010；Takahashi & Motooka, 2011）。クロンクナースリー・幼稚園は，米国でデューイやパティ・ヒル（Patty S. Hill, 1868-1946）らの進歩主義教育を学んだ教育者で宣教師のエーネ・パウラス（Annie P. Powlas, 1891-1978）が開設した幼児教育施設であり，園舎の設計は建築家の川崎忍（1890-1972）による。園舎は1929年に建設されている。同園には異なる日付が記入された複数の平面図が残されている。これらの平面図から，2人は設計の段階から協働し，その過程において川崎は設計を修正，変更したことが明らかになったのである。

　特に注目されたのは，ナースリーの保育室に設置された「ままごとの家」である。進歩主義教育では，教育施設は民主主義社会における市民のあり方（democratic citizenship）を学ぶ場所と位置づけられ，ままごと遊びを通して家族それぞれの社会的役割を学ぶことが重視された（Hill, 1923）。川崎の計画当初の平面図を見ると，2つある保育室（18カ月〜3歳児のナースリー用と3〜6歳児の幼稚園用）の両方に，ままごと遊びをするスペースが，同じデザインと思われる「ままごとの家」として常設されるように計画されていたことがわかる。しかし，計画当初の平面図には鉛筆で書き込みが残されており，川崎はナースリー用の保育室の「ままごとの家」を，2階建ての大きな家として計画し直すことを求められたことがわかった。おそらく，この鉛筆での書き込みは，設計者である川崎と進歩主義教育を学び，この園を開設しようとしていた教育者のパウラスとの打ち合わせの際に書き込まれたものだと推測された。現存するこの幼稚園の保育室の「ままごとの家」は，当初の設計通り保育室の廊下側の片隅に，畳敷きの簡単なコーナーとして設置されている。一方，ナースリー用の保育室の「ままごとの家」は，窓際の明るい位置に設置され，2階建てであり，1階は畳敷きで格子戸が入れられるなど，本格的な作りとなっている。これは，ナースリーの保育室を使用する年少児にままごと遊びを誘発し，その展開を援助するために，より本格的な「ままごとの家」が必要だという教育者の意見が取り入れられた結果だと理解できる。教

育者パウラスからの助言と建築家である川崎の教育に対する理解と，彼の建築家としての発想とデザイン力がなければ，このような「ままごとの家」は実現しなかったといえ，まさに協働作業の成果だといえよう。

このように，幼児教育施設の物理的環境の計画，設計・デザイン，つまり，空間デザインの際には，建築家・デザイナーの教育に対する深い理解と同時に，教育者と建築家・デザイナーの協働作業が不可欠であると考えられる。特に，教育実践を知る教育者からの示唆は，建築家・デザイナーとは異なる視点からのものであり，大変貴重である。ゲーテ・ホーフ幼稚園もクロンクナースリー・幼稚園も，教育者と建築家・デザイナーの協働作業により優れた物理的環境が実現された好例であり，幼児教育施設を設計する際の有効な協働のプロセスを考える上で学ぶべきところが多いといえよう。

4．今後の課題

本書の3つの研究に残された課題と，本研究を踏まえて幼児教育施設の空間デザインを考える際に残された課題について指摘したい。

4-1．3つの研究に残された課題

各研究の当面の課題は，以下の3点である。

(1)さらなる資料の検討

研究1では，モンテッソーリの著作12点を分析対象とした。分析対象とした著作は，モンテッソーリによるモンテッソーリ教育に関する最初の著作，3大著作，最後の著作，そして物理的環境に関する記述が多い著作7点であった。分析対象の著作の選定段階では，現在，入手可能な内外のモンテッソーリの著作のほとんどに目を通し，上記のような条件を満たす著作を慎重に

選定したつもりである。しかし，研究1で述べたように，モンテッソーリは様々な国で講演し，教師養成コースを開催し，それに加えて各国で新聞や雑誌にモンテッソーリ教育に関する記事を連載したり，論文を発表している。そのため，分析対象とした著作以外にも，物理的環境に関する記述が残されている可能性はあり得る。今後の分析のために，さらなる資料の入手は大きな課題である。

(2)建築家と教育者の協働作業の過程の分析

研究2では，ゲーテ・ホーフ幼稚園の物理的環境はモンテッソーリが著作に記述した物理的環境をほぼ実現しており，それはアトリエS&Dのモンテッソーリ教育に対する深い理解に加えて，園長のシュヴァルツとの協働作業の成果であると考えられた。しかし，資料の限界から，彼らの協働のプロセスそのものを明らかにすることはできなかった。協働のプロセスを明らかにすることで，物理的環境を計画する際の建築家・デザイナーと教育者の役割が明確になり，より良い協働のプロセスを模索することにもつながるだろう。幸い，上述のクロンクナースリー・幼稚園には，設計のプロセスを明らかにできる数点の平面図が残されている。今後は，この園舎の分析を進めることで，協働のプロセスをさらに明らかにしたいと考えている。

(3)現地調査・観察の必要性

モンテッソーリは大人の手を借りずに自律的に活動できるように，物理的環境は「子どもサイズ」であるべきだとした。そのため，研究3の調査でも，しばしば，3歳児の「手が届く」などの表現を用いた。しかし，3歳児が余裕を持って使用できる高さであるのか，手を伸ばしてようやく届く程度の高さであるのかなど，環境の詳細について回答を得ることは難しかった。これは質問紙調査の限界である。この点については園舎の実測，3～5歳児の使用状況の観察など現地調査を行う必要があると思われる。

また分析によって，机は教育法が最も反映される家具だということが示唆された。しかし，調査票を作成した時点では，教育法と机に関する項目がこれほど関連するとは予測できなかったため，机に関するさらなる質問項目は設けなかった。少人数用の机が，モンテッソーリが意図したように子どもの自律的活動を援助しているのかなどを明らかにするためには，現地調査・観察が必要であると考えられる。

4-2．幼児教育施設の空間デザインを考える際に残された課題

本研究を踏まえて，より良い幼児教育施設の空間デザインを考える際に残された課題として2点を挙げたい。

4-2-1．物理的環境は子どもの安全をどう守るか

幼児教育施設においては，子どもの安全は最優先されなければならない。モンテッソーリは教育及び教育施設の物理的環境において，子どもの安全をどのように守るのかについては言及していなかった。しかし，子どもの安全を守るために物理的環境ができることは多いと思われる。

たとえば，2005年に埼玉県上尾市の保育所で当時4歳の男児が本棚の下の引き戸の付いた棚に入り，熱中症により死亡するという事故が起こった。猪熊（2011）は男児の家族，保育士，上尾市の関係者などを綿密に取材し，この事故はなぜ起きたのか保育をとりまく人々の関係，保育の質，事故への対応などに注目して深く考察している。猪熊は保育士の何人かが，事故前から数回にわたって，子ども（0～5歳児）が当該の引き戸の付いた棚に入っている姿を目撃していたことを明らかにしている。保育士の中には戸をつけておくのは危ないと感じた者もいたが，その認識は共有されず，事故が起こるまで戸はそのまま放置されていたと言う。もし，引き戸のついていない本棚を設置していれば，男児が入り込むことはなかったであろうし，少なくとも戸が外されていれば，保育士や他の園児がすぐに気づき，熱中症になどなら

ずにすんだのではないだろうか。物理的環境への細かな配慮により事故を防ぐことができたに違いない。

　近年，わが国の保育施設では，事故の増加が顕著である。2001年からの10年間の死亡事故は101件に上り，1991年からの10年間（35件）のおよそ3倍である（小山，2011）。2000年に社会福祉法人以外の，営利企業を含めた民間事業者も保育所の設置の認可申請が可能になったのを初めとして，2000年代に入ると急激に保育所に関する規制緩和が進行した。小山（2011）は規制緩和に伴う保育所の環境悪化と事故の増加の関連を指摘している。なお，2011年から現在（2016年）までの死亡事故は，毎年，15件前後（13～19件）で推移している[1]。

　さらに，2011年には地域主権改革一括法が成立したことに伴い，同年それまでの保育所の最低基準（「児童福祉施設最低基準」）が廃止され，「児童福祉施設の設備及び運営に関する基準」となり保育士の配置基準や居室面積の基準などは国の基準の遵守が求められるものの，その他の基準は都道府県や政令市などの条例によって自由に基準が設定できるようになった（若林，2013）。2015年4月にスタートした「子ども・子育て支援新制度」では，一部の保育事業の認可基準が緩和されている（藤井，2015）。このように，待機児童問題が深刻化する中で，保育所の物理的環境はより一層悪化することが予想され，それに伴い事故が増加することが懸念される。

　事故防止対策としては，子ども・子育て支援制度の導入にあたって設置された子ども・子育て会議が，事故防止の取り組みを検討すべきとし，その後，有識者や関係者からなる事故防止のための検討会が設置され，今後の対策が取りまとめられた。これを受け，2016年3月に事故防止のためのガイドライン（「教育・保育施設等における事故防止及び事故発生時の対応のためのガイドライン」[2]）が作成され，地方自治体に通知されている。また，事故防止のため，教育，保育施設などで発生した事故情報を共有するべく，データベースが作成され，事故の情報が共有されるようになった（内閣府・「特定教育・保育施設

等における事故情報データベース」[3])。このように，事故防止への取り組みは徐々に進みつつある。

では，子どもの安全を守るために物理的環境は何ができるだろうか。

保育所・幼稚園の事故予防に取り組む心理学者の掛札によれば，現在の安全の取り組みは，世界的に「事故予防」ではなく，「深刻な結果（深刻な傷害）の予防」に向かっていると言う。事故の中には，被害者本人とは無関係な原因で起こる，被害者側が防ぎようのない事故も多い。しかし，掛札は，どのような原因の事故であっても，人がこうむる被害の程度を下げる方法，すなわち，「深刻な結果（深刻な傷害）」を防ぐ方法は多くあると指摘する。そして，この「深刻な結果（深刻な傷害）の予防」こそが，現在の安全に対する世界的な取り組みだとしている（掛札，2014）。この安全に対する取り組みにとって最も有効な方法は，物理的環境を改善することだと述べている。具体例として，子どもがぶつかった時に傷を負いそうな角などをクッション材で覆うなどの工夫を挙げている。この物理的環境の改善を第一に行い，様々な対策をした後，それでもまだ危うさが残る場合，最後に保育者が「見守る」と言う対策を取るという。事故の対策としては，第一に人的環境である保育者が見守るという対策をとりがちであるが，見守りは定義自体が明確ではない上，効果に関する科学的な検証も不足していることを指摘している（掛札，2012）。

このように，子どもの事故・ケガ予防においても，物理的環境が果たす役割は，非常に大きい。今後，子どもの事故・ケガ予防も含んだ空間デザインのあり方を検討していきたいと考えている。

4-2-2．ユーザーである子どもの意見をどう汲み取るか

本研究の分析では，建築家・デザイナーと教育者の協働の重要性が示唆された。これに加えて幼児教育施設の空間デザインにおいて重視すべきは，主たるユーザーである子どもの意見であろう。モンテッソーリは彼女自身の教

育実践，子どもの観察などの実証により形成された子ども観・発達観に基づき物理的環境の性質を規定したが，主たるユーザーである子どもの意見を聴き，物理的環境の計画に反映させたという記述はなかった。ユーザーが使いやすい，ユーザー・フレンドリー（user-friendly）な物理的環境を計画する場合，現在ではユーザーの意見を聴き，計画に反映させる努力が始まっている。例えば，福井市の市立至民中学校の校舎の新築にあたっては，設計の段階で地域・PTA，教職員向けのワークショップだけではなく，生徒を対象にしたワークショップを開催した。生徒のワークショップでは，新校舎への要望をまとめたり，設計案について議論したと言う（しみん教育研究会，2009）。このように，ユーザーである子どもの意見を聞くことは，たとえユーザーが幼児であっても，重要であろう。

　幼児も意見を持ち，それを表現できるのだということを示す例がある。たとえば，デイビスら（Davis & Gibson, 2006）は2歳半から6歳までの幼稚園児に持続可能な環境に関する教育"Sustainable Planet Project"を実践し，その成果を報告している。その一つとして，デイビスらは，水資源の保全に関する教育"The Water Conservation Project"を行っている。まず，教師は幼児教育の専門性を高め，それと同時に，水資源の保全に関する専門家と協働し，水資源の専門知識を身につけた。それをもとに，教師は，園児に水はどのように供給されているのか，干ばつとはどういうことかなどを教え，それについてクラスで話し合い，関連する写真や，新聞記事を探すなどの活動を行った。すると園児は，水資源の問題に関する知識を増やし，水を保全する活動を始めたという。例えば，近隣の水道の蛇口の近くに節水を呼びかける掲示をしたり，家庭でも家族に節水を呼びかけるようになったという。デイビスらは正しい知識を十分に与えてやれば，幼児でも多くのことを理解し，話し合い，解決策を見出し，社会に働きかけることさえできることを明らかにしている。

　また，フランスのセーヌ地方のある幼稚園では3歳からの2年間，「哲学

のクラス」が行われている。その様子は『ちいさな哲学者たち』という映画に記録されている（オパン，2010）。教師がテーマを与え，話しやすい雰囲気を作るなどの手助けをしてやれば，子どもたちは「豊かさ」，「自由」，「愛」，そして「死」などの抽象的な概念について考え，自分の考えを述べ，友だちの考えに耳を傾け，話し合うことができるのである。

　このような教育実践の例は，保育室の壁の色を決めるために子どもに色を選ばせるというような単純な選択ではなく，どのような保育所・幼稚園・子ども園にしたいか，それにはどのような保育室を実現したいか，持続可能な社会と関連させて物を大切にするとはどういうことなのか，などのより本質的な議論も子どもが十分に行える可能性を示している。是非，子どもたちと物理的環境を考える議論の機会を設けてみたいと考えている。

【終章・注】

1 ）内閣府子ども・子育て本部（平成29年 5 月12日付公表）『「平成28年教育・保育施設等における事故報告集計」の公表及び事故防止対策について』.
　　http://www8.cao.go.jp/shoushi/shinseido/outline/pdf/h28-jiko_taisaku.pdf
　　（2017.6.30現在）
2 ）http://www8.cao.go.jp/shoushi/shinseido/meeting/index.html（2017.6.30現在）
3 ）http://www8.cao.go.jp/shoushi/shinseido/outline/index.html（2017.6.30現在）

おわりに

　本書は，2014年3月にお茶の水女子大学において博士（学術）の学位を授与された学位論文『子どものための物理的環境―モンテッソーリ教育における建築・設備・家具・道具―』に加筆，修正したものである。

　博士後期課程での研究及び，学位論文の作成に当たっては，お茶の水女子大学大学院人間文化創成科学研究科ライフサイエンス専攻の元岡展久先生にご指導いただいた。元岡先生には，建築学，幼児教育学，そして社会調査と，学際的に研究したいという私の考えを常に尊重していただき，大変感謝している。学位論文は，同じくライフサイエンス専攻の大瀧雅寛先生，太田裕治先生，仲西正先生，人間発達科学専攻の小玉亮子先生にご指導，ご審査いただいた。ここに記して，感謝したい。

　筆者は，学部時代より人と物理的環境との関連，特に人と物理的環境との相互交渉（トランザクション）に関心を持ち，研究を進めてきた。人と物理的環境の関連をより明確に実証したいと考え，博士後期課程に進学した2007年夏，ベルリンで Prof. Dr. Waltraut Kerber-Ganse, Max-Planck-Institut の Prof. Dr. Lothar Krappmann 夫妻にモンテッソーリ教育の物理的環境に関する書籍 *Montessori Lehrmaterialien 1913-1935 Möbel und Architektur* (Müller & Schneider, 2002) をご紹介いただいた。マリア・モンテッソーリの子どもの可能性を信じ，尊重する思想と，その思想を実現した物理的環境につよい興味をもち，これが本研究を始めるきっかけとなった。翌年には，夫妻が前記の著者の一人である Romana Schneider 氏と会う機会を設けてくださった。その後も，Schneider 氏は，私の様々な質問にいつも的確な答えをくださり，数多くの貴重なアドバイスもいただいた。

　ベルリンでは，Charité Universitätsmedizin の Prof. Dr. Michiru D. Sugawa, Technische Universität Darmstadt の Prof. Dr. Norbert A. Dencher 夫妻にも援助いただいた．お二人のご援助がなければ，ベルリンでの調査をスムーズに進めることはできなかったと思う．Bauhaus-Archiv には所蔵する資料を閲覧させていただくとともに，本書への掲載にはデジタル化した資料を提供いただいた．その間，Archivist である Sabine Hartmann 氏，Erika Babatz 氏，Randy Kaufman 氏に大変お世話になった．特に，Babatz 氏と Kaufman 氏は，私の様々な要望や質問にいつも快くお答えいただいた．ここに記して感謝する．

また，本書への図版，写真の掲載をご許可いただいた Daniela Singer 氏，Mauermuseum の Alexandra Hildebrandt 氏，The Lotte Meitner-Graf Archive, AMI (Association Montessori Internationale) の皆様に感謝申し上げる．特に，Singer 氏にはご助言もいただき，感謝している．

本書の研究にあたっては，国立音楽大学名誉教授の小林恵子氏，お茶の水女子大学名誉教授の内田伸子氏，上智大学教授の湯川嘉津美氏から，多くの助言をいただいた．東京大学名誉教授の坂井榮八郎氏には，歴史学の視点から1920〜30年代のドイツとウィーンについてご指導いただいた．研究の最初に坂井先生にご指導いただいたことで，この時期のウィーンと Bauhaus に注目するという方向を見出すことができたように思う．なお，本文中のドイツ語名称の日本語表記については，Patrick Hein 先生にご指導いただいた．先生方に，感謝申し上げる．

本研究は，物理的環境を学際的に分析するという試みでもあった．学際的に分析する視点は，これまでご指導いただいた先生方から学ばせていただいた，多くのことによるところが大きい．学際的に，そして主体的にものを見る姿勢を学ばせていただいた，学部時代の恩師である成蹊大学名誉教授の柳井道夫氏，社会学と社会調査の手法を教えてくださった博士前期課程時代の恩師である上智大学名誉教授の園部雅久氏，さらに建築学を基礎から教えてくださり，建築を学び続けることを勧めてくださった建築家の磯部邦夫氏に，

深く感謝する。

　さらに，本研究は，友人や仲間たちにも支えられた。第Ⅱ章のゲーテ・ホーフ幼稚園の平面図の製図は，共に建築を学んだ友人である建築士の菅原貴美子さんによるものである。第Ⅲ章の調査票の作成時には，保育士として豊かな経験を持つお茶の水女子大学大学院人間文化創成科学研究科（人間発達科学専攻）の佐藤嘉代子さんと東京国際モンテッソーリ教師トレーニングセンターでディプロマを取得された蒔田佐智子さんにご示唆いただいた。そして，大学院生活を共にした歴代の元岡研究室の後輩たちにも，心より感謝したい。

　最後に，第Ⅲ章の調査にご協力いただいた全国の保育所の皆様に，感謝申し上げる。この調査は財団法人発達科学研究教育センターの平成21年度発達科学研究教育奨励賞の研究助成により行った。

　本書の出版にあたっては，独立行政法人日本学術振興会平成29年度科学研究費助成事業（科学研究費補助金・研究成果公開促進費，JP17HP5213）の助成を受けた。科研費の申請時には，洗足こども短期大学の先生方，および事務局の職員の皆様にお世話になった。また，本書の出版にあたっては，風間書房の風間敬子社長に，さまざまにご助言，ご配慮頂いた。ここに，心から感謝申し上げる。

　　　　2018年1月

　　　　　　　　　　　　　　　　　　　　　　　　高　橋　節　子

参 考 文 献

安藤節子（2009）．遊びと生活．森上史朗・大豆生田啓友（編），『よくわかる保育原理（第2版）』(pp. 94-97)．ミネルヴァ書房．
オパン（Aupin），C.（製作責任者）(2010)．『ちいさな哲学者たち』［映画パンフレット］．ファントム・フィルム（配給会社）．
Blau, E. (1999). *The architecture of red Vienna 1919-1934*. Cambridge, MA: The MIT Press.
Burke, C. & Grosvenor, I. (2008). *School*. London: Reaktion Books.
国立バウハウス（Das Staatliche Bauhaus in Weimar）・ニーレンドルフ（Nierendorf），K.（編），利光功（訳）(2009)．『ヴァイマルの国立バウハウス1919-1923』．中央公論美術出版．(Original work published 1923)
Davis, J. M. & Gibson, M. L. (2006). Embracing complexity: Creating cultural change through education for sustainability. *International Journal of Knowledge, Culture and Change Management, 6*(2), 93-102.
Dewey, J. (1990). *The School and Society & the Child and the Curriculum*. Chicago: University of Chicago Press. (Original work published 1902, 1915)
　デューイ，J.，宮原誠一（訳）(1957)．『学校と社会』．岩波書店．
Dudek, M. (2000). *Kindergarten Architecture: Space for the imagination* (2nd ed.). London: Spon Press.
衛藤信一（1985）．戦間期ウィーン市営集合住宅 1919-1934．建築文化，*463*，111-128．
Fiese, B. H. & Sameroff, A. J. (1989). Family context in pediatric psychology: A transactional perspective. *Journal of Pediatric Psychology, 14*(2), 293-314.
Foschi, R. (2008). Science and culture around the Montessori's first "Children's Houses" in Rome (1907-1915). *Journal of the History of the Behavioral Sciences, 44*(3), 238-257.
藤井伸生（2015）．「新制度の多様な実態：地域型保育（家庭的・小規模・事業所内・居宅訪問型保育）」．全国保育団体連絡会・保育研究所（編），『保育白書　2015年版』(pp. 106-109)．ひとなる書房．
Glazer, H. R. (1999). Children and play in the Holocaust: Friedl Dicker-Brandeis－

Heroic child therapist. *Journal of Humanistic Counseling, Education & Development, 37*(4), 194-199.
後藤久 (2005). 『西洋住居史—石の文化と木の文化』. 彰国社.
波多野誼余夫・稲垣佳世子 (1973). 『知的好奇心』. 中公新書.
早田由美子 (1999). 「子どもの家」の誕生と普及—1910年代までを中心に—. Aula Nuova：イタリアの言語と文化, *2*, 54-69.
早田由美子 (2003). 『モンテッソーリ教育思想の形成過程—「知的生命」の援助をめぐって—』. 勁草書房.
早田由美子 (2016). 「改革者としてのモンテッソーリと近年における世界のモンテッソーリ教育」. 早田由美子・森下京子・野原由利子・島田美城・藤尾かの子・奥山清子・村田尚子・木下めぐみ・相良敦子・阿部真美子・仙石茉莉奈, 『現代に生きるマリア・モンテッソーリの教育思想と実践～空想的想像力から科学的創造力へ～』(pp. 9-30). KTC中央出版.
Hausegger, G. (Ed.). (2006). *Architecture in Austria in the 20th & 21st Centuries* [Exhibition catalogue]. Basel: Birkhäuser.
ヘルミング (Helming), H., 平野智美 (訳)(1974). 実践から—1931年 私たちの子どもの家. P. オスワルト・G. シュルツ—ベネシュ (編), 『モンテッソーリ教育学の根本思想 —モンテッソーリの著作と活動から』(pp. 155-161). エンデルレ書店. (Original work published 1971)
東谷孝一 (2007). モンテッソーリ教育の研究(3). 東筑紫短期大学研究紀要, *38*, 139-146.
Hill, P. S. (Ed.). (1923). *A Conduct Curriculum for the kindergarten and first grade.* New York: Charles Scribner's Sons.
Holzbauer, W. (Hrsg.). (1988). *Franz Singer — Friedl Dicker* [Ausstellungskatalog]. Wien: Hochschule für angewandte Kunst.
細谷俊子・積山洋・青木健三 (2008). 異年齢保育における保育室の空間構成と室内遊びでの異年齢交流の実態の研究. 日本建築学会計画系論文集, *73*(634), 2565-2572.
稲垣佳世子・波多野誼余夫 (1989). 『人はいかに学ぶか：日常的認知の世界』. 中公新書.
猪熊弘子 (2011). 『死を招いた保育 ルポルタージュ上尾保育所事件の真相』. ひとなる書房.
イッテン (Itten), J., 手塚又四郎 (訳)(1970). 『造形芸術の基礎 バウハウスにおけ

る美術教育』美術出版社．(Original work published 1963)
掛札逸美（2012）．『乳幼児の事故予防－保育者のためのリスク・マネジメント－』．ぎょうせい．
掛札逸美（2014）．「深刻事故の予防と対応のために－基本的な考え方と日常の取り組み」．山中龍宏・寺町東子・栗並えみ・掛札逸美，『保育現場の「深刻事故」対応ハンドブック』（pp.96-117）．ぎょうせい．
甲斐仁子（1985）．モンテッソーリ教育学における「環境」の意味するもの．モンテッソーリ教育，18，20-29．
甲斐仁子（1995）．モンテッソリ教育環境の多様性：哲学的考察．九州教育学会研究紀要，23，289-295．
甲斐仁子（1997）．モンテッソーリ教育環境－社会的変容と再考－．モンテッソーリ教育，30，80-89．
神成健・初見学（1984）．モンテッソーリ教育と幼稚園の計画：オープンエジュケーションと幼稚園の計画に関する研究．日本建築学会関東支部研究報告集（計画系），55．281-284．
川上正倫・伊藤泰彦・仙田満・矢田努（1998）．日本におけるシュタイナー幼児教育空間に関する研究－教育理念と空間の関係性について－．日本建築学会大会学術講演梗概集 E-1，293-294．
北浦かほる・萩原美智子（2003）．保育環境としての遊び空間のあり方－夜間保育所の保育環境整備に向けて－．日本建築学会計画系論文集，563，139-146．
北浦かほる・木下千絵・萩原美智子・木下恵津子（2003）．保育環境としての子どもの生活空間の検討－夜間保育所の保育環境整備に向けて(2)－．日本建築学会計画系論文集，568，33-40．
北浦かほる・木下恵津子（2004）．夜間保育所の設置形態による建築計画の実態と平面の類型化－夜間保育所の保育環境整備に向けて(3)－．日本建築学会計画系論文集，575，37-45．
小林恵子（2003）．『日本の幼児保育につくした宣教師－上巻』．キリスト新聞社．
小林恵子（2009）．『日本の幼児保育につくした宣教師－下巻』．キリスト新聞社．
子どもと保育総合研究所・森上史朗（監修）（2017）．『最新保育資料集2017』．ミネルヴァ書房．
近藤ふみ・定行まり子（2009）．保育所における幼児の食寝空間からみた面積基準のあり方について．日本建築学会計画系論文集，74(645)，2371-2377．
近藤ふみ・定行まり子（2010）．保育所における0歳児の食事・午睡・あそびの行為

と面積について. 日本建築学会計画系論文集, *75*(653), 1647-1654.

厚生労働省（編）(2008).『保育所保育指針解説書』. フレーベル館.

小山義夫（2011）. 保育施設における子どもの死亡事故. 全国保育団体連絡会・保育研究所（編）,『保育白書2011年版』(p.20). ひとなる書房.

Kramer, R. (1988). *Maria Montessori: A biography*. Boston: Da Capo Press. (Original work published 1976)

クレーマー, R., 平井久（監訳）, 三谷嘉明・佐藤敬子・村瀬亜理（共訳）(1981).『マリア・モンテッソーリ 子どもへの愛と生涯』. 新曜社.

Kriechbaum, G., & Kriechbaum, G. (Hrsg.). (2007). *Karl-Marx-Hof Versailles der Arbeiter*. Wien: Holzhausen Verlag.

Leshnoff, S. K. (2006). Friedl Dicker-Brandeis, art of Holocaust children, and the Progressive Movement in education. *Visual Arts Research, 32*(1, 62), 92-100.

ルーメル（Luhmer）, K. (2004).『モンテッソーリ教育の精神』. 学苑社.

Makarova, E. (2001). *Friedl Dicker-Brandeis: Vienna 1898-Auschwitz 1944*. Los Angels: Tallfellow / Every Picture Press.

三宅和夫（1990）.『子どもの個性―生後2年間を中心に』. 東京大学出版会.

宮本文人・稲村友子・仲綾子・長瀬有紀子（2012）. 幼保連携施設における多様な連携形態と保育室の配置. 日本建築学会計画系論文集, *77*(679), 2035-2042.

宮本文人・中尾友子（2007）. 幼稚園における園児の生活習慣行動と生活支援空間. 日本建築学会計画系論文集, *611*, 45-51.

文部科学省（2008）.『幼稚園教育要領解説』. フレーベル館.

Montessori, M. (1909). *Il metodo della pedagogia scientifica applicato all'educazione infantile nelle case dei bambini*. Roma: Max Bretschneider.

Montessori, M. (1912). *The Montessori Method: scientific pedagogy as applied to child education in "the children's houses" with additions and revisions by the author* (A. E. George, Trans.). New York: Frederick A. Stokes Company.

Montessori, M. (1964). *The Montessori method with an introduction by J. McV. Hunt* (A. E. George, Trans.). New York: Schocken Books.

モンテッソーリ, M., 阿部真美子・白川蓉子（訳）(1974).『モンテッソーリ・メソッド』. 明治図書.

Montessori, M. (Ballauf, T., Groothoff, H.-H., Mühlmeyer, H., & Püllen, K., Hrsg.). (1965). *Grundlagen meiner Pädagogik*. Wiebelsheim: Quelle & Meyer.

モンテッソーリ, M., ルーメル, K.・江島正子（共訳）(1983).『モンテッソーリ

の教育法-基礎理論-』. エンデルレ書店.

Montessori, M.(1989a). *The Clio Montessori series: Vol.3. The formation of man* (A. M. Joosten, Trans.). Oxford: Clio Press. (Original work published 1949a)
　モンテッソーリ, M., 坂本堯(訳)(1970a).『人間の形成について』. エンデルレ書店.

Montessori, M.(1989b). *The Clio Montessori series: Vol.8. The child in the family* (N. R. Cirillo, Trans.). Oxford: Clio Press. (Original work published 1923)
　モンテッソーリ, M., 日本モンテッソーリ協会(監修), 鷹觜達衛(訳)(1971a).『幼児と家庭』. エンデルレ書店.

Montessori, M.(Schulz-Benesch, G., Ed.). (1989c). *The Clio Montessori series: Vol.7. The child, society and the world: unpublished speeches and writings* (C. Juler & H. Yesson, Trans.). Oxford: Clio Press. (Original work published 1979)
　モンテッソーリ, M., シュルツ-ベネシュ, G.(編), K. ルーメル・江島正子(共訳)(1982).『子どもと学校の危機-社会・学校・世界-』. エンデルレ書店.

Montessori, M.(1989d). *The Clio Montessori series: Vol.5. Education for a new world*. Oxford: Clio Press. (Original work published 1946)
　モンテッソーリ, M., 吉本二郎・林信二郎(共訳)(1970b).『モンテッソーリの教育：〇歳〜六歳まで』. あすなろ書房.

Montessori, M. (Prakasam, A. G., Ed.). (1989e). *The Clio Montessori series: Vol.4. What you should know about your child*. Oxford: Clio Press. (Original work published 1948a)
　モンテッソーリ, M., 鈴木弘美(訳)(1993).『子供の何を知るべきか-モンテッソーリの教育-』. エンデルレ書店.

Montessori, M. (Buchenmeyer, R. G., Ed.). (1997). *The Clio Montessori series: Vol.15. The California lectures of Maria Montessori, 1915: Collected speeches and writings*. Oxford: Clio Press.
　モンテッソーリ, M., ルーメル, K.・江島正子(共訳)(2010).『モンテッソーリ教育の実践理論-カリフォルニア・レクチュア』. サンパウロ.

Montessori, M.(1999a). *Il segreto dell'infanzia*. Milano: Garzanti. (Original work published 1938)
　Montessori, M.(1972a). *The secret of childhood* (M. J. Costelloe, Trans.). New York: Ballantine Books.
　モンテッソーリ, M., 鼓常良(訳)(1968).『幼児の秘密』. 国土社.

Montessori, M. (1999b). *La mente del bambino*. Milano: Garzanti. (Original work published 1949b)
　Montessori, M. (1967). *The absorbent mind* (C. A. Claremont, Trans.). New York: Henry Holt and Company.
　モンテッソーリ, M., 菊野正隆（監修）, 武田正實（訳）(1973).『創造する子供』. エンデルレ書店.
Montessori, M. (1999c). *La scoperta del bambino*. Milano: Garzanti. (Original work published 1948b)
　Montessori, M. (1972b). *The discovery of the child* (M. B. Costelloe, Trans.). New York: The Random House Publishing Group.
　モンテッソーリ, M., 鼓常良（訳）(1971b).『子どもの発見』. 国土社.
Montessori, M. (2005). *Dr. Montessori's own handbook*. New York: Dover. (Original work published 1914)
　モンテッソーリ, M., 平野智美・渡辺起世子（共訳）(1989f).『私のハンドブック』. エンデルレ書店.
Mooney, C. G. (2000). *Theories of childhood: an introduction to Dewey, Montessori, Erikson, Piaget, and Vygotsky*. St. Paul, MN: Redleaf Press.
森上史朗（1984）.『児童中心主義の保育』. 教育出版.
森上史朗・柏女霊峰（編）(2015).『保育用語辞典（第8版）』. ミネルヴァ書房.
Müller, T., & Schneider, R. (Eds.). (2002). *Montessori Lehrmaterialien 1913-1935 Möbel und Architektur/ Montessori Teaching Materials 1913-1935 Furniture and Architecture* (C. Charlesworth, Translated from the German). München: Prestel.
無藤隆（2013）.『幼児教育のデザイン 保育の生態学』. 東京大学出版会.
永井理恵子（2005）.『近代日本幼稚園建築史研究―教育実践を支えた園舎と地域』. 学文社.
永井理恵子（2011）.『近代日本キリスト教主義幼稚園の保育と園舎―遺愛幼稚園における幼児教育の展開―』. 学文社.
内閣府・文部科学省・厚生労働省（2015）.『幼保連携型認定こども園教育・保育要領解説』. フレーベル館.
長沢悟・深堀千鶴（1988）. 自由保育幼稚園の保育空間の構成に関する研究：モンテッソリ幼稚園を通して. 日本建築学会大会学術講演梗概集E（建築計画・農村計画）, 381-382.

参考文献　　219

中野光・小笠毅（編）(1996)．『ハンドブック子どもの権利条約』．岩波ジュニア新書．
日本建築学会（編）(1980)．『建築設計資料集成3　単位空間Ⅰ』．丸善．
日本建築学会（編）(2005)．『第3版　コンパクト建築設計資料集成』．丸善出版．
西川ひろ子（2000）．大正期におけるモンテッソーリ教育法の受容―モンテッソーリ教具を中心に―．保育学研究，38(2)，8-16．
西川ひろ子（2009）．近代日本におけるモンテッソーリ教育法の実践．チャイルド・サイエンス，5，54-57．
西本雅人・今井正次・木下誠一（2006）．保育プログラムに伴うコーナー設定の一年間の変化：保育者による空間設定からみる保育室計画に関する研究．日本建築学会計画系論文集，601，47-55．
西日本工高建築連盟（編）(1990)．『新建築設計ノート　幼稚園・保育所』．彰国社．
野村路子（1993）．『テレジンの小さな画家たち　ナチスの収容所で子どもたちは4000枚の絵をのこした』．偕成社．
Norman, D. A. (2004). *Emotional design: Why we love (or hate) everyday things*. New York, NY: Basic Books.
　　ノーマン，D. A.，岡本明・安村通晃・伊賀聡一郎・上野晶子（訳）(2004)．『エモーショナル・デザイン：微笑を誘うモノたちのために』．新曜社．
Norman, D. A. (2013). *The design of everyday things* (Revised & expanded edition). New York, NY: Basic Books.
　　ノーマン，D. A.，岡本明・安村通晃・伊賀聡一郎・野島久雄（訳）(2015)．『増補・改訂版　誰のためのデザイン？　認知科学者のデザイン原論』．新曜社．
小川信子（1966）．幼児施設における平面計画の歴史的展開（その1）．日本女子大学紀要家政学部，13，27-31．
小川信子（1967）．幼児施設における平面計画の歴史的展望（その2）．日本女子大学紀要家政学部，14，33-39．
小川信子（2004）．『子どもの生活と保育施設』．彰国社．
小川洋司（1985）．保育園・幼稚園の設計―その実例に即して．建築思潮研究所（編），『建築設計資料10保育園・幼稚園』（pp. 4-32）．建築資料研究社．
オルディゲス（Oldiges, J.），梅宮弘光（訳）(2001)．「マリア・モンテッソーリにおける『整備された環境』の概念　学びの生活世界としてのインテリア」．藤田治彦（監修），『キッズ・サイズ・デザイン展　子供たちの〈もの〉と〈心〉の世界』［展覧会カタログ］（pp. 95-101）．ヴィトラデザインミュージアム・読売新聞大阪本社．

Peller, L. E. (1996). The children's house. *The NAMTA Journal, 21*(3), 8-23. (Reprinted from *On development and education of young children: Selected papers*, by E. N. Plank, Ed., 1978, New York, NY: The Philosophical Library)

定行まり子（研究代表者）(2009).『「機能面に着目した保育所の環境・空間に係る研究事業」報告書』. 全国社会福祉協議会.

佐伯胖・佐々木正人（編）(1990/2013).『新装版　アクティブ・マインド』. 東京大学出版会.

逆井直紀 (2009). 保育所と規制緩和 促進される企業参入. 保育団体連絡会・保育研究所（編），『保育白書2009年版』(p. 66). ひとなる書房.

逆井直紀 (2013). 保育所と規制緩和，地域主権改革 定員を超えた入所の規模撤廃，給食の外部搬入容認，最低基準地方条例化. 保育団体連絡会・保育研究所（編），『保育白書2013年版』(p. 79). ひとなる書房.

櫻井良明 (2010).『建築製図 基本の基本』. 学芸出版社.

Sameroff, A. (2009). The transactional model. In A. Sameroff (Ed.), *The transactional model of development: How children and contexts shape each other* (pp. 3-21). Washington, DC: American Psychological Association.

佐藤将之・西出和彦・高橋鷹志 (2004). 遊び集合の移行からみた園児と環境についての考察―園児の社会性獲得と空間との相互関係に関する研究　その２. 日本建築学会計画系論文集, *575*, 29-35.

佐藤将之・高橋鷹志 (2002). 園児の関係構築と共存する遊び集合についての考察―園児の社会性獲得と空間との相互関係に関する研究　その１. 日本建築学会計画系論文集, *562*, 151-156.

シュルツ-ベネシュ（Schulz-Benesch），G.，平野智美（訳）(1974). 偉大な告発者―子どものための生命の冒険. P. オスワルト・G. シュルツ-ベネシュ（編），『モンテッソーリ教育学の根本思想―モンテッソーリの著作と活動から』(pp. 201-219). エンデルレ書店. (Original work published 1971)

Schneider, R. (2002). P. Johannes Müller and the Montessori Movement, 1914 to 1953: piecing together the evidence. In T. Müller & R. Schneider (Eds.), *Montessori Lehrmaterialien 1913-1935 Möbel und Architektur/ Montessori Teaching Materials 1913-1935 Furniture and Architecture* (C. Charlesworth, Translated from the German) (pp. 41-55). München: Prestel.

仙田満 (2001).『園舎・園庭を考える 幼児のための環境デザイン』. 世界文化社.

仙田満 (2013). 子どもの成育環境・建築環境. 子ども学, *1*, 76-97.

仙田満・藤森平司（2001）.「特別対談　空間の持つ「保育力」」. 仙田満,『園舎・園庭を考える 幼児のための環境デザイン』（pp. 4-15）. 世界文化社.

セゾン美術館（編）(1995).『バウハウス　1919-1933』［展覧会カタログ］. セゾン美術館.

しみん教育研究会（編）(2009).『建築が教育を変える　福井市至民中の学校づくり物語』. 鹿島出版会.

白川賀津子・小池孝子・定行まり子（2015）. 建築的視点から捉えたモンテッソーリ教育. 日本女子大学大学院紀要　家政学研究科・人間生活学研究科, 21, 25-35.

白川賀津子・定行まり子（2017a）. 保育・教育思想に基づく保育施設の建築計画－モンテッソーリ保育施設における実態調査を通して. 日本女子大学大学院紀要　家政学研究科・人間生活学研究科, 23, 27-34.

白川賀津子・定行まり子（2017b）. 保育・教育思想に基づく保育施設の空間特性－モンテッソーリ教育とハンガリーの保育実践を対象として. 日本建築学会計画系論文集, 82(734), 877-884.

Spitz, E. H. (2012). Friedl Dicker-Brandeis and her work in Terezín: Children, art, and hope. *Journal of Aesthetic Education, 46*(2), 1-13.

Standing, E. M. (1998). *Maria Montessori: Her Life and Work* (with an Introduction by L. Havis). New York: Plume. (Original work published 1957)
スタンディング, E. M., ルーメル, K.（監修）, 佐藤幸江（訳）(1975).『モンテソーリの発見－人間らしく育つ権利－』. エンデルレ書店.

鈴木博之・中川武・藤森照信・隈研吾（監修）(1991).『新建築・創刊65周年記念号　建築20世紀 PART 1』. 新建築（1月臨時増刊）, 66(2).

田口晃（2007）. 戦間期ウィーン市の住宅政策. 北海学園大学法学部（編）,『北海学園大学法学部40周年記念論文集　変容する世界と法律・政治・文化　下巻』（pp. 119-145）. ぎょうせい.

田口晃（2008）.『ウィーン　都市の近代』. 岩波新書.

高橋節子（2008）. 子どものための建築空間－モンテッソーリ教育のための園舎の場合. 日本建築学会大会学術講演梗概集 F2（建築歴史・意匠）, 611-612.

高橋節子・元岡展久（2009）. 子どものための建築空間－ウィーンのモンテッソーリ保育園の場合. 日本建築学会大会学術講演梗概集 F2（建築歴史・意匠）, 121-122.

高橋節子・元岡展久（2010）. 子どものための建築空間－進歩主義教育のための園舎の場合. 日本建築学会大会学術講演梗概集 F2（建築歴史・意匠）, 649-650.

Takahashi, S., & Motooka, N. (2011). A successful Japanese architectural embodiment of the principles of Progressive Education: *The Cronk Memorial Kindergarten* in Kumamoto, 1929. *UIA 2011 Tokyo: The 24th World Congress of Architecture* [DVD-ROM version], 30370. Tokyo: The Japan Institute of Architects.

天満類子・菊地成朋（2004）．幼児保育における「場」の環境形成に関する事例研究—モンテッソーリ教育を実践する幼稚園の記録．都市・建築学研究（九州大学大学院人間環境学研究院紀要），6，65-76．

利光功（2009）．解説．Das Staatliche Bauhaus in Weimar & K. Nierendorf，（編），利光功（訳），『ヴァイマルの国立バウハウス1919-1923』（pp. 230-234）．中央公論美術出版．

鼓常良（1968a）．紹介：マリーア・モンテッソーリとその事業．M. Montessori，鼓常良（訳），『幼児の秘密』（pp. 253-258）．国土社．

鼓常良（1968b）．あとがき．M. Montessori，鼓常良（訳），『幼児の秘密』（pp. 259-261）．国土社．

辻井正（2006）．『ベストキンダーガーデン—フレーベル，モンテッソーリ，シュタイナー，レジオ・エミリア，ニキーチン，ピラミッドメソッドの幼児教育の現場に学ぶ』．オクターブ．

Von Vegesack, A., Dunas, P. & Schwartz-Clauss, M. (Eds.). (1996). *100 Masterpieces from the Vitra Design Museum Collection* [Exhibition catalogue]. Weil am Rhein: Vitra Design Museum.

渡辺英則（2009）．保育の環境．森上史朗・大豆生田啓友（編），『よくわかる保育原理（第2版）』（pp. 102-103）．ミネルヴァ書房．

若林俊郎（2013）．最低基準の地方条例化の状況．全国保育団体連絡会・保育研究所（編），『保育白書2013年版』（pp. 36-39）．ひとなる書房．

Weihsmann, H. (1985). *Das rote Wien: sozialdemokratische Architektur und Kommunalpolitik, 1919-1934.* Wien: Promedia

Wilberg-Vignau, P. (Hrsg.). (1970). *Friedl Dicker - Franz Singer.* [Ausstellungskatalog]. Darmstadt: Bauhaus-Archiv.

Wix, L. (2009). Aesthetic empathy in teaching art to children: The work of Friedl Dicker-Brandeis in Terezin. *Art Therapy, 26*(4), 152-158.

山田あすか・佐藤栄治・佐藤将之・樋沼綾子（2008）．幼保一体型施設における運営様態，混合保育，活動場所の変遷に関する研究．日本建築学会計画系論文集，

73(625), 543-550.

山田あすか・上野淳 (2006). 保育所における園児の居場所の反復性に関する研究. 日本建築学会計画系論文集, *602*, 35-42.

山田あすか・上野淳・登張絵夢 (2004). 保育所における園児の居場所の展開と活動場面の抽出方法に関する考察：保育所におけるこどもの生活行動特性と居場所に関する研究（その1）. 日本建築学会計画系論文集, *580*, 57-64.

山田恵美 (2011). 保育における空間構成と活動の発展的相互対応—アクションリサーチによる絵本コーナーの検討—. 保育学研究, *49*(3), 20-28.

山田恵美・佐藤将之・山田あすか (2009a). 自由遊びにおける園児の活動規模と遊びの種類およびコーナーの型に関する研究. 日本建築学会計画系論文集, *74*(637), 549-557.

山田恵美・山田あすか・佐藤将之 (2009b). 幼保一体型施設における活動の分布と規模変化に関する研究. 日本建築学会計画系論文集, *74*(638), 761-770.

吉岡剛 (1978).「モンテッソリー教育法と其応用」解説. 岡田正章（監修),『大正・昭和保育文献集 別巻』(pp.9-24). 日本らいぶらり.

Zimmermann, H. (2008). Friedl Dicker and Stefan Wolpe: Portrait of a friendship (J. Bradford Robinson, Trans.). *Contemporary Music Review, 27*(2/3), 227-231.

【付録】

| 回収日 | | | 整理番号 | | | | |

保育所における環境の調査

2010年6月

調査へのご協力のお願い

　これは，保育所の環境に関する調査です。主に3～5歳児が使用する保育所の環境についてうかがいます。

　この調査は学術的な調査ですので，結果はすべて数値化し，統計的に処理します。個人の回答をとりたてて問題にしたり，外部に出したりすることは決してありません。ご返送いただいたご回答は大切に使わせていただきます。お忙しいところ誠に恐縮ではありますが，調査にご協力くださいますよう，よろしくお願い申し上げます。

　　　　　　　　　　　　　　　　　　　　　　　　　　　　　　高橋　節子
　　　　　　　　　　　　　　お茶の水女子大学大学院　人間文化創成科学研究科
　　　　　　　　　　　　　　　　　　　　　建築設計学研究室　博士後期課程
　　　　　【連絡先】お茶の水女子大学大学院　建築設計学研究室

【調査について】
1. 回答は，20～30分程度で終わります。回答は園長先生や主任の先生，または保育実践の中心的な役割を果たしている方がご記入ください。
2. 質問中の園児の年齢は，実年齢ではなく**クラス編成上の年齢**です。
3. この調査は，主に**3～5歳児**が使用する環境についてうかがいます。
　3～5歳児のクラスが一部でもあれば調査にご協力ください。例えば，あなたの保育所に4，5歳児クラスはなくても，3歳児クラスはあるというような場合にはぜひ調査にご協力下さい。
4. 3～5歳児クラスがまったくない場合は，お手数ですが調査票をご返送ください。
5. この調査票は**2010年6月18日（金）**頃までに，同封の封筒に入れてご返送ください。ご返送の際には，調査票は折り曲げていただいて結構です。
6. この調査についてご不明な点などがあれば，上記研究室までご連絡下さい。

【ご記入上の注意】
1．この調査は，主に3〜5歳児の環境についてうかがいます。
2．回答は，あてはまる番号に○をおつけ下さい。また，数字を記入していただく回答もあります。
3．いくつかの質問には，さらに関連する質問があります。矢印（→）がある場合には，関連する質問（SQ，SF）にお答えください。

Q1　主に3〜5歳児の保育室がある建物はいつ建てられましたか。
　　1．明治・大正・昭和・平成＿＿＿＿＿年（西暦＿＿＿＿＿年）
　　2．わからない

Q2　3〜5歳児の保育室のある建物の構造は次のうちのどれですか。あてはまる番号に一つだけ○をつけてください。
　　1．木造　　　2．鉄筋コンクリート造　　　3．わからない
　　4．その他（　　　　　　　　　　　　　　　　　　　　　　　　　）

Q3　主に3〜5歳児の保育室のある建物の形態は次のうちのどれですか。あてはまる番号に一つだけ○をつけてください。

【1と答えた方は，このSQ3-1にお答えください】
　　1．保育所専用の建物 → SQ3-1　あなたの園舎についてあてはまる番号に一つだけ○をつけてください。
　　　（単独施設）
　　2．他の施設と建物を共有している　　　1．保育所専用の建物として設計された園舎
　　　（複合施設）　　　　　　　　　　　　2．別の用途のために建てられた建物をリフォームして園舎として使用
　　　　　　　　　　　　　　　　　　　　　3．わからない

【2と答えた方は，このSQ3-2，3-3にお答えください】
SQ3-2　どのような施設と建物を共有していますか。あてはまる番号すべてに○をつけてください。
　　1．住宅・集合住宅　2．オフィス　3．商業施設　　　4．公民館
　　5．児童館　　　　　6．学校　　　7．高齢者福祉施設　8．教会・寺院・神社
　　9．その他（　　　　　　　　　　　　　　　　　　　　　　　　　　）

SQ3-3　あなたの保育所について，あてはまる番号に一つだけ○をつけてください。
　　1．もともと保育所専用のスペースとして設計されている
　　2．別用途のために設計されたスペースをリフォームして使用している
　　3．わからない

Q4　3～5歳児の保育室は何階にありますか。複数の階にある場合は**すべて**お答えください。

(a)＿＿＿階建ての＿＿＿階　　(b)＿＿＿階建ての＿＿＿階
(c)＿＿＿階建ての＿＿＿階　　(d)＿＿＿階建ての＿＿＿階

Q5　3～5歳児が**保育中**に**利用する**園舎にある階段（屋外階段を含む）は，どのような階段ですか。あてはまる番号に**一つだけ**○をつけてください。

1．3歳児でも問題なく利用できる階段
2．3歳児はゆっくり上り下りをするが，5歳児は問題なく利用できる階段
3．5歳児でもゆっくり上り下りをする階段
4．3～5歳児は保育中，階段を利用する必要がない
5．その他（　　　　　　　　　　　　　　　　　　　　　　　　　　　）

【4と答えた方は，このSQ5にお答えください】

> SQ5　それは，なぜですか。あてはまる番号に**一つだけ**○をつけてください。
>
> 1．3～5歳児はエレベーターを利用する
> 2．保育中に3～5歳児は他階に移動する必要がない
> 3．園舎には階段がない
> 4．その他（　　　　　　　　　　　　　　　　　　　　　　　　）

Q6　3～5歳児が屋外で活動するとき，どこを利用しますか。あてはまる番号**すべて**に○をつけてください。

1．保育所の敷地内の園庭　　2．園舎，あるいは保育所のある建物の屋上
3．ベランダ・バルコニー　　4．保育所の近くの公園
5．その他（　　　　　　　　　　　　　　　　　　　　　　　　　　　）

Q7　あなたの保育所には**保育室のほかに**，3～5歳児が使用する以下のような**専用の部屋**がありますか。あてはまる番号**すべて**に○をつけてください。

1．遊戯室（ホール）　　2．食事室（ランチルーム）　　3．午睡室
4．工作室（制作室）　　5．図書室
6．その他（　　　　　　　　　　　　　　　　　　　　　　　　　　　）

Q8 　3〜5歳児は自由遊びの時間（園児が自分の好きな遊びをする時間）にはどこで活動しますか。あてはまる番号すべてに○をつけてください。なお，選択肢4〜8はQ7で質問した**専用の部屋**のことを指します。

　　1．玄関ホール　　　　　　　　2．廊下　　　　　　　　　　　　3．保育室
　　4．**専用の遊戯室（ホール）**　5．**専用の食事室（ランチルーム）**　6．**専用の午睡室**
　　7．**専用の工作室（制作室）**　8．**専用の図書室**　　　　　　 9．園庭
　　10．屋上　　　　　　　　　　 11．ベランダ・バルコニー
　　12．その他（　　　　　　　　　　　　　　　　　　　　　　　　　　　　　　　）

Q9 　3〜5歳児が保育中に**気持ちを落ち着かせたり，静かに過ごせるような場所があり**ますか。あてはまる番号すべてに○をつけてください。

　　1．静かに過ごすための専用の部屋がある
　　2．保育室などの部屋や廊下に静かに過ごすためのコーナーを設けている
　　3．特にそのような部屋やコーナーはない
　　4．その他（　　　　　　　　　　　　　　　　　　　　　　　　　　　　　　　）

Q10 　3〜5歳児の**保育室の壁**は，どのような色ですか。あてはまる番号**すべて**に○をつけてください。模様のある壁紙の場合は，壁全体の色調でお答えください。

　　1．白・ベージュ　　　　　　　　　2．木目
　　3．パステルカラーのような淡い色　4．原色のような濃い色
　　5．その他（　　　　　　　　　　　　　　　　　　　　　　　　　　　　　　　）

Q11 　**廊下の壁**は，どのような色ですか。あてはまる番号**すべて**に○をつけてください。模様のある壁紙の場合は，壁全体の色調でお答えください。

　　1．白・ベージュ　　　　　　　　　2．木目
　　3．パステルカラーのような淡い色　4．原色のような濃い色
　　5．その他（　　　　　　　　　　　　　　　　　　　　　　　　　　　　　　　）

Q12 　**園舎内の床**について，あてはまる番号に**一つだけ**○をつけてください。

　　1．園舎内の床は，すべて同じ色である
　　2．園舎内の床は，塗り分けられている

　　　　　▶【2と答えた方は，次ページのSQ12にお答えください】

【Q12で2と答えた方は，このSQ12にお答えください】

SQ12　それはなぜですか。あてはまる番号すべてに○をつけてください。
1．床は，園児に活動を行う場所を示すために塗り分けられている
2．床は，園児にイス，机，教具等を置く場所を示すために塗り分けられている
3．床は，クラスのテーマカラーに合わせて塗り分けられている
4．床は，塗り分けられているがそれはデザイン（模様）としてである
5．わからない
6．その他（　　　　　　　　　　　　　　　　　　　　　　　　　　　）

Q13　3〜5歳児の保育室の床は，どのような色・素材ですか。あてはまる番号すべてに○をつけてください。
1．フローリング
2．畳
3．パステルカラーのような淡い色のカーペット
4．原色のような濃い色のカーペット
5．パステルカラーのような淡い色のビニール床シート，または，ビニールタイル
6．原色のような濃い色のビニール床シート，または，ビニールタイル
7．その他（　　　　　　　　　　　　　　　　　　　　　　　　　　　）

Q14　3〜5歳児の**保育室の屋外に面した窓**についてお聞きします。保育室にはどのような窓がありますか。あてはまる番号すべてに○をつけてください。ガラスが入っているものの，開けることができない窓も含めてお答えください。窓の種類については，下図をご参照ください。
1．はき出し窓：床から設けられた窓
2．腰窓：窓枠の下端が腰の高さくらいの窓
3．高窓：天井に近い，非常に高い位置に設けられた窓
4．その他（　　　　　　　　　　　　　　　　　　　　　　　　　　　）

【窓の種類】

　　　1．はき出し窓　　　2．腰窓　　　3．高窓

【2と答えた方は，次ページのSQ14にお答えください】

【Q14で2と答えた方は，このSQ14にお答えください】

SQ14　腰窓はどのような高さですか。あてはまる番号に**一つだけ**○をつけてください。

1．3歳児（身長95cm程度）でも容易に外を眺められる高さ
2．3歳児は外を眺めるのが難しいが，5歳児（身長110cm程度）は容易に外が眺められる高さ
3．大人は外が眺められるが，3～5歳児は外が眺められない高さ
4．その他（　　　　　　　　　　　　　　　　　　　　　　　　　　　　　）

Q15　3～5歳児の**保育室**のドアのドアノブ（取っ手・引手などを含む）はどのような高さにありますか。あてはまる番号に**一つだけ**○をつけてください。

1．3～5歳児の手が届く高さ
2．大人の手が届く高さ
3．1つのドアに子ども用と大人用の2つのドアノブがある
4．その他（　　　　　　　　　　　　　　　　　　　　　　　　　　　　　）

Q16　3～5歳児が使用する机の**高さ**について，あてはまる番号**すべて**に○をつけてください。

1．机の高さはすべて同一である
2．園児の体格に合わせて選択できるように，数種類の高さの違う机がある
3．用途に合わせて選択できるように，数種類の高さの違う机がある
4．その他（　　　　　　　　　　　　　　　　　　　　　　　　　　　　　）
5．机は使用しない───────────────────▶【Q19にお進みください】

Q17　3～5歳児が使用する机は何人用ですか。あてはまる番号**すべて**に○をつけてください。使用する机が複数ある場合は，中でも**3～5歳児が最も使用する頻度が高い机**の番号を下の□にご記入ください。

1．1人用　　　2．2人用　　　3．3人用
4．4人用　　　5．6人用　　　6．8人用
7．その他（　　　　　　　　　　　　　　　　　　　　　　　　　　　　　）

　　SQ17　【使用する机が複数ある場合】
　　　　　　3～5歳児が最も使用する頻度が高い机
　　　　　の番号を□にご記入ください

最も使用する頻度が高いのは　　　　番の机

付録　231

Q18　3〜5歳児が使用する机を，子どもが自分で移動させることはありますか。あてはまる番号に**一つだけ**○をつけてください。使用する机が複数ある場合は，SQ17で回答した**最も使用する頻度が高い机**についてお答えください。

　　1．3〜5歳児が机を移動させることがある
　　2．3〜5歳児が机を移動させることはない

【1と答えた方は，このSQ18にお答えください】

SQ18　机の重さについて，あてはまる番号に**一つだけ**○をつけて下さい。
　　1．3歳児でもひとりで持ち運べる重さ
　　2．3歳児はひとりで持ち運べないが，5歳児ならひとりで持ち運べる重さ
　　3．5歳児でも園児や保育士が協力しなければ持ち運べない重さ
　　4．その他（　　　　　　　　　　　　　　　　　　　　　　　）

Q19　3〜5歳児が使用するイスの**サイズ**（座面の高さや奥行きなど）について，あてはまる番号**すべて**に○をつけてください。
　　1．イスのサイズはすべて同一である
　　2．園児の体格に合わせて選択できるように，数種類のサイズの違うイスがある
　　3．用途に合わせて選択できるように，数種類のサイズの違うイスがある
　　4．その他（　　　　　　　　　　　　　　　　　　　　　　　　　　　）
　　5．イスは使用しない ──────────────▶【Q23にお進みください】

Q20　3〜5歳児が使用するイスは何人掛けのイスですか。あてはまる番号**すべて**に○をつけてください。使用するイスが複数ある場合は，中でも**3〜5歳児が最も使用する頻度が高いイス**の番号を下の□にご記入ください。

　　　　　　　　　　　　　　　　　　【2と答えた方は，お答えください】
　　1．1人掛けのイス
　　2．数人掛けの長イス ───────▶　SQ20-1　何人掛けですか
　　3．その他　　　　　　　　　　　　　　　　　　＿＿＿＿＿人掛け

　　SQ20-2　【使用するイスが複数ある場合】
　　　　　　3〜5歳児が最も使用する頻度が高いイス
　　　　　　の番号を□にご記入ください

　　　　　　　　　　　　最も使用する頻度が高いのは　□　番のイス

Q21　3～5歳児が使用するイスを，子どもが自分で移動させることはありますか。あてはまる番号に**一つだけ**○をつけてください。使用するイスが複数ある場合は，**SQ20-2で回答した最も使用する頻度が高いイス**についてお答えください。

　1．3～5歳児がイスを移動させることがある
　2．3～5歳児がイスを移動させることはない

【1と答えた方は，このSQ21にお答えください】

SQ21　イスの重さについて，あてはまる番号に一つだけ○をつけて下さい。
　1．3歳児でもひとりで持ち運べる重さ
　2．3歳児はひとりで持ち運べないが，5歳児ならひとりで持ち運べる重さ
　3．5歳児でも園児や保育士が協力しなければ持ち運べない重さ
　4．その他（　　　　　　　　　　　　　　　　　　　　　　　）

Q22　**園舎内**には3～5歳児が使用する次のようなイスが置かれていますか。置かれているイスの番号**すべてに**○をつけてください。なお，ままごとなどのごっこ遊び用に置かれているイスは**除いてください**。
　1．肘掛けイス　　　2．藤製のイス　　　3．数人掛けの長イス（ベンチ）
　4．ソファ
　5．その他（　　　　　　　　　　　　　　　　　　　　　　　　　　　）

Q23　あなたの保育所には，以下のような教具がありますか。a，b，cそれぞれのあてはまる欄に一つだけ○を記入してください。

	1．所有し，現在も使用している	2．所有しているが，現在は使用していない	3．所有していない
a．フレーベルの恩物			
b．モンテッソーリの教具			
c．ヒルの積み木			

Q24 3〜5歳児の制作途中の作品や積木などの遊びを継続させるために，保管することができるスペースがありますか。あてはまる番号**すべて**に○をつけてください。

1．制作途中の**作品**を保管するための特定の棚や場所がある
2．積木などの**遊び**を継続させるために，そのまま保管する特定の棚や場所がある
3．そのような棚や場所はない
4．その他（　　　　　　　　　　　　　　　　　　　　　　　　　　　　　　　　）

Q25　**園舎内の壁や棚**について，あてはまる番号**すべて**に○をつけてください。

1．園児の制作した作品（絵画，工作など）を飾っている
2．観賞用の絵画，写真，オブジェなど（画家や写真家の作品など）を飾っている
3．数字やひらがなの表，地図など学習に関連するものを掲示している
4．手洗いやうがいの方法，食事など生活習慣に関連するものを掲示している
5．その他（　　　　　　　　　　　　　　　　　　　　　　　　　　　　　　　　）

Q26　3〜5歳児が保育中に共同で使用する本棚はどのような高さですか。あてはまる番号に**一つだけ**○をつけてください。

1．3歳児でもすべての本棚に手が届く
2．3歳児には手が届かない本棚があるが，5歳児ならすべての本棚に手が届く
3．5歳児でも一部手が届かない本棚がある
4．3〜5歳児の手の届かないところに本棚がある
5．その他（　　　　　　　　　　　　　　　　　　　　　　　　　　　　　　　　）

Q27　コート，カバンなどを置くための3〜5歳児の各自のロッカーの高さについて，あてはまる番号に**一つだけ**○をつけてください。

1．3歳児でもロッカーのすべての棚・フックに手が届く
2．3歳児には手が届かない棚・フックがあるが，5歳児ならすべてに手が届く
3．5歳児でも一部手が届かない棚・フックがある
4．3〜5歳児の手の届かないところにロッカーがある
5．その他（　　　　　　　　　　　　　　　　　　　　　　　　　　　　　　　　）

Q28　3～5歳児が使用する手洗い場は，どこに設置されていますか。設置されている場所の番号**すべて**に○をつけてください。なお，選択肢5～9は2ページのQ7で質問した**専用の部屋**のことを指します。

　　1．玄関ホール　　　2．廊下　　　　　　　　　3．トイレ
　　4．保育室　　　　　5．専用の遊戯室（ホール）　6．専用の食事室（ランチルーム）
　　7．専用の午睡室　　8．専用の工作室（制作室）　9．専用の図書室
　　10．園庭　　　　　　11．屋上　　　　　　　　　12．ベランダ・バルコニー
　　13．その他（　　　　　　　　　　　　　　　　　　　　　　　　　　　　　　　）

Q29　3～5歳児が使用する**全ての手洗い場**（トイレの手洗い場も含む）は，どのような高さですか。あてはまる番号に**一つだけ**○をつけてください。

　　1．3歳児でも**踏み台を使わなくても**，全ての蛇口に手が届く
　　2．3歳児には手が届かない蛇口があるが，5歳児なら**踏み台を使わなくても**全ての蛇口に手が届く
　　3．5歳児でも**踏み台を使わなければ**，手が届かない蛇口がある
　　4．その他（　　　　　　　　　　　　　　　　　　　　　　　　　　　　　　　）

Q30　3～5歳児が使用するタオル，コップ（歯磨きやうがい時に使用するコップ）が置いてある棚などはどのような高さですか。a，bそれぞれのあてはまる欄に**一つだけ**○を記入してください。

	a．タオル掛け・タオル用の棚	b．コップ掛け・コップ用の棚
1．3歳児でも手が届く		
2．3歳児には手が届かないが5歳児には手が届く		
3．5歳児でも手が届かない		
4．棚などは使用していない		
5．その他		

Q31　3～5歳児が使用するトイレは男女別ですか。あてはまる番号に**一つだけ**○をつけてください。

　　1．3～5歳児が使用するトイレは男女別である
　　2．3～5歳児が使用するトイレは男女共用である
　　3．3歳児のトイレは男女共用だが，5歳児のトイレは男女別である
　　4．その他（　　　　　　　　　　　　　　　　　　　　　　　　　　　　　　　）

Q32 3～5歳児が使用するトイレの個室ブースの仕切り壁の高さについて，あてはまる番号**すべて**に○をつけてください。
- 1．仕切り壁の高さは3～5歳児の腰が隠れる程度の高さ（50cm程度）である
- 2．仕切り壁の高さは3～5歳児の背が隠れる程度の高さ（110cm程度）である
- 3．仕切り壁の高さは通常の大人用の個室ブースと同じ高さである
- 4．個室ブースは設けられていない（仕切りはない）
- 5．その他

【1，2あるいは3と答えた方は，このSQ32にお答えください】

> SQ32．3～5歳児が使用する個室ブースに，扉はありますか。あてはまる番号に**一つだけ**○をつけてください。
> 1．すべての個室ブースに扉がある
> 2．すべての個室ブースに扉がない
> 3．扉があるブースと扉のないブースの両方がある
> 4．その他（　　　　　　　　　　　　　　　　　　　　　）

Q33 3～5歳児は昼食をどこでとりますか。あてはまる番号に**一つだけ**○をつけてください。
1．専用の食事室（ランチルーム）がある
2．昼食は保育室でとる
3．昼食は保育室以外の部屋でとる
4．その他（　　　　　　　　　　　　　　　　　　　　　　　　　　）

Q34 3～5歳児は保育中の活動として，調理をすることがありますか。また，昼食・軽食時の準備や後片付けをしますか。3～5歳児が行う活動にあてはまる番号**すべて**に○をつけてください。
1．食卓を整える（食器・箸を配る，テーブルをふくなど）
2．料理が盛られた皿を運ぶ
3．料理を皿につぐ
4．調理をすることがある（菓子作り，米とぎなどの簡単な調理も含む）
5．後片付けをする（皿を下げる，テーブルをふくなど）
6．食器を洗う
7．園児が調理や昼食などの準備，後片付けをすることはない
8．その他（　　　　　　　　　　　　　　　　　　　　　　　　　　）

Q35　3～5歳児が使用する台所や配膳台はありますか。あてはまる番号に**一つだけ**○をつけてください。

　　┌1．台所・配膳台がある
　　│2．台所・配膳台はない
　　↓
【1と答えた方は，このSQ35-1，35-2にお答えください】

SQ35-1　3～5歳児が使用する台所や配膳台にはどのような設備がありますか。台所や配膳台にある設備の番号**すべて**に○をつけてください。

　　1．ガス台　　　　　2．IHヒーター・電熱器　　3．流し
　　4．食器洗い機　　　5．食器乾燥機　　　　　　6．調理台（調理を行うスペース）
　　7．電子レンジ　　　8．オーブン　　　　　　　9．トースター
　　10．炊飯器　　　　 11．食器棚　　　　　　　 12．特に設備はない
　　13．その他（　　　　　　　　　　　　　　　　　　　　　　　　　　　　）

SQ35-2　3～5歳児が使用する台所や配膳台はどのような高さですか。あてはまる番号に**一つだけ**○をつけてください。

　　1．3歳児でも**踏み台を使わなくても使える**高さ
　　2．3歳児には高いが，5歳児は**踏み台を使わなくても使える**高さ
　　3．大人用の高さ
　　4．その他（　　　　　　　　　　　　　　　　　　　　　　　　　　　　）

Q36　3～5歳児が**昼食・軽食時**に主に使用する食器（皿・茶碗・コップ）の素材は次のうちどれですか。あてはまる番号**すべて**に○をつけてください。

　　1．陶磁器　　　　　2．強化陶磁器（割れにくい陶磁器）
　　3．プラスチック　　4．木製
　　5．漆器　　　　　　6．ガラス
　　7．金属
　　8．その他（　　　　　　　　　　　　　　　　　　　　　　　　　　　　）

Q37　3～5歳児はどこで午睡をしますか。あてはまる番号に**一つだけ**○をつけてください。

　　1．午睡専用の部屋（午睡室）がある
　　2．午睡は保育室でする
　　3．午睡は保育室以外の部屋でする
　　4．その他（　　　　　　　　　　　　　　　　　　　　　　　　　　　　）

付録 237

【ここからは，あなたの保育所の概要についてうかがいます】

F1 あなたの保育所の郵便番号と所在地をご記入ください。

郵便番号 □□□ー□□□□

_____ 都・道・府・県　　　　　　　_____ 市・区・郡

F2 あなたの保育所の種別は以下のどれですか。あてはまる番号に**一つだけ**○をつけてください。

1. 認可保育所
2. 認可外保育所
3. わからない
4. その他

【1と答えた方は，このSF2-1にお答えください】

SF2-1 あなたの保育所は次のどれにあてはまりますか。あてはまる番号に**一つだけ**○をつけてください。

1. 公設公営　　2. 公設民営
3. 民設民営　　4. わからない
5. その他

【2と答えた方は，このSF2-2にお答えください】

SF2-2 あなたの保育所は次のどれにあてはまりますか。あてはまる番号に**一つだけ**○をつけてください。

1. 自治体の補助金を受給している保育所（例．東京都：認証保育所など）
2. 事業所内保育所（企業内・院内）
3. 上記以外の認可外保育所
4. わからない
5. その他（　　　　　　　　　　　　　　　　　　　　　　　）

F3 あなたの保育所の開設年をご記入ください。

　　明治・大正・昭和・平成_____年　（西暦_____年）

F4 あなたの保育所の平日（月曜日〜金曜日）の開所と閉所の時刻をご記入ください。延長保育の時間は**含めない**でください。24時間保育の場合は2に○をつけてください。

1. **開所**　午前・午後_____時_____分　〜　**閉所**　午前・午後_____時_____分
2. 24時間保育

F5 あなたの保育所に在籍している園児の年齢すべてに○をつけてください。
　　1. 0歳児　　2. 1歳児　　3. 2歳児
　　4. 3歳児　　5. 4歳児　　6. 5歳児

F6 あなたの保育所の総定員数と総在園数，3～5歳児の定員数と在園数をご記入ください。

　　a. 総定員数 _____ 名

　　b. 総在園数 _____ 名

		3歳児	4歳児	5歳児
定員数		c　　名	e　　名	g　　名
在園数		d　　名	f　　名	h　　名

F7 あなたの保育所の**3～5歳児のクラス編成**は次のうちどれですか。あてはまる番号に一つだけ○をつけてください。
　　1. 年齢別クラス
　　2. 縦割り（異年齢）クラス
　　3. 年齢別クラスと縦割りクラスの併用
　　4. その他（　　　　　　　　　　　　　　　　　　　　　　　　）

F8 あなたの保育所は，主にどのような教育法に基づいて保育を行っていますか。あてはまる番号に**一つだけ**○をつけてください。
　　1. 誘導保育　　　　　　2. つたえあい保育　　　3. フレーベル教育
　　4. モンテッソーリ教育　5. シュタイナー教育　　6. 特になし
　　7. その他（　　　　　　　　　　　　　　　　　　　　　　　　）

Q あなたの保育所で園児に人気のある，あるいは保育士が使いやすいと感じている環境（園庭，園舎内の各室，設備，家具，道具など）はありますか。自由にお答えください。

Q あなたの保育所で園児にあまり人気のない,あるいは保育士が使いにくいと感じている環境(園庭,園舎内の各室,設備,家具,道具など)はありますか。自由にお答えください。

```
┌─────────────────────────────────────┐
│                                     │
│                                     │
│                                     │
│                                     │
│                                     │
└─────────────────────────────────────┘
```

【園舎調査のお願い・調査結果の送付について】

　保育所の環境についての訪問調査にご協力いただけると幸いです。園舎の見学と,園舎の使用状況についてお話をうかがわせていただきたいと思っております。ご協力いただける場合は,下記にご連絡先をご記入ください。こちらからご連絡させていただきます。
　また,ご希望の方には本調査の調査結果をまとめたものを送付いたします。調査結果の送付をご希望の方も,下記にご連絡先をご記入ください。

＊あてはまる番号に○をおつけください
　　1．保育所の見学,調査に協力します
　　2．本調査の調査結果の送付を希望します

保育所名：

園長先生のご芳名：

住所：〒

電話番号：

E-Mail：

**　　　　　　　　　　　　　　　　　　　　以上で質問はすべて終わりです
　　　　　　　　　　　　　　　　　調査にご協力いただき,誠にありがとうございました**

索　引

あ行

アイスラー（Eisler, G.）　72
赤いウィーン　66, 71, 76, 79
a_show　74, 78
新しい子　29
アトリエ・ジンガー＆ディッカー（アトリエS&D）　65, 75, 78, 84, 87, 90, 95, 133, 136, 138, 146, 188, 198
アフォーダンス　195
安全　204
イス　48, 111, 142, 144, 173, 179
イタール（Itard, J.）　13
一室住居　133, 136, 138, 147
イッテン（Itten, J.）　87, 138
異年齢クラス　34
猪熊弘子　204
居間　46, 107, 114, 127, 138, 140, 141
ウィーン市　65
ヴィゴツキー（Vygotsky, L.）　15
美しさ　40, 57
園舎　45
園舎の領域　168, 170, 177
園庭　103, 107, 123, 136
オーストリア・ファシズム　17, 69, 77, 188
オープン・ドア　45
小川信子　5, 180
折りたたみ式　137, 138
折りたたみ式の家具　94, 147, 189

か行

オルディゲス（Oldiges, J.）　12

カール・マルクス・ホーフ　71, 74, 76
甲斐仁子　21
家具　1, 47, 137, 142, 185
家具の領域　168, 173, 178, 181
家具を置く場所　110, 140, 145
掛札逸美　206
花壇　122, 136
活動する場所　110, 139, 145
活動の主体　31, 32, 46, 55, 192, 197
カルシュ（Chalusch, A.）　83
川崎忍　200
感覚教具　33
環境を通して行う教育及び保育　7, 56, 197
規制緩和　2, 205
ギブソン（Gibson, J. J.）　195
教育者　199
教育の原則　12, 16, 31, 53, 56, 186
教育法　1, 5, 9, 10, 16, 56, 185
教育理念　1, 10, 191
教具　2, 11, 40, 42, 44, 137
教具棚　51, 107, 124, 142
教具の練習　33
教師　35, 195
教示・介入　36, 196
教師用のイス　117, 141

教師用の机　46, 117
教壇　46, 117
協働作業　148, 199
空間デザイン　1, 11, 16, 185, 191, 202
空間を仕切る　141
クラスター・アレンジメント　134
クレー（Klee, P.）　89
クレーマー（Kramer, R.）　65
クローク　114, 127, 138, 139, 140, 141, 145
グロピウス（Gropius, W.）　88
クロンクナースリー・スクール及び幼稚園　200
クワイエット・コーナー　114, 125, 140, 141
軽量　38, 49, 51, 113, 114, 143
ゲーテ・ホーフ　74, 76, 79
ゲーテ・ホーフ幼稚園　16, 71, 78, 95, 101, 146, 188, 198
化粧スペース　117, 137, 139, 141
現実的・具体的な実践　33
建築　1, 45, 185
建築計画学　3
鋼管　118
鋼管ラック　117, 118, 138, 139, 141, 143, 144, 147, 190
コーナー　115
黒板　46, 124, 142
国民的ベンチ　11, 48
午睡　180
午睡室　127, 138, 140, 170
午睡用（の）ベッド　128, 138, 140
子ども観・発達観　10, 12, 16, 27, 53, 54, 56, 186
子どもサイズ　38, 46, 51, 55, 99, 141, 146, 179, 190, 198
子どもの家　12, 14, 19, 42, 45, 49, 66, 85, 158, 185
子どもの人権　31
小林恵子　7

さ行

最小限住宅　136
サメロフ（Sameroff, A.）　193
市営集合住宅　67, 71, 76, 79, 84
色彩　111, 122, 127, 138
色彩計画　110, 125, 132, 138, 145, 147, 190
事故　3, 205
児童中心主義　15, 179
私物棚　51, 126, 143, 145
社会性の獲得　34
シュースター（Schuster, F.）　74, 134, 200
シュヴァルツ（Schwarz, H.）　91, 148, 190, 199
集中した活動　41
シュタイナー教育　5, 10
シュナイダー（Schneider, R.）　12, 49
消極的　36, 141, 196
食育　173, 181
食事のスペース　121, 139
食器　52, 107
食器棚　52, 121, 142
ショッパー（Schopper, H.）　83

白川賀津子　5, 21, 157
自律的活動　29, 36, 44
ジンガー（Singer, F.）　75, 87, 119, 136, 138, 147, 149
新教育運動　15
深刻な結果（深刻な傷害）の予防　206
人的環境　1, 16, 32, 35, 53, 54, 186, 195
進歩主義教育　201
生活習慣の自立　33
生活の領域　168, 172, 177
正常化　29, 35
セガン（Séguin, É.）　13
設備　1, 47, 115, 137, 142, 185
セルフケア　33
仙田満　9, 12
洗面台　47, 117, 137, 139, 141
専用室　170, 179
相互交渉　27, 28, 192
掃除道具　52

た行

第一波フェミニズム　34
体格　38, 99, 142
待機児童　2
待機児童問題　205
台所　47, 121, 137, 139, 140, 141, 142
体力　38, 143
単純化　38, 144
ちいさな哲学者たち　208
衝立　128, 138, 140
机　48, 107, 111, 142, 144, 173, 181, 191
鼓常良　156

ディッカー（Dicker, F.）　75, 87, 94, 120
デイビス（Davis, J. M.）　207
デューイ（Dewey, J.）　11, 15, 50, 201
デュデク（Dudek, M.）　6, 9, 48
テレージエンシュタット　92, 94
動機づけ　52, 57
道具　1, 40, 52, 107, 137, 185
トランザクショナル・モデル　193

な行

内戦　69, 76
内発的な活動　40
永井理恵子　7
ナチスドイツ　17, 69, 77, 188
日常生活の練習　33, 48, 52, 118, 121, 123, 137, 159
日本モンテッソーリ協会　15, 156
庭　45
ノーマン（Norman, D. A.）　57, 195

は行

バーク（Burke, C.）　6, 49
ハウシュカ（Hauschka, K.）　83
バウハウス　57, 86, 87, 107, 119, 136, 147
バウハウス・アーカイブ　75
パウラス（Powlas, A. P.）　201
発達する可能性　27
発達の特性　29, 32
発達の敏感期　28
発達の法則・計画　28

早田由美子　23, 34
ピアジェ（Piaget, J.）　15
B3　119
ヒル（Hill, P. S.）　201
フィードバック　39, 47, 51, 52, 140, 147, 194
藤森平司　9
物理的環境　1, 2, 10, 16, 19, 32, 37, 38, 53, 54, 56, 155, 185, 186, 192
物理的環境に共通の性質　38
物理的環境の具体的な特徴　42, 54, 106, 146, 158, 160, 177, 187, 189, 190
物理的環境の質　57
踏み台　117, 143
フラス（Frass, R.）　83
プレイルーム　131, 140, 143
フレーベル幼稚園　12
ブロイヤー（Breuer, M.）　119
文化　27, 33, 42, 47, 52, 54, 123
ペスタロッチ・フレーベルハウス　12
ペラー（Peller, L. E.）　20　→ルービツェク（Roubiczek, L.）
保育室　46, 110, 133, 140
保育者　1, 10
保育所保育指針　7, 182
本物　41, 57

ま行

マイヤー（Mayer, H.）　78, 80, 84, 95, 142, 188
ままごとの家　201
水洗い　47, 114

ミッターク（Mittag, V.）　83
魅力的で豊か　41, 46
モンテッソーリ（Montessori, M.）　11, 13, 19, 185
モンテッソーリ教育　10, 13, 14, 16, 185
モンテッソーリ得点　166

や行

8つの性質　42, 44, 47, 52, 54, 56, 196
遊具　2
ユーザー　55, 57, 197, 206
ユーザー・フレンドリー　207
豊かさ　57
幼児教育施設　1, 5, 10, 16, 185, 192, 202
幼稚園教育要領　7
洋服掛け　128
洋服ダンス　51
幼保連携型認定こども園教育・保育要領　7
萬朝報　156

ら行

理解力　38, 144
ルービツェク（Roubiczek, L.）　64, 65, 71, 77, 85, 107, 134, 200　→ペラー（Peller, L. E.）
ルドルフスプラッツの子どもの家　64, 71, 74, 134
ロートミュラー（Rothmüller, J.）　83

【著者略歴】

高橋節子（たかはし　せつこ）

お茶の水女子大学大学院人間文化創成科学研究科博士後期課程修了．
博士（学術，2014年）．
現　在　洗足こども短期大学，お茶の水女子大学，芝浦工業大学等
　　　　非常勤講師．
専　攻　環境心理学，建築学，子ども学．
論　文　「モンテッソーリ保育所における物理的環境―非モンテッソーリ保育所との比較による検討」．（共著，『日本建築学会技術報告集』，第20巻第44号，2014年）
　　　　「子どものための物理的環境とは何か―モンテッソーリ教育の場合」．（『人間環境学研究』，第13巻1号，2015年）
　　　　など．

幼児教育のための空間デザイン
―モンテッソーリ教育における建築・設備・家具・道具―

2018年2月20日　初版第1刷発行

著　者　　高　橋　節　子
発行者　　風　間　敬　子
発行所　　株式会社　風　間　書　房
〒 101-0051　東京都千代田区神田神保町 1-34
　　　　　電話 03 (3291) 5729　FAX 03 (3291) 5757
　　　　　振替 00110-5-1853

印刷　太平印刷社　　製本　高地製本所

©2018　Setsuko Takahashi　　　　　　　　　　　NDC分類：376.1
ISBN978-4-7599-2211-0　Printed in Japan
JCOPY 〈(社)出版者著作権管理機構 委託出版物〉
本書の無断複製は，著作権法上での例外を除き禁じられています．複製される場合はそのつど事前に (社)出版者著作権管理機構（電話 03-3513-6969,
FAX 03-3513-6979, e-mail: info@jcopy.or.jp）の許諾を得て下さい．